ୟୁନାଇଟେଡ୍ କିଂଗଡମ୍‌ର କବିମାନଙ୍କ କବିତା

ୟୁନାଇଟେଡ୍ କିଂଗଡମ୍‌ର
କବିମାନଙ୍କ କବିତା

ଅନୁବାଦ

ମନୋରଂଜନ ପଟ୍ଟନାୟକ

ବ୍ଲାକ୍ ଇଗଲ୍ ବୁକ୍ସ

ଭୁବନେଶ୍ୱର, ଓଡ଼ିଶା

BLACK EAGLE BOOKS

Dublin, USA

ୟୁନାଇଟେଡ୍ କିଂଗଡମ୍‌ର କବିମାନଙ୍କ କବିତା

ଅନୁବାଦ-ମନୋରଂଜନ ପଟ୍ଟନାୟକ

ବ୍ଲାକ୍ ଇଗଲ୍ ବୁକ୍ସ : ଭୁବନେଶ୍ୱର, ଓଡ଼ିଶା ● ଡବଲିନ୍, ଯୁକ୍ତରାଷ୍ଟ୍ର ଆମେରିକା

BLACK EAGLE BOOKS

USA address:
7464 Wisdom Lane
Dublin, OH 43016

India address:
E/312, Trident Galaxy, Kalinga Nagar,
Bhubaneswar-751003, Odisha, India

E-mail: info@blackeaglebooks.org
Website: www.blackeaglebooks.org

First International Edition Published by
BLACK EAGLE BOOKS, 2024

UNITED KINGDOM'S POEMS OF POET
Translated by **Manoranjan Patnaik**

Translation Copyright © **Manoranjan Patnaik**

All rights reserved. No part of this publication may be reproduced, stored in a retrieval system, or transmitted, in any form or by any means, electronic, mechanical, photocopying, recording or otherwise without the prior permission of the publisher.

Cover & Interior Design: Ezy's Publication

ISBN- 978-1-64560-575-1 (Paperback)

Printed in the United States of America

ଉତ୍ସର୍ଗ

ବାପା, ବୋଉଙ୍କ ସ୍ମୃତିରେ ଉତ୍ସର୍ଗୀକୃତ
— ବାବୁନି

ସୂଚିପତ୍ର

ସାର୍ ଥୋମାସ୍ ଓ୍ୟାତ (୧୫୦୩-୧୫୪୨)

୧. ପ୍ରେମ, ତୁମକୁ ବିଦାୟ ୧୯

ଏଡ୍‌ମଣ୍ଡ ସ୍ପେନ୍‌ସର (୧୫୫୨-୧୫୯୯)

୨. ମିଶିଯାଇଛି ପ୍ରିୟାର ଚଟୁଳ ଚୁମ୍ବନେ ୨୧

ୱଇଲିୟମ ସେକ୍ସପିୟର (୧୫୬୪-୧୬୧୬)

୩. ସମାଧି-ଗୀତିକା ୨୨

୪. ସନେଟ୍-୧ ୨୪

୫. ସନେଟ୍ -୧୮ ୨୫

ସାର୍ ହେନ୍‌ରୀ ଓ୍ୱଟନ (୧୫୬୮-୧୬୩୯)

୬. ସୁଖୀ ଜୀବନ ୨୬

ଜନ୍ ଡନ୍ (୧୫୭୨-୧୬୩୧)

୭. ଶୁଭ ସକାଳ ୨୮

୮. ମୃତ୍ୟୁ, ତୁମେ ଗର୍ବ କରନି ୩୦

ଜନ୍ ଟେଲର୍ (୧୫୭୮-୧୬୫୩)

୯. ଜୁଳୁ ଜୁଳୁ ଟିକି ତାରା ୩୨

୧୦. ଏକାନ୍ତରେ ୩୪

ରବର୍ଟ ହେରିକ୍ (୧୫୯୧-୧୬୭୪)

୧୧. ଡ୍ୟାଫୋଡିଲ୍ସ ପ୍ରତି ୩୫

ଜର୍ଜ ହରବର୍ଟ (୧୫୯୩-୧୬୩୩)

୧୨. ସଦାଚାର ୩୭

୧୩. ଶୃଙ୍ଖଳା ୩୯

କର୍ଣ୍ଣେଲ ରିଚାର୍ଡ୍ ଲଭ୍‌ଲେସ୍ (୧୬୧୭-୧୬୫୭)

୧୪. ରଣାଭିମୁଖେ ଅଗ୍ରସର ପ୍ରଣୟିନୀକୁ ବାର୍ତ୍ତା ୪୨

ଆବ୍ରାହାମ୍ କାଉଲେ (୧୬୧୮-୧୬୬୭)

୧୫. ଶରୀରକୁ ନ ଛୁଇଁ ଭଲପାଇବା ୪୩

ଆଣ୍ଡ୍ରୁ ମାର୍ବେଲ (୧୬୨୧-୧୬୭୮)

୧୬. ତାଙ୍କ ଲାଜକୁଳୀ ପ୍ରେୟସୀର ପ୍ରତି ୪୫

କୋଲେ ସିବ୍‌ବର (୧୬୭୧-୧୭୫୭)

୧୭. ଅନ୍ଧବାଳକ ୫୦

ଜେମ୍ସ ଥମ୍ସନ୍ (୧୭୦୦-୧୭୪୮)
　୧୮.　ରେଳଗାଡ଼ିରେ ଯାତ୍ରା　　　　　୪୨

ଥୋମାସ ଗ୍ରେ (୧୭୧୬-୧୭୭୧)
　୧୯.　ଗୋଟିଏ ଶିଶି ଉପରେ ସମାଧିଲେଖ　୪୪
　୨୦.　ଯଦି ମୋତେ ମରିବା ଉଚିତ　　୪୫

ଓଲିଭର୍ ଗୋଲ୍ଡସ୍ମିଥ (୧୭୨୮-୧୭୭୪)
　୨୧.　ଏଡ୍‌ଉଇନ୍ ଓ ଏଂଜେଲା　　୪୭
　୨୨.　ସ୍ମୃତି　　　　　　　୬୧

ଉଇଲିୟମ କୋପର (୧୭୩୧-୧୮୦୦)
　୨୩.　ଅନାହାରେ କଳି ପଞ୍ଜୁରୀରେ ଦେହତ୍ୟାଗ　୬୩

ଉଇଲିୟମ ଜୋନ୍ସ (୧୭୪୬-୧୭୯୪)
　୨୪.　ସଂକ୍ଷିପ୍ତ ବଚନ　　୬୫

ଜନ୍ ଲଗାନ୍ (୧୭୪୮-୧୭୮୮)
　୨୫.　କୋକିଳ ପ୍ରତି　　୬୭

ଉଇଲିୟମ ବ୍ଲେକ୍ (୧୭୫୭-୧୮୨୭)
　୨୬.　ଦିବ୍ୟ ଛବି　　　୬୮
　୨୭.　ବିଷବୃକ୍ଷ　　　　୬୯
　୨୮.　ଅୟି! ସୂର୍ଯ୍ୟମୁଖୀ ଫୁଲ　୭୦
　୨୯.　ରୁଗ୍ଣ ଗୋଲାପ　　୭୧

ଥୋମାସ ଚିସ୍‌ବୋର୍ଣ୍ଣ (୧୭୫୮-୧୮୪୬)
　୩୦.　କୀଟ　　　　୭୨

ରବର୍ଟ ବର୍ନ୍ସ (୧୭୫୯-୧୭୯୬)
　୩୧.　ଲୋହିତ ଗୋଲାପ　୭୩
　୩୨.　ଗୋଟିଏ ପ୍ରେମଭରା ଚୁମ୍ବନ　୭୪

ଉଇଲିୟମ ୱାର୍ଡ୍‌ସଓୟର୍ଥ (୧୭୭୦-୧୮୫୦)
　୩୩.　ଡ୍ୟାଫୋଡିଲ୍‌　　୭୭
　୩୪.　ଆଦ୍ୟ ମଧୁମାସ　୭୯
　୩୫.　ବିସ୍ମିତ ଉଲ୍ଲାସେ　୮୦
　୩୬.　ବଢ଼ି ଉଠେ ତିନିବର୍ଷ ଧରି　୮୧
　୩୭.　କୋକିଳ ପ୍ରତି　　୮୩

୩୮.	ଏକାକିନୀ କୃଷକ କାମିନୀ	୮୫
୩୯.	ମାର୍ଚ୍ଚ ମାସରେ ଲେଖା	୮୭

ସାର୍ ୱାଲ୍‌ଟର୍ ସ୍କଟ (୧୭୭୧-୧୮୩୨)

୪୦.	ଦେଶପ୍ରେମ	୮୯
୪୧.	ଉତ୍ତର	୯୧

ରବର୍ଟ ସାଉଦେ (୧୭୭୪-୧୮୪୩)

୪୨.	ଯୌବନ ଓ ବାର୍ଦ୍ଧକ୍ୟ	୯୨

ୱାଲ୍‌ଟ୍ ସ୍ୟାବେଜ ଲ୍ୟାଣ୍ଡୋର (୧୭୭୫-୧୮୬୪)

୪୩.	ମୃତ୍ୟୁ ମୋ ମୁଣ୍ଡ ଉପରେ ଠିଆ ହୋଇଛି	୯୪
୪୪.	ପ୍ରତ୍ୟାଶା	୯୫
୪୫.	ଜଣେ ବୃଦ୍ଧ ଦାର୍ଶନିକଙ୍କର ମୃତ୍ୟୁ ପୂର୍ବର ଭାଷଣ	୯୬
୪୬.	ମୁଁ ଏକୁଟିଆ ବୁଲୁଥିଲି	୯୭

ଥୋମାସ୍ କ୍ୟାମ୍ପବେଲ୍ (୧୭୭୭-୧୮୪୪)

୪୭.	ଲର୍ଡ ଉଲ୍ଲାନ୍‌ଙ୍କ ଜେମା	୯୮
୪୮.	ସୈନିକର ସ୍ୱପ୍ନ	୧୦୧

ଜେମ୍ସ ହେନ୍‌ରୀ ଲୀ ହଣ୍ଟ (୧୭୮୪-୧୮୫୯)

୪୯.	ଆବୁବେନ୍ ଆଦେମ୍	୧୦୩
୫୦.	ଜେନି ଦେଲା ଚୁମାଟିଏ	୧୦୫

ଲର୍ଡ ଜର୍ଜ ଗର୍ଡନ ବାଇରନ (୧୭୮୮-୧୮୪୬)

୫୧.	ପ୍ରକୃତି ଭିତରେ	୧୦୬
୫୨.	ପ୍ରେମ ଓ ଗୌରବ	୧୦୭
୫୩.	ଆନନ୍ଦ ରହିଛି ପଥହୀନ ଗହନ ବନରେ	୧୦୮

ପି.ବି.ଶେଲୀ (୧୭୯୨-୧୮୨୨)

୫୪.	ସାପ-ମୁହାଁ	୧୦୯
୫୫.	ଓଜିମ୍ୟାନଡାୟସ	୧୧୦
୫୬.	ଆଗୋ ତାରା !	୧୧୧
୫୭.	ଗୋଟିଏ ଭରତ ପକ୍ଷୀ ପ୍ରତି	୧୧୨

ଫେଲିସିଆ ଡୋରୋଥିଆ ହିମ୍ୟାନ୍‌ସ (୧୭୯୩-୧୮୩୫)

୫୮.	ସରଗ-ଦେଶ	୧୧୯
୫୯.	କାସାବିଏଙ୍କା	୧୨୨
୬୦.	ମୃତ୍ୟୁ	୧୨୫

ଜନ୍ କୀଟ୍ସ (୧୭୯୫-୧୮୨୧)

୭୧.	ନିର୍ଦ୍ଦୟା ସୁନ୍ଦରୀ	୧୨୮
୭୨.	ମୃତ୍ୟୁ ବିଷୟରେ	୧୩୨
୭୩.	ମୋତେ ଦିଅ ନାରୀ, ମଦିରା ଏବଂ ଉଦ୍ଦାମତା	୧୩୩

ଏଲିଜାବେଥ୍ ବ୍ୟାରେଟ୍ ବ୍ରାଉନିଙ୍ଗ (୧୮୦୬-୧୮୬୧)

୭୪.	ସାରାଦିନ	୧୩୪

ଆଲଫ୍ରେଡ୍ ଲର୍ଡ ଟେନିସନ୍ (୧୮୦୯-୧୮୯୨)

୭୫.	ହସ ଓ କାନ୍ଦ	୧୩୭
୭୬.	ଭିକ୍ଷୁବାଳା	୧୩୮
୭୭.	ଈଗଳ	୧୩୯
୭୮.	ଉଜୁଡ଼ା ଘର	୧୪୦
୭୯.	ବିଦାୟ-ବେଳା	୧୪୧
୮୦.	କବିର ଗୀତ	୧୪୨

ରବର୍ଟ ବ୍ରାଉନିଙ୍ଗ (୧୮୧୨-୧୮୮୯)

୮୧.	ଫର୍ଫିରିୟାର ପ୍ରେମିକ	୧୪୪

ଚାର୍ଲ୍ସ ମାକେ (୧୮୧୪-୧୮୮୯)

୮୨.	ସହାନୁଭୂତି	୧୪୭

ଜର୍ଜ ମ୍ୟାକ୍ଡୋନାଲ୍ଡ (୧୮୨୪-୧୯୦୫)

୮୩.	ଶିଶୁ	୧୪୮

ଦାନ୍ତେ ଗାବ୍ରିଏଲ ରୋଜେଟୀ (୧୮୨୮-୧୮୮୨)

୮୪.	କୀଟ୍ସଙ୍କ ପାଇଁ ସମାଧିଲିପି	୧୫୦

କ୍ରିଷ୍ଟିନା ରୋଜେଟୀ (୧୮୩୦-୧୮୯୪)

୮୫.	ଗୋଲାପ	୧୫୧
୮୬.	ମନେରଖିଥିବ	୧୫୨
୮୭.	ଇନ୍ଦ୍ରଧନୁ	୧୫୩
୮୮.	ଶେଷଭେଟ	୧୫୪
୮୯.	ପବନକୁ କିଏ ଦେଖିଛି	୧୫୫
୯୦.	ପ୍ରତିଧ୍ୱନି	୧୫୬
୯୧.	ଜହ୍ନ କଣ ଥକି ଗଲାଣି ?	୧୫୮
୯୨.	ଗୋଲକଧନ୍ଦା	୧୫୯

୮୩.	ସିଏ ନଦୀର ସବୁଜ କୂଳରେ ବସି ଗାଉଥିଲା ସଦା	୧୭୦
୮୪.	ସଂଗମ	୧୭୧

ରବର୍ଟ ବ୍ରିଜେସ୍ (୧୮୪୪-୧୯୩୦)

୮୫.	ମୋତେ ଭଲଲାଗେ ସବୁ ସୁନ୍ଦର ଜିନିଷ	୧୭୩

ଉଇଲିୟମ ଏର୍ନେଷ୍ଟ ହେନ୍‌ଲେ (୧୮୪୯-୧୯୦୩)

୮୬.	ଅପରାଜିତ	୧୭୪

ଆର୍.ଏଲ୍.ଷ୍ଟିଭେନ୍‌ସନ୍ (୧୮୫୦-୧୮୯୪)

୮୭.	ସୁନ୍ଦରୀ ନାରୀମାନେ	୧୭୬
୮୮.	ପ୍ରଣୟ-ଯାତ୍ରା	୧୭୭
୮୯.	ବାରବୁଲା	୧୭୯
୯୦.	ଛାୟାଦାୟୀ ବାଟିକାସ୍ତୁଲ	୧୭୧
୯୧.	ମୃତକର ସ୍ମୃତିରେ	୧୭୩
୯୨.	ସ୍ମୃତି-ଫଳକ	୧୭୪
୯୩.	ବର୍ଷା	୧୭୫

ଏଫ୍. ଡବ୍ଲ୍ୟୁ. ବୋର୍ଡିଲନ (୧୮୫୨-୧୯୨୧)

୯୪.	ରାତିର ଅଛି ହଜାରେ ଆଖି	୧୭୬

ଅସ୍କାର ୱାଇଲ୍ଡ (୧୮୫୪-୧୯୦୦)

୯୫.	ଚନ୍ଦ୍ରର ପଳାୟନ	୧୭୭
୯୬.	ମୃତା ଭଉଣୀ ପାଇଁ ପ୍ରାର୍ଥନା-ଗୀତ	୧୭୮
୯୭.	ନୂଆ ଜୀବନ	୧୭୯
୯୮.	ଅନ୍ତ	୧୮୧

ମ୍ୟାରୀ କୋରେଲୀ (୧୮୫୫-୧୯୨୪)

୯୯.	ମେଲାଣି	୧୮୩

ଆଲ୍‌ଫ୍ରେଡ୍ ଏଡ୍‌ୱାର୍ଡ ହାଉସ୍‌ମ୍ୟାନ (୧୮୫୯-୧୯୩୬)

୧୦୦.	ଚେରିଫୁଲର ନିଶା	୧୮୪

ଫ୍ରାନ୍ସିସ୍ ଥଂପସନ୍ (୧୮୫୯-୧୯୦୭)

୧୦୧.	ବାର୍ତ୍ତା	୧୮୫

ମେରୀ ଏଲିଜାବେଥ୍ କୋଲ୍‌ରିଜ୍ (୧୮୬୧-୧୯୦୭)

୧୦୨.	ଅର୍ଥହୀନ	୧୮୭
୧୦୩.	ମୋତେ ପ୍ରେମ କରିନି କେହି	୧୮୮

ଡବ୍ଲ୍ୟୁ.ବି.ୟିଟ୍ସ (୧୮୬୫-୧୯୩୯)

୧୦୪. ଅନିନ୍ଦ୍ୟା ସୁନ୍ଦରୀ	୧୯୦
୧୦୫. ହଜିଗଲା ପ୍ରେମ ପାଇଁ ପ୍ରେମିକର ବିଳାପ	୧୯୧
୧୦୬. ଗୋଟିଏ ଦ୍ୱୀପ ମୋ ସ୍ୱପ୍ନର	୧୯୨
୧୦୭. ପତ୍ରଗୁଡ଼ିକର ପତନ	୧୯୩
୧୦୮. ଯେବେ ତୁମେ ବୁଢ଼ୀ ହେବ	୧୯୪
୧୦୯. କବିଙ୍କର ନିଜ ପ୍ରେୟସୀ ପ୍ରତି	୧୯୫
୧୧୦. ସ୍ୱର୍ଗର ବସନ	୧୯୬
୧୧୧. ସମୟ ସହିତ ଜ୍ଞାନ ଆସେ	୧୯୭
୧୧୨. ବୃଦ୍ଧମାନ	୧୯୮
୧୧୩. ମଧୁଗୀତ	୧୯୯

ରୁଡ୍‌ୟାର୍ଡ କିପ୍‌ଲିଂଗ (୧୮୬୫-୧୯୩୬)

୧୧୪. ଜଣେ ପ୍ରେମିକାର ଯାତ୍ରା	୨୦୦
୧୧୫. ଲଣ୍ଡନ ସହର	୨୦୧
୧୧୬. ଗୋଟିଏ ଅନୁରୋଧ	୨୦୨

ଜର୍ଜ ଉଇଲିୟମ ରସେଲ୍ (୧୮୬୭-୧୯୩୫)

୧୧୭. ଅମରତା	୨୦୩

ଡବ୍ଲ୍ୟୁ.ଏଚ୍.ଡେଭିସ୍ (୧୮୭୧-୧୯୪୦)

୧୧୮. ଫୁରୁସତ	୨୦୪

ୱାଲ୍‌ଟର ଡି ଲା ମ୍ୟାରେ (୧୮୭୩-୧୯୫୬)

୧୧୯. ଯାହା ସବୁ ବିତିଯାଇଛି	୨୦୫

ଡି.ଏଚ୍.ଲରେନ୍‌ସ (୧୮୮୫-୧୯୩୦)

୧୨୦. ପ୍ରାର୍ଥନା	୨୦୭
୧୨୧. ପିଆନୋ	୨୦୯
୧୨୨. ଆମ୍‌-ଶୋଚନା	୨୧୦
୧୨୩. ଏକେଲାପଣର ଆନନ୍ଦ	୨୧୧
୧୨୪. ବିଷାଦ	୨୧୨
୧୨୫. ଦେବତା ନାହାନ୍ତି	୨୧୩

ଚାର୍ଲ୍‌ସ ହ୍ୟାମିଲଟନ ସୋର୍‌ଲେ (୧୮୯୫-୧୯୧୫)

୧୨୬. ଜର୍ମାନୀ ପ୍ରତି	୨୧୬

ରବର୍ଟ ଗ୍ରେଭ୍‌ସ (୧୮୯୫-୧୯୮୫)
  ୧୨୭. ପ୍ରେମର ଲକ୍ଷଣ   ୨୧୮

ଉଭେ ଏଲାନ୍ ଥ୍ୱାକର୍ (୧୯୨୮-୨୦୧୨)
  ୧୨୮. ଭାରତୀୟ ପୂର୍ବପୁରୁଷ   ୨୨୦

ହ୍ୟାରଲ୍ଡ ପିଣ୍ଟର (୧୯୩୦-୨୦୦୮)
  ୧୨୯. ପାଣିପାଗର ପୂର୍ବାଭାସ   ୨୨୧
  ୧୩୦. ମୃତ୍ୟୁ   ୨୨୨
  ୧୩୧. ଈଶ୍ୱର ଆମେରିକାକୁ ଆଶୀର୍ବାଦ ଦିଅନ୍ତୁ   ୨୨୩
  ୧୩୨. ଅନ୍ୟ ମୁହଁରେ ନିଜ ସ୍ୱର ଦେବାରେ ସିଦ୍ଧହସ୍ତ   ୨୨୫
  ୧୩୩. ଦର୍ଶକ   ୨୨୬
  ୧୩୪. ମୁଁ ଜାଗାଟିକୁ ଜାଣିଛି   ୨୨୭
  ୧୩୫. ଅନାଅନି   ୨୨୮
  ୧୩୬. ମୋ ସ୍ତ୍ରୀ ପ୍ରତି   ୨୨୯
  ୧୩୭. କବିତା   ୨୩୦
  ୧୩୮. ରେସ୍ତୋରାଁ   ୨୩୧

ଜ୍ୟେଷ୍ଠୀ କୋପ୍ (୧୯୪୫)
  ୧୩୯. କଷ୍ଟଦାୟକ   ୨୩୨

ଜେମ୍‌ସ ଫେଣ୍ଟନ୍ (୧୯୪୯)
  ୧୪୦. ପବନ   ୨୩୪
  ୧୪୧. ଅସଲ କଥା   ୨୩୭
  ୧୪୨. ଆହ୍ୱାନ   ୨୩୮

ଓର୍ସାନ୍ ଶାୟର (୧୯୮୮)
  ୧୪୩. ଏମିତି ପ୍ରେମ କରିବ   ୨୩୯
  ୧୪୪. କଣ ଅଛି ଆମ ପାଖରେ   ୨୪୦

ୟାର୍‌ସା ଡେଲୀ-ଓ୍ୱାର୍ଡ (୧୯୮୯)
  ୧୪୫. ରାମବାଣ ଔଷଧ   ୨୪୩
  ୧୪୬. ଗନ୍ଧ   ୨୪୪

ଭୂମିକା

ଇଂରେଜୀ ଭାଷା ୧୪୦୦ ବର୍ଷରୁ ଅଧିକ ସମୟ ଭିତରେ ବିକଶିତ ହୋଇଛି। ଇଂରେଜୀର ପ୍ରାଥମିକ ରୂପ, ପଞ୍ଚ ଶତାବ୍ଦୀରେ ଆଙ୍ଗଲୋ-ସେକ୍ସାନ ଆକ୍ରମଣକାରୀମାନଙ୍କ ଦ୍ୱାରା ଗ୍ରେଟ୍ ବ୍ରିଟେନ୍‌କୁ ଅଣା ଯାଇଥିବା ଆଙ୍ଗଲୋ-ଫ୍ରିସିୟାଇ ଭାଷାକୁ, ପୁରୁଣା ଇଂରେଜୀ କୁହାଯାଏ। ବିୟୋଉଲ୍ଫ (Beowulf) ପୁରଣା ଇଂରେଜୀରେ ସବୁଠାରୁ ପ୍ରସିଦ୍ଧ କୃତି ଆଉ ସ୍କାଣ୍ଡୋନେଭିୟାରେ ସ୍ଥାପିତ ହେବା ସତ୍ତ୍ୱେ, ଏହା ଇଂଲଣ୍ଡରେ ରାଷ୍ଟ୍ରୀୟ ମହାକାବ୍ୟର ସ୍ଥାନ ହାସଲ କରିଛି। ୧୦୬୬ ମସିହାରେ ଇଂଲଣ୍ଡର ନର୍ମାନ ବିଜୟ (Norman victory) ପରେ, ଆଙ୍ଗଲୋ-ସେକ୍ସାନ ଭାଷାର ଲିଖିତ ରୂପ ସାମାନ୍ୟ ହୋଇଛି। ନୂତନ ଅଭିଜାତ ବର୍ଗର ପ୍ରଭାବରେ, ଫ୍ରାନ୍ସର ଅଦାଲତ ଗୁଡ଼ିକ, ସଂସଦ ଏବଂ ବିନମ୍ର ସମାଜର ମାନକ ଭାଷାରେ ପରିଣତ ହେଲା। ନର୍ମାନମାନଙ୍କର ଆସିବା ପରେ ଇଂରେଜୀକୁ ମିଡିଲ୍ ଇଂଲିଶ ନାମରେ ଜଣାଯାଏ। ଇଂରେଜୀରେ ଏହି ରୂପ ୧୪୭୦ ଦଶକଯାଏଁ ଚାଲିଥିଲା, ଯେତେବେଳେ ଲଣ୍ଡନସ୍ଥିତ ଇଂରେଜୀରେ ଚାଂସରୀ ଷ୍ଟାଣ୍ଡାର୍ଡ (ଉତ୍ତର ମଧ୍ୟ ଇଂରେଜୀ) ବ୍ୟାପକ ହେଲା। ଦି କ୍ୟାଣ୍ଟରବରୀ ଟେଲ୍ସ (The canterbury Tales)ର ଲେଖକ ଜେଫ୍ରୀ ଚୌସର (Geoffrey chuucer) (୧୩୪୩-୧୪୦୦), ସେହି ସମୟରେ ସ୍ଥାନୀୟ ମଧ୍ୟ ଇଂରେଜୀର ବୈଧତାର ବିକାଶରେ ପ୍ରମୁଖ ସାହିତ୍ୟିକ ଭାଷା ଏବେ ବି ଫରାସୀ ଓ ଲାଟିନ୍ ଥିଲା। ୧୪୩୯ ମସିହାରେ ଜୋହାନ୍ସ ଗୁଟେନ୍‌ବର୍ଗ (Johannes Gutenberg)ଙ୍କ ଦ୍ୱାରା ପ୍ରିଟିଙ୍ଗ ପ୍ରେସ୍‌ର ଆବିଷ୍କାର ବି ଭାଷାକୁ ମାନକୀକୃତ କରିବାରେ ସାହାଯ୍ୟ କଲା, ଯେମିତିକି କଂଗ ଜେମ୍ସ (King Jumes)ବାଇବେଲ (୧୬୧୧) ଏବଂ ଗ୍ରେଟ୍ ଭାଓ୍ୱେଲ ସିଫ୍ଟ Great vowel shift) କରିଥିଲେ।

କବି ଓ ନାଟ୍ୟକାର ଉଇଲିୟମ ସେକ୍ସପିୟର (୧୫୬୪-୧୬୧୬) ବ୍ୟାପକ ରୂପରେ ଇଂରେଜୀ ଭାଷାର ସବୁଠାରୁ ମହାନ ଲେଖକ ଏବଂ ବିଶ୍ୱର ମହାନତମ

ନାଟ୍ୟକାରମାନଙ୍କ ମଧ୍ୟରୁ ଜଣେ ବୋଲି ଗଣା ଯାଆନ୍ତି। ତାଙ୍କର ନାଟକ ଗୁଡ଼ିକୁ ଅନେକ ଭାଷାରେ ଅନୁବାଦ କରାଯାଇଛି ଆଉ ନାଟ୍ୟକାରମାନଙ୍କର ନାଟକଗୁଡ଼ିକ ତୁଳନାରେ ଅଧିକ ଥର ମଞ୍ଚସ୍ଥ କରାଯାଇଛି।

ଷୋଡ଼ଶ ଶତାବ୍ଦୀର ଶେଷ ଏବଂ ଅଷ୍ଟାଦଶ ଶତାବ୍ଦୀର ଆରମ୍ଭର ମଝିରେ ବ୍ରିଟିଶ ସାମ୍ରାଜ୍ୟର ବିକାଶ ସହିତ ଇଂରେଜୀ ଭାଷା ଦ୍ୱାରା ଦୁନିଆରେ ପ୍ରସାରିତ ହୋଇଛି। ଆପଣତାର ଚରମତାରେ, ଏହା ଇତିହାସର ସବୁଠାରୁ ବଡ଼ ସାମ୍ରାଜ୍ୟ ଥିଲା। ୧୯୧୩ ମସିହାଯାଏଁ, ବ୍ରିଟିଶ ସାମ୍ରାଜ୍ୟ ୪୦ କୋଟିରୁ ଉର୍ଦ୍ଧ୍ୱ ଲୋକଙ୍କ ଉପରେ ଆଧିପତ୍ୟ ବିସ୍ତାର କରିଥିଲା। ଉନବିଂଶ ଓ ବିଂଶ ଶତାବ୍ଦୀର ମଝିରେ ଉପନିବେଶଗୁଡ଼ିକ ଓ ଯୁକ୍ତରାଷ୍ଟ୍ର ଆମେରିକା ଇଂରେଜୀରେ ନିଜର ମହତ୍ତ୍ୱପୂର୍ଣ୍ଣ ସାହିତ୍ୟିକ ପରମ୍ପରାଗୁଡ଼ିକର ନିର୍ମାଣ କରିବା ଆରମ୍ଭ କରିଦେଲା। ୧୯୦୭ ମସିହାଠାରୁ ଏବେଯାଏ ଗ୍ରେଟ୍‌ବ୍ରିଟେନ୍ ଆୟରଲ୍ୟାଣ୍ଡ ଗଣରାଜ୍ୟ ଏବଂ ଉତ୍ତରୀୟ ଆୟାରଲ୍ୟାଣ୍ଡର ଦୁଇଟିଯାକ ଗଣରାଜ୍ୟ ଆମେରିକା ଏବଂ ପୂର୍ବ ବ୍ରିଟିଶ ଉପନିବେଶଗୁଡ଼ିକର କିଛି ଲେଖକଙ୍କୁ ଇଂରେଜୀ ଭାଷାରେ କାମ ପାଇଁ ନୋବେଲ୍ ପୁରସ୍କାର ମିଳିଲା, ଯାହା ଅନ୍ୟ ଯେକୌଣସି ଭାଷା ଅପେକ୍ଷା ଅଧିକ।

ଇଂରେଜୀ ଭାଷାର ଇତିହାସରେ, ପୁରୁଣା ଇଂରେଜୀ ସାହିତ୍ୟ (ପ୍ରାୟ ୪୫୦-୧୦୬୬), ମଧ୍ୟ ଇଂରେଜୀ ସାହିତ୍ୟ (୧୦୬୬-୧୫୦୦) ଏବଂ ଇଂରେଜୀ ପୁନର୍ଜାଗରଣ (୧୫୦୦-୧୬୬୦) ତାପରେ ରହିଛି: ପୁନର୍ସ୍ଥାପନା ଯୁଗ (୧୬୬୦-୧୭୦୦), ଅଷ୍ଟାଦଶ ଶତାବ୍ଦୀ, ସ୍ୱଚ୍ଛଳତାବାଦ (୧୭୯୮-୧୮୩୭), ଭିକ୍ଟୋରିୟାନ ସାହିତ୍ୟ (୧୮୩୭-୧୯୦୧), ବିଂଶ ଶତାବ୍ଦୀ ଏବଂ ଏକବିଂଶ ଶତାବ୍ଦୀ।

ତେଣୁ ମୁଁ ଇଂରେଜୀ ପୁନର୍ଜାଗରଣ ସମୟ ଅର୍ଥାତ୍ ଷୋଡ଼ଶ ଶତାବ୍ଦୀରୁ ଆରମ୍ଭ କରି ଏଯାଏଁ ୫୦୦ ବର୍ଷରୁ ଅଧିକ ସମୟ ଭିତରେ ଜନ୍ମିଥିବା କବିମାନଙ୍କର କବିତାର ଅନୁବାଦ କରିଛି।

ଅନୁବାଦକୁ ସାହିତ୍ୟର ଗୋଟିଏ ସ୍ୱୀକୃତ ଧାରାବୋଲି ମାନି ନିଆଯାଇଥିବାରୁ, ସୃଷ୍ଟି ହୋଇଛନ୍ତି ଅନେକ ପେଶାଧାରୀ ଅନୁବାଦକଗଣ। ବ୍ରିଟିଶ ଅନୁବାଦକ ସୁସାନ ବାସନେଟ୍ (Susan Bussnett) ଅନୁବାଦ ବିଷୟରେ ତାଙ୍କ ବିଖ୍ୟାତ ଗ୍ରନ୍ଥ Translation studies)ରେ "ରୋମାନସ" (Romans) ଶିରୋନାମାରେ ଗୋଟିଏ ଭିନ୍ନ ଅଧ୍ୟାୟ ସଂଯୁକ୍ତ କରି ଅନୁବାଦ କ୍ଷେତ୍ରରେ ରୋମ୍‌ର ଅବଦାନରେ ସ୍ୱୀକୃତ ଜଣାନ୍ତି। ଗ୍ରନ୍ଥଟିରେ "ରୋମାନସ"(Romans) ଅଧ୍ୟାୟର ଗୁରୁତ୍ୱ ଦର୍ଶାଇ ସିଏ ଲେଖିଛନ୍ତି, "Eric Jacobsen claims rather sweepingly that translation is Roman inventia."

ଅନୁବାଦର ମୂଳକଥାଟି ହେଉଛି ମୂଳରଚନାର ସମସ୍ତ ସାରବତ୍ତା ଓ ମହନୀୟତାକୁ ରକ୍ଷା କରିବା ସହ ଏହାକୁ ଅନ୍ୟଭାଷାରେ ପରିବର୍ତ୍ତିତ କରିବା। ଏହି ପ୍ରସଙ୍ଗରେ ଇଂରେଜୀ ଲେଖକ. ଏ.ଏଚ୍.ସ୍ମିଥ (A.H.smith) କହନ୍ତି, "To translate is to change into another language retaining as much sense as one can.'

ଗଦ୍ୟ ଅପେକ୍ଷା କବିତାର ଅନୁବାଦ ଅଧିକ କଷ୍ଟସାଧ୍ୟ। ଏ ସମ୍ପର୍କରେ ଉମାଶଙ୍କର ଜୋଷୀ (Umashankar Joshi) ସ୍ୱରଚିତ ପ୍ରବନ୍ଧ "problem of Translating poetry" ରେ କହନ୍ତି, Translating poetry is more problematic than translating prose."

ସଫଳ ଅନୁବାଦକର SL(source Langueage) ଓ TL (Target language) ଜ୍ଞାନଗତ ପାରଦର୍ଶିତା ଥିବା ସହିତ ସାଂସ୍କୃତିକ ଅଧ୍ୟୟନ (cultural studies) ରେ ଦକ୍ଷତା ଥିବା ଦରକାର। ଅନୁବାଦ ଏମିତି ଯଥାଯୋଗ୍ୟ ହେବା ଉଚିତ ଯହିଁରେ ମୂଳ ରଚନାର ସମସ୍ତ ବୈଭବ ଠିକ୍ ଭାବରେ ଉପସ୍ଥାପିତ ହେବ। ଏହା ପଢ଼ିଲା ବେଳକୁ ଏକ ମୌଳିକ ସୃଷ୍ଟି ପରି ମନେ ହେଉଥିବ। ଅନୁବାଦକ ଜଣେ ସୃଜନଶୀଳ ସ୍ରଷ୍ଟା ଭଳି ପ୍ରତିଭାବାନ ହୋଇଥିବା ବାଞ୍ଛନୀୟ। ଏହି ପରିପେକ୍ଷୀରେ, ଆଲେକ୍‌ଜାଣ୍ଡର ଫ୍ରେଜର ଟାଇଟ୍‌ଲର (Alexander Fraser Tytler) କହନ୍ତି, " The Translation should be a complete transcript of the idea of the original work. The style and manner of writing should be of the same character with that of the original."

କିନ୍ତୁ ଅନୁବାଦ ବିଷୟରେ ଲୋକମାନଙ୍କୁ ବୁଝାଇବାର ଆଦୌ ଆବଶ୍ୟକତା ନାହିଁ, ସମସ୍ତେ ସବୁ କଥା ଜାଣନ୍ତି। ଆଉ "ୟୁନାଇଟେଡ୍ କିଂଗଡମ୍‌ର କବିମାନଙ୍କ କବିତା" ବିଷୟରେ ବି ମୁଁ ବେଶି କିଛି ଲେଖୁନି। ଏଥିରେ ୬୧ଜଣ କବିଙ୍କର ୧୪୬ଟି ଅନୂଦିତ କବିତା ସନ୍ନିବିଷ୍ଟ ହୋଇଛି। ପ୍ରତ୍ୟେକ କବିଙ୍କର ପରିଚିତ କବିତା ସନ୍ନିବିଷ୍ଟ ହୋଇଛି। ପ୍ରତ୍ୟେକ କବିଙ୍କର ପରିଚିତି ମଧ୍ୟ ଦିଆଯାଇଛି। ଯଦି ଏହି ପୁସ୍ତକଟି ପଢ଼ିକରି ଓଡ଼ିଶାର ପାଠକ-ପାଠିକାମାନେ ଆନନ୍ଦ ଆହରଣ କରି ପାରନ୍ତି, ତେବେ ମୋର ଶ୍ରମ ସାର୍ଥକ ହୋଇଛି ବୋଲି ମନେ କରିବି।

- ଅନୁବାଦକ

ସାର୍ ଥୋମାସ୍ ୱ୍ୟାଓ

ସାର୍ ଥୋମାସ୍ ୱ୍ୟାଓ (Sir Thomas Wyatt: ୧୫୦୩-୧୧ ଅକ୍ଟୋବର ୧୫୪୨) ଥିଲେ ଜଣେ ଷୋଡ଼ଶ ଶତାବ୍ଦୀର ଜଣେ ଇଂରେଜୀ କବି, ରାଜନୀତିଜ୍ଞ ଏବଂ ରାଜଦୂତ। ୧୫୩୭ ମସିହାରେ ତାଙ୍କୁ ନାଇଟ୍ ଉପାଧିରେ ଭୂଷିତ କରାଗଲା। ତାଙ୍କର ପ୍ରସିଦ୍ଧି ମୁଖ୍ୟରୂପରେ କାବ୍ୟର ଉପଲବ୍ଧି ଏବଂ ଗୀତ ଉପରେ ପ୍ରତିଷ୍ଠିତ ଥିଲା।

ପ୍ରେମ, ତୁମକୁ ବିଦାୟ

ପ୍ରେମ, ତୁମକୁ ବିଦାୟ ଏବଂ ତୁମର
ସବୁ ଆଇନ କାନୁନଗୁଡ଼ିକୁ
ଚିରକାଳ ପାଇଁ;
ତୁମର ଥୋପଯୁକ୍ତ ହୁକ୍ ଆଉ
ଟାଣି ପାରିବନି
ମୋତେ।
ସେନେକ ଓ ପ୍ଲେଟୋ ମୋତେ ଡାକୁଛନ୍ତି
ବାହାରି ଆସିବାକୁ ତୁମ
ଉପବୋଧନ ପାଖରୁ
ଯାହା ଦ୍ୱାରା ମୋ ବୁଦ୍ଧିମତ୍ତା ପୂର୍ଣ୍ଣାଙ୍ଗ
ସଂପଦରେ ପରିଣତ ହୁଏ।
ଅନ୍ଧଭାବନା ନେଇ ମୁଁ ଯେତେବେଳେ
ଦୃଢ଼ ହୋଇ ରହେ,
ତୁମର ଶାଣିତ ପ୍ରତ୍ୟାକ୍ଷାନରେ
ସୃଷ୍ଟି ହୁଏ କ୍ଷତ,
ଯାହା ମୋତେ ଶିଖେଇଛି ତୁଚ୍ଛ ବସ୍ତୁକୁ
ଧ୍ୟାନ ନ ଦେବାକୁ,

ମୁଁ ସେଠାରୁ ପଳାଇ ଯାଇଛି
କାରଣ ସ୍ୱାଧୀନତା ମଙ୍ଗଳମୟ।

ଅତଏବ, ତୁମକୁ ବିଦାୟ;
କଷ୍ଟ ଦିଅ ଯୁବକମାନଙ୍କ ହୃଦୟରେ
ଆଉ କର୍ତ୍ତୃତ୍ୱ ଦେଖାଅନି ମୋହରି
ଉପରେ।

ତୁମର ଗୁଣସବୁ ପ୍ରୟୋଗ କର
ଅଳସୁଆ ଯୁବକମାନଙ୍କ ହୃଦୟରେ
ଏବଂ ବ୍ୟୟ କର ତୁମର ଏହି
ଅସଂଖ୍ୟ ଭଙ୍ଗୁର ତୀର
ନିର୍ଭୟରେ,
ଯଦିଓ ଏଯାଏଁ ମୁଁ ନଷ୍ଟ କରିଛି
ସମସ୍ତ ସମୟ
ମୁଁ ଆଉ ଚାହୁଁନି ଚଢ଼ିବାକୁ
ତୁମର ଏହି ପୋଚା
ଲମ୍ୱା ଶାଖାରେ।

ଏଡ୍‌ମଣ୍ଡ ସ୍ପେନ୍‌ସର

ଏଡ୍‌ମଣ୍ଡ ସ୍ପେନ୍‌ସର (Edmund Spencer: ୧୫୫୨-୫୩ -୧୩ ଜାନୁୟାରୀ ୧୫୯୯) ଥିଲେ ଜଣେ ଇଂରେଜୀ କବି। ସିଏ ଟ୍ୟୁଡର୍ ରାଜଂବଶ ଏବଂ ପ୍ରଥମ ଏଲିଜାବେଥ୍‌ଙ୍କୁ ନେଇ ମହାକାବ୍ୟ ଓ କଳ୍ପନାଧର୍ମୀ ରୂପକ କବିତା "ଦି ଫେୟାରି କ୍ୟୁଇନ (The Faerie Queene) ରଚନା ପାଇଁ ବିଖ୍ୟାତ। ସିଏ ଆଧୁନିକ ଇଂରେଜୀ ଛନ୍ଦର ଅନ୍ୟତମ ଶ୍ରେଷ୍ଠ କାରିଗର ହିସାବରେ ବିବେଚିତ ଏବଂ ତାଙ୍କୁ ପ୍ରାୟତ ଇଂରେଜୀ ଭାଷାର ଅନ୍ୟତମ ଶ୍ରେଷ୍ଠ କବି ହିସାବରେ ଗଣ୍ୟ କରାଯାଏ।

ମିଶି ଯାଇଅଛି ପ୍ରିୟାର ଚଟୁଳ ଚୁମ୍ବନେ

ଆଗୋ କାବ୍ୟଲେଖା ଖାତାଟି ମୋହର
ତୁମେ ରହିଥାଅ ହରଷେ
ମୋହରି ପ୍ରିୟାର ଲିଲିଫୁଲ ସମ
କୋମଳ ହାତର ପରଶେ।
ଆତଙ୍କର କାରାଗାରେ ବନ୍ଦୀ ପରି
ତୁମେ କଂପୁଛ ଥର ଥର
ସୈନ୍ୟବାହିନୀ ତ ଦଖଲ କରଇ
ମାତୃଭୂମିକୁ ଆପଣାର।
ଚାହେଁ ଆଜୀବନ ରହିବା ପାଇଁକି
ପ୍ରେୟସୀର ବାହୁ ବନ୍ଧେନେ
ଅମର ହୋଇ ଯେ ମିଶି ଯାଇଅଛି
ପ୍ରିୟାର ଚଟୁଳ ଚୁମ୍ବନେ।

ଉଇଲିୟମ ଶେକ୍ସପିୟର

ଉଇଲିୟମ ଶେକ୍ସପିୟରର (William Shakespeare: ଏପ୍ରିଲ୍ ୧୫୬୪-୨୩ ଏପ୍ରିଲ୍ ୧୬୧୬) ଥିଲେ ଜଣେ ପ୍ରସିଦ୍ଧ ଇଂରେଜୀ ନାଟ୍ୟକାର ଓ କବି। ବିଶ୍ୱସାହିତ୍ୟର ଯେଉଁ କେତୋଟି ବିରଳ ପ୍ରତିଭା ସେମାନଙ୍କ ଯୁଗୋତୀର୍ଣ୍ଣ ଅବଦାନ ପାଇଁ ସମୟର ସୀମା ଅତିକ୍ରମ କରି ମହାମାନବ ରୂପରେ ଚିହ୍ନିତ ହୋଇଛନ୍ତି, ଉଇଲିୟମ ଶେକ୍ସପିୟର ସେମାନଙ୍କ ମଧ୍ୟରେ ଅନ୍ୟତମ। ନାଟ୍ୟକାର ହିସାବରେ ତାଙ୍କର ରଚନା ଅନେକ, ଯେଉଁଥିପାଇଁ ସାରା ବିଶ୍ୱରେ ସିଏ ପ୍ରସିଦ୍ଧ। କିନ୍ତୁ ତାଙ୍କର କବିତା ରଚନା ଆଡ଼କୁ ଲକ୍ଷକଲେ ମିଳିଥାଏ ୧୫୪ଟି ସନେଟ୍‌ର ସନ୍ଧାନ, ଯାହା ସନେଟ୍‌ର ରଚୟିତା ହିସାବରେ ମଧ୍ୟ ତାଙ୍କୁ ପ୍ରସିଦ୍ଧି ପ୍ରଦାନ କରିଛି।

ସମାଧି-ଗୀତିକା

ଟାଣ ଖରାକୁ ତ ନ ଥିବ ଡର
ଶୀତେ ଥରିବନି ଦେହ ତୁମର।
ଭବଲୀଳା ତୁମ ସରିଛି ଭାଇ !
କର୍ମଫଳ ଲଭି ଗଲ ପଳେଇ।
ରାଜା, ରଙ୍କ ମିଶିଯିବେ ମାଟିରେ
ପରିଣଥ ଦେହ ଦେହ ଧୂଳିରେ।
ଧନିକ କଟାକ୍ଷ ନ ସାଧେ ଦାଉ
ଅତ୍ୟାଚାରୀ କିବା କରିବ ଆଉ ?
ବାସ, ଗ୍ରାସ ପାଇଁ ଚିନ୍ତା ନ ଥିବ
ତାଳେ ଦୂର୍ବାସମ ତୁମେ ମଣିବ।
ନୃପ, ବୈଜ୍ଞାନିକ, ଯେତେ ବିଦ୍ୱାନ
ଧୂଳି-ଶଯ୍ୟାରେ କରିବେ ଶୟନ।

ଚପଲା ଚମକେ ନ ଥିବ ଡର
ହେବନି ଅଶନି-ନାଦେ କାତର।
ଅବବାଦେ ଆଉ ଡରି ନ ଯିବ
ସୁଖେ, ଦୁଃଖେ ସମ ଭାବେ ଦେଖିବ।
ପ୍ରେମେମଗ୍ନ ଥିବା ଯୁବା, ଯୁବତୀ
ମାଟିରେ ମିଶିବେ ଚପଳ-ମତି !

ବାହୁବଳୀ କେହି କଷ୍ଟ ନ ଦେବ
ତନ୍ତ୍ରମନ୍ତ୍ର ସବୁ ବ୍ୟର୍ଥ ହୋଇବ।
ଭୂତ, ପ୍ରେତ କିଛି କରିବେନି ତ
କ୍ଷତିଗ୍ରସ୍ତ ଆଉ ହେବନି ମିତ !
ନିଶ୍ଚିନ୍ତରେ ଏଠି କର ଶୟନ
ସମାଧି ତୁମର ହେଉ ମହାନ।

ସନେଟ୍ - ୧

ସୁନ୍ଦର ପ୍ରାଣୀଙ୍କ ବଂଶବୃଦ୍ଧି ହେଉ ଚିନ୍ତଇ ଆମ ମାନସ
ଗୋଲାପର ରୂପ କେବେହେଲେ ଦିନେ ନ ଯାଉ ହୋଇ ମଳିନ
କାଳବଳେ ପରା ଜନ୍ମଦାତାଙ୍କର ଜୀବନ ହୁଅଇ ଶେଷ
କୋମଳ-ସନ୍ତାନ ସ୍ମୃତିରେ ସେ କଥା ରହିଥାଉ ଚିରଦିନ।

ଉଜ୍ଜ୍ୱଳ ନୟନ ପ୍ରେମରେ ତ ତୁମେ ପଡ଼ିଯାଇଛ କେବଳ
ଆପଣଶ ଆଲୋକ-ଶିଖା ଯେ କରୁଛି ଦାହନ ଏବେ ତୁମର
ଐଶ୍ୱର୍ଯ୍ୟ ଭିତରେ ଦେଖାଉଛି ପରା ଦୀନତାର କେତେ ଖେଳ
ନିଜ ଶତ୍ରୁ ନିଜେ, ତୁମେ ତ ହୋଇଛ ଆତ୍ମାର ପ୍ରତି ନିଷ୍ଠୁର।

ଜଗତର ଶ୍ରେଷ୍ଠ ଅଳଙ୍କାର ପରି ଦେଖୁଛୁ ତୁମକୁ ଆମେ
ବସନ୍ତର ଅଗ୍ରଗାମୀ ଦୂତ ସମ ନବୀନେ ରଖିଛ ଆଶ
ନିଜର ଆତ୍ମାକୁ କଳିକା ଭିତରେ ଲୁଚାଇ ରଖିଛ ତୁମେ
ହେ କୋମଳ ଚାଷୀ! କାର୍ପଣ୍ୟ ତୁମର ସୌନ୍ଦର୍ଯ୍ୟକୁ କରେ ନାଶ।

ଉଦର-ସର୍ବସ୍ୱ ଭାବ ନେଇ ତୁମେ ଗ୍ରାସ ପ୍ରାପ୍ୟ ଦୁନିଆର
ରଟିବ ତୁମର ଦୁର୍ନାମ କେବଳ, ଏହା ହିଁ ତ ହେବ ସାର।

ସନେଟ୍-୧୮

କେଉଁ ଏକ ଗ୍ରୀଷ୍ମଦିନ ସହ କରିବି କୁ ତୁମର ତୁଳନା ?
ତୁମେ ତା ଠୁ ସୁନ୍ଦର ଯେ ବେଶି, ପୁଣି ତୁମେ ଅତି ସୁକୁମାର
ମେ ମାସର ରୁକ୍ଷ ପ୍ରଭଞ୍ଜନ ମାରିଦିଏ କଳିର ବାସନା
ଅଳ୍ପ କ୍ଷଣ ପାଇଁ ଧରଣୀରେ ରହିଥାଏ ରାଜୁତି ଗ୍ରୀଷ୍ମର।

ତପନର ଉଗ୍ର ଦାହନ ତ କେବେ ଅବା ଅମ୍ବରର ତଳେ
କେବେ ତାର ହିରଣ୍ମୟ ଦ୍ୟୁତି ହୋଇଥାଏ କୁୟାଶାରେ ମ୍ଳାନ
ପ୍ରକୃତିର ବିକାରରେ ଅବା ନିୟତିର ନିର୍ଦ୍ଦେଶର ଫଳେ
ପ୍ରତ୍ୟେକଟି ବସ୍ତୁ ଦେହୁ ପରା ସୁନ୍ଦରତା କରଇ ପ୍ରସ୍ଥାନ।

କିନ୍ତୁ କେବେହେଲେ ତ ନିଃଶେଷ ହେବ ନାହିଁ ମାଧୁର୍ଯ୍ୟ ତୁମର
ଅନବଦ୍ୟ ଏହି ରୂପ ଗୋଟି ରହିଥିବ ହୋଇ ଶୋଭାନୀୟ
ମୃତ୍ୟୁ କେବେ ଦର୍ପେ କହିବନି ତା ଛାୟାରେ ତୁମେ ଯାତ୍ରା କର
ଅମରତ୍ୱ ଅଧିକାରୀ ହୋଇ ଥିବ ଏହି ପଂକ୍ତି କତିପୟ।

ଯେତେଦିନ ଧରି ଯେ ମଣିଷ ଶ୍ୱାସ ନେବ, ଚକ୍ଷୁ ଦେଖୁଥିବ
ସେତେଦିନ ଥିବ ଏ କବିତା, ତୁମକୁ ବି ବଞ୍ଚାଇ ରଖିବ।

ସାର୍ ହେନ୍‌ରୀ ୱ୍ଟନ

ସାର୍ ହେନ୍‌ରୀ ୱ୍ଟନ (sir Henry wotton: ୩୦ ମାର୍ଚ୍ଚ ୧୫୬୮-ଡିସେମ୍ବର ୧୬୩୯) ଥିଲେ ଜଣେ ଇଂରେଜୀ ଲେଖକ ଓ ରାଜନେତା। ସିଏ ୧୬୧୪ ମସିହା ଏବଂ ୧୬୨୫ ମସିହାରେ House of commons ର ସଦସ୍ୟ ଥିଲେ। ସିଏ ଯେତେବେଳେ ୧୬୦୪ ମସିହାରେ ଗୋଟିଏ ମିଶନ୍‌ରେ ଅଗ୍ସବର୍ଗ (Augsburg) କୁ ଯାଇଥିଲେ, ସେ ସମୟରେ ତାଙ୍କର ବକ୍ତବ୍ୟ ଥିଲା- "An ambassador is an honest gentleman sent to lie abroad for the good of his country."

ସୁଖୀଜନ

ଜନ୍ମଗ୍ରହଣ ତ　　　କରିବା ଦିନଠୁ
ଶିଖି ନାହିଁ ଯିଏ କେବେ
ଅନ୍ୟର ଆଦେଶ　　　ମାନି ଚଳିବାକୁ
ସେହି ସିନା ସୁଖୀ ଭବେ!
ସଦିଚ୍ଛା-ସାଞ୍ଜୁରେ　　　ବିଭୂଷିତ ଯିଏ
ଶୁଦ୍ଧ ଭାବନାରେ ବ୍ରତୀ
ସତ୍ୟ ଯାହା ଧର୍ମ　　　ସେହି ଜନ ସିନା
ସଂସାରେ ଲଭଇ ଖ୍ୟାତି।

ପଞ୍ଚେନ୍ଦ୍ରିୟ ଯାର　　　ସକ୍ଷମ ନୁହଁଇ
କରିବାକୁ ପ୍ରଭୁ ପଣ
ହୃଦୟ ଯାହାର　　　ମରଣକୁ ସଦା
ନିର୍ଭୟେ କରେ ବରଣ।
ଆଶାବନ୍ଧ ଯେହୁ　　　ନୁହଁଇ ସଂସାରେ
ଲଭିବା ପାଇଁକି ଯଶ
ଅଥବା ନିଃସଙ୍ଗ　　　ଜୀବନ ଯାପନ
ନଥାଏ ତା ମନେ ଲେଶ।

ଜନମ କାଳରୁ ସାଧାରଣ ଜନ
ପ୍ରାଣ ଥାଏ ସଦା ମୁକ୍ତ
ଆତ୍ମଜ୍ଞାନ ତା'ର ଥାଏ ତ ସୁଦୃଢ଼
କଥା କହେ ଯୁକ୍ତିଯୁକ୍ତ।
ତୋଷାମଦକାରୀ ପ୍ରବୃତ୍ତି ନ ଥାଏ
ଅଯଥା ପ୍ରଶଂସା ଖାଲି
ସୁହାଏନି କେବେ ମନକୁ ତାହାର
ଭାବେ ପ୍ରପୀଡ଼କ ବୋଲି।

କିଛି ପାଇବାର ଆଶା ରଖେ ନାହିଁ
ମନରେ କେବେ ତାହାର
କିନ୍ତୁ ଈଶ୍ୱରଙ୍କ ଆଶୀର୍ବାଦ ସେ ତ
ଚାହିଁଥାଏ ନିରନ୍ତର।
ଶାସ୍ତ୍ରପାଠେ ଅବା ବନ୍ଧୁ ଗହଣରେ
ଦିନ ତା'ର ସେ ବିତାଏ
ସୁଖୀ ଜୀବନ ତ ଅଟଇ ତାହାର
ଲୋକଙ୍କ ସ୍ନେହ ଯେ ପାଏ।

ସ୍ୱର୍ଗଲାଭ ଆଶା ରଖେନି ତ ମନେ
ନର୍କକୁ ନ ଥାଏ ଡର
ସେହି ପୁରୁଷକୁ ସୁଖୀଜନ ବୋଲି
ସମସ୍ତେ କରନ୍ତି ସ୍ଥିର।
ଧନ ରତ୍ନ ପଛେ ନ ଥାଉ ତା'ଠାରେ
ପ୍ରଭୁତ୍ୱ ତା' ପାଶେ ଥାଏ
କେଉଁଥିରେ ସିଏ ଆସକ୍ତ ରହେନି
ତଥାପି ସେ ସବୁ ପାଏ।

ଜନ୍ ଡନ୍

ଜନ୍ ଡନ୍ (John Donne: ୨୨ ଜାନୁୟାରୀ ୧୫୭୨-୩୧ ମାର୍ଚ୍ଚ ୧୬୩୧) ଥିଲେ ଜଣେ ଇଂରେଜୀ କବି, ପାଦ୍ରୀ ଏବଂ ଓକିଲ। ତାଙ୍କୁ ମେଟାଫିଜିକାଲ କବିମାନଙ୍କର ପ୍ରାଥମିକ ଯୁଗର ମୁଖପାତ୍ର ବୋଲି କୁହାଯାଏ। ତାଙ୍କ ରଚିତ ସନେଟ୍, ପ୍ରେମ କବିତା, ଧାର୍ମିକ କବିତା, ଲାଟିନ୍ ଅନୁବାଦ, ବ୍ୟଙ୍ଗ କବିତା, ଗୀତ, ଉପଦେଶ ବାଣୀ ଇତ୍ୟାଦିର ମାଧ୍ୟମରେ ସିଏ ଚିର ଅମ୍ଳାନ। ତାଙ୍କର ନାଟକୀୟ ବାକ୍ୟ ଚୟନ, ଶକ୍ତିଶାଳୀ ବାଗ୍ମିତା ସମସାମୟିକ ସହଜ ସରଳ ଏଲିଜାବେଥୀୟ କାବ୍ୟ ଉପରେ ଆଘାତ କରେ। ତାଙ୍କ ରଚନାର ଆଉ ଗୋଟିଏ ବୈଶିଷ୍ଟ୍ୟ ଥିଲା ସାହିତ୍ୟକାରମାନଙ୍କର ଧାର୍ମିକ ଚିନ୍ତାର ପ୍ରକାଶ।

ଶୁଭ ସକାଳ

ମୁଁ ପ୍ରକୃତରେ ଭାବେ ଆଶ୍ଚର୍ଯ୍ୟ ହୋଇ, ତୁମେ ଓ ମୁଁ
ଆମ ଭିତରେ ପ୍ରେମ ହେବା ପୂର୍ବରୁ କଣ କରିଛେ।
ସେତେବେଳେ କଣ ଆମେ ପ୍ରେମରେ ବିବର୍ଣ୍ଣ ହୋଇନେ ?
ବାଲ୍ୟ ଚପଳତାର ସହିତ ଆମେ ପ୍ରକୃତିର ଆନନ୍ଦ ଉପଭୋଗ କରିଛେ ?
ଅଥବା ଶୋଇ ରହିଛେ ସପ୍ତ ନିଦ୍ରାଚରଙ୍କ ଭଳି ?
ଏମିତି ବଞ୍ଚିଛେ, କିନ୍ତୁ ଏଥିରେ ବାସ୍ତବରେ ଆନନ୍ଦର ଅସ୍ତିତ୍ୱ ନାହିଁ।
ଯଦି ମୁଁ କୌଣସି ରୂପସୀକୁ ଦେଖିବାକୁ ଚାହିଁଛି,
ଯାହାକୁ ପାଇବାର ଆକାଂକ୍ଷା ରଖିଛି,
ତାହା ହେଲା ତୁମର ମୂର୍ତ୍ତିମାନ ଛବି।

ଜାଗ୍ରତ ଆତ୍ମାକୁ ମୁଁ ଧନ୍ୟବାଦ ଜଣାଉଛି
ଜଣେ ଅନ୍ୟଜଣକ ଆଡ଼କୁ ଏବେ ଅନାଇବାକୁ ଭୟ ପାଉନି

ଭଲ ପାଇବା ଲାଗି ଆମେ ସମସ୍ତ ଦିଗ ନିୟନ୍ତ୍ରଣ କରି ପାରିବା,
ପ୍ରତ୍ୟେକ ସ୍ଥାନରେ ଆମେ ଭଲପାଇବାର ଗୋଟିଏ ଛୋଟିଆ ଘର
ତିଆରି କରି ପାରିବା।
ନାବିକମାନଙ୍କୁ ନୂଆ ନୂଆ ଦେଶ ଆବିଷ୍କାର କରିବାପାଇଁ ଯିବାକୁ ଦିଅ।
ଆମେ ଗୋଟିଏ ପୃଥିବୀରେ ବାସ କରିବା
ପ୍ରତ୍ୟେକଙ୍କ ପାଇଁ ଅଲଗା ଜଗତ କିନ୍ତୁ ତାହା ଗୋଟିଏ ମାତ୍ର।

ମୋ ମୁହଁ ତୁମ ଆଖିରେ, ତୁମରଟା ମୋ ଆଖିରେ
ଆଉ ଆମର ଦୁଇଟା ସରଳ ହୃଦୟ ଆମ ମୁଖମଣ୍ଡଳରେ ପ୍ରକାଶ ପାଉଛି
କେଉଁଠାରେ ଆମେ ଏପରି ଦୁଇଟି ସୁନ୍ଦର ମେରୁ ପାଇବା,
ଯେଉଁଠି ନ ଥିବ ପ୍ରଚଣ୍ଡ ଥଣ୍ଡା ଓ ପ୍ରଖର ଉତ୍ତାପ।
ଯାହା ମରଣକୁ ପ୍ରାପ୍ତ ହୁଏ, ତାହା ସଠିକ ଅନୁପାତରେ ମିଶ୍ରିତ ହୋଇନଥାଏ।

ଯଦି ଆମର ଦୁଇଟି ଭଲପାଇବା ଏକ ହୁଏ;
ଅଥବା ତୁମେ ଓ ମୁଁ, ଏକାଭଳି ପରସ୍ପରକୁ ଭଲ ପାଉଛେ,
ତେବେ କେହି ହଜି ଯିବନି, କେହି ମରି ଯିବନି।

ମୃତ୍ୟୁ, ତୁମେ ଗର୍ବ କରନି

ମୃତ୍ୟୁ, ତୁମେ ଗର୍ବ କରନି
ଯଦିଓ ଅନେକେ ତୁମକୁ
କହନ୍ତି
ତୁମେ ଚିରନ୍ତନ ଏବଂ ଭୟଙ୍କର,
ନା ତୁମେ ତା ନୁହଁ,
ଯେଉଁମାନଙ୍କୁ ତୁମେ ପରାଜିତ
କରିଛ ବୋଲି ଭାବ,
ସେମାନେ ମରନ୍ତିନି, ଦରିଦ୍ର ମୃତ୍ୟୁ,
ମୋତେ ବି ତୁମେ ମାରି
ପାରିବନି ।
ବିଶ୍ରାମ ଏବଂ ନିଦ୍ରାର ଚିତ୍ରରେ
ଦେଖେ ତୁମର ମୂର୍ତ୍ତି,
ବିଶ୍ରାମରେ କେତେ ସୁଖ, ତାହେଲେ
ତୁମଠାରେ ଆଉ କେତେ ଯେ ସୁଖ,
ଆମର ଶ୍ରେଷ୍ଠ ସନ୍ତାନମାନେ
ତୁମ ସହିତ ଯାଇଛନ୍ତି,
ଦେହକୁ ଛାଡ଼ି ଆତ୍ମାର ମୁକ୍ତିରେ ।

ତୁମେ ଭାଗ୍ୟର ଦାସତ୍ୱ କର, ତୁମେ
ଦାସତ୍ୱ କର ସୁଯୋଗର,
ରାଜାମାନଙ୍କର ଏବଂ ଉଦ୍‌ବିଗ୍ନ ସକଳ
ମଣିଷଙ୍କର,
ତୁମେ ବିଷରେ, ଯୁଦ୍ଧରେ ଏବଂ
ମହାମାରିରେ ସଂଗଠିତ ମୃତ୍ୟୁ
ଭାବରେ,
ଏମିତି ମାଦକଦ୍ରବ୍ୟ ତ

ଆମକୁ ଶୁଆଇ କରି ରଖେ,
ସେହି ନିଦ ତୁମଠୁ କଡ଼ା;
ତାହେଲେ କେଉଁଥିପାଇଁ ତୁମର ଏତେ
ଗର୍ବ:
ଗୋଟିଏ ଛୋଟ ନିଦ କଟି ଗଲେ
ସବୁଦିନ ପାଇଁ ଆମେ ଜାଗି ଉଠିବୁ,
ଏବଂ ମୃତ୍ୟୁ ବୋଲି କିଛି
ରହିବନି;
ମୃତ୍ୟୁ, ତୁମେ ବରଂ ମରିଯିବ।

ଜନ୍ ଟେଲର୍

ଜନ୍ ଟେଲର୍ (John Taylor: ୨୪ ଅଗଷ୍ଟ ୧୫୭୮-ଡିସେମ୍ବର ୧୬୫୩) ଥିଲେ ସେକ୍ସପିୟରଙ୍କ ସମୟର ଜଣେ ଇଂରେଜୀ କବି । ତାଙ୍କୁ 'The water poet' ବୋଲି କୁହାଯାଉଥିଲା, ଯେଉଁ ଡାକ ନାମଟିକୁ ସିଏ ନିଜେ ନିଜକୁ ଦେଇଥିଲେ । ସିଏ ଅନେକ ଫରାସୀ ଲେଖକ ଓ କବିମାନଙ୍କର ଲେଖାକୁ ଇଂରେଜୀରେ ଅନୁବାଦ କରିଥିଲେ ।

ଜୁଲୁ ଜୁଲୁ ଟିକି ତାରା

ଜୁଲୁ ଜୁଲୁ ଟିକି ତାରା
କାହିଁରେ ତୁ ଗଢ଼ା ପରା !
ଉଡ଼େ ବସି ଆକାଶରେ
ହୀରା ପରି ଦିଶୁ ତୁ ରେ ।

ବୁଡ଼ିଗଲେ ତେଜ ରବି
ଆଲୋକ ତା'ଯାଏ ଦବି,
ଦେଖାଉ ତୁ ଛୋଟ ବତୀ
ଜୁଲୁ ଜୁଲୁ ସାରା ରାତି ।

ଅନ୍ଧାରର ବାଟୋଇ ତ
ପ୍ରଶଂସା କରେ ବହୁତ
ଛୋଟ ହେଲେ ବି ତୋ ବତୀ
ବାଟ ତା କଢ଼ାଏ ନିତି ।

ନୀଳ ଅମ୍ବରେ ତୁ ବସୁ
ପରଦା ଭିତରୁ ଦିଶୁ
ଆଖି ତୋର ଖୋଲା ଥାଏ
ସୂର୍ଯ୍ୟର ଉଦୟ ଯାଏ ।

ହେଲେ ବି ଉଜ୍ଜ୍ୱଳ, ଛୋଟ
ଅନ୍ଧାରେ ଦେଖାଉ ବାଟ
ଜାଣେନି ତୋ ଭେଦ ପରା
ଜୁଳୁ ଜୁଳୁ ଟିକି ତାରା ।

ଏକାନ୍ତରେ

ଏକେଲା କିନ୍ତୁ କେବେ ଏକେଲା ନୁହେଁ,
ନିଜକୁ ଜାଣିବାର ମଉକା
ଦିନର ଛଦ୍ମମୁଖକୁ ହଟାଅ,
ଯୋଡ଼ି ହୁଅ ଆଉ
ସେହି ଆନ୍ତରିକ ଶକ୍ତିକୁ ଖୋଜ
ଯିଏ ମୁଁ,
ଗୋଟିଏ ମାର୍ଗଦର୍ଶକ ଆତ୍ମା-ମୋର ଆତ୍ମା
ଏବେ ମୋତେ ପ୍ରେରିତ କରୁଛି
ଶାନ୍ତ ଭାବରେ ଶାନ୍ତିରେ, ଶାନ୍ତି,
ସୃଜନର ସମ୍ପର୍କରେ,
ଭିତରର ଗଭୀରତାରେ ଗୁଂଜନ କରି
ଯାହା ହୋଇପାରେ ତା ପାଇଁ ଖୋଲା
ଶାନ୍ତ
ସବୁ ସମୟରେ
ମୁଁ ଯିଏ ରହିଛି ତା ଭିତରେ ସହଜତାର ସହିତ
ଆଉ ଏକା ଜାଣିବା ପାଇଁ ଉତ୍ସୁକ ହୋଇ
ରହୁଛି
ଯେ ମୁଁ କଣ ହେବି।

ରବର୍ଟ ହେରିକ୍

ରବର୍ଟ ହେରିକ୍ Robert Herrick : ୨୪ ଅଗଷ୍ଟ ୧୫୯୧-୧୫ ଅକ୍ଟୋବର ୧୬୭୪) ଥିଲେ ଜଣେ ସପ୍ତଦଶ ଶତାବ୍ଦୀର ଇଂରେଜୀ ଗୀତିକାର ଏବଂ ଏଂଗ୍ଲିକାନ ପାଦ୍ରୀ। ତାଙ୍କ କବିତା ପୁସ୍ତକ "ହେସ୍ପରିଡ୍ସ"(Hesperides) ପାଇଁ ସିଏ ପ୍ରସିଦ୍ଧ। ଏଥିରେ "କାର୍ପେ ଡିୟମ୍" (Carpe Diem), "ଟୁ ଦି ଭରଜିନ୍ସ, ଟୁ ମେକ୍ ମଚ୍ ଅଫ୍ ଟାଇମ୍" (To the virgins, to make of time) କବିତା ରହିଛି, ଯାହାର ପ୍ରଥମ ପଂକ୍ତି "ଯେଯାଏଁ ହୋଇପାରେ ଗୋଲାପ କଢ଼ ଏକାଠି କର"।

ଡ୍ୟାଫୋଡିଲ୍ସ ପ୍ରତି

ଶ୍ୱେତ ଶୁଭ୍ର ଡ୍ୟାଫୋଡିଲ୍ସ, ଆମେ କାନ୍ଦୁ, ଏହା ଦେଖିକରି
ଏତେ ଶୀଘ୍ର ତୁମେ୍ ଚାଲି ଯାଅ;
ବର୍ତ୍ତମାନ ଭୋରର ଉଦୀୟମାନ ସୂର୍ଯ୍ୟ
ମଧ୍ୟାହ୍ନରେ ଯୋଗ ଦେଇନି
ଅପେକ୍ଷା କର, ଅପେକ୍ଷା କର,
ଚାଲି ନଯାଏ ବ୍ୟସ୍ତଦିନ ଯେତେବେଳଯାଏଁ
ସଂଧ୍ୟା-ସଂଗୀତ ପର୍ଯ୍ୟନ୍ତ;
ଏବଂ ଏକତ୍ରିତ ଭାବରେ ପ୍ରାର୍ଥନା ଶେଷ କରି,
ଆମେ ତୁମ ସହିତ ଯିବୁ।

ତୁମ ପରି ଆମର ମଧ୍ୟ ଆୟୁ ଅତି ଅଳ୍ପ,
ଆମ ଜୀବନର ବସନ୍ତ ବି ସଂକ୍ଷିପ୍ତ;
ଯେମିତି କି ବୃଦ୍ଧି ଦ୍ରୁତ ହୋଇଥାଏ କ୍ଷୟର ପ୍ରାପ୍ତି ପାଇଁ,
ତୁମ ପରି ଅଥବା ଅନ୍ୟ କିଛିର ଭଳି।

ଆମେ ମରି ଯାଉ
ଯେପରି ତୁମର ଜୀବନ ନିଃଶେଷ ହୁଏ,
ଏବଂ ଶୁଖିଯାଏ,
ଗ୍ରୀଷ୍ମର ବର୍ଷାର ପରି;
କିମ୍ବା ମୁକ୍ତା ସମାନ ଭୋରର ଶିଶିର ବିନ୍ଦୁ ପରି,
କେବେ ବି ପୁନରାୟ ଖୋଜିଲେ ମିଳେନି।

ଜର୍ଜ ହର୍ବର୍ଟ

ଜର୍ଜ ହର୍ବର୍ଟ (George Herbert: ୩ ଏପ୍ରିଲ୍ ୧୫୯୩- ୧ମାର୍ଚ୍ଚ ୧୬୩୩) ଥିଲେ ଜଣେ ଇଂରେଜୀ କବି ଓ ବକ୍ତା। ତାଙ୍କ ଜୀବନ ଥିଲା ସ୍ୱଳ୍ପସ୍ଥାୟୀ। ସାରା ଜୀବନ ସିଏ ତାଙ୍କର ରୋଗ ବ୍ୟାଧିର ବିରୁଦ୍ଧରେ ସଂଗ୍ରାମ କରିଛନ୍ତି। ରାଜନୀତିର ମଞ୍ଚରେ ମଧ୍ୟ ସିଏ ପଦାର୍ପଣ କରିଥିଲେ। ୧୬୨୪ ମସିହାରେ ହାର୍ବର୍ଟ ମଣ୍ଟଗୋମାରିରୁ ସଂସଦ ସଦସ୍ୟ ନିର୍ବାଚିତ ହୁଅନ୍ତି। ତାଙ୍କର ସାହିତ୍ୟକୃତି ମଧ୍ୟରେ The Temple କାବ୍ୟଗ୍ରନ୍ଥଟି ବଡ଼ କାର୍ଯ୍ୟ। ତାଙ୍କ ଜୀବନ କାଳରେ ତାଙ୍କ ରଚିତ କାବ୍ୟଗ୍ରନ୍ଥ ପ୍ରକାଶିତ ହୋଇନି। ତାଙ୍କ ମୃତ୍ୟୁ ପରେ ୧୬୩୩ ମସିହାରେ The Temple ପ୍ରକାଶ ପାଏ। ସିଏ ଯେତେବେଳେ ମୃତ୍ୟୁ ଶଯ୍ୟାରେ ସେତେବେଳେ ସିଏ ତାଙ୍କ କବିତାର ପାଣ୍ଡୁଲିପିଟି ପଠାଇ ଦିଅନ୍ତି ତାଙ୍କ ବନ୍ଧୁ ନିକୋଲସଙ୍କ ପାଖକୁ। କିନ୍ତୁ ସିଏ ଏହି ପାଣ୍ଡୁଲିପିଟି ପଠାଇଥିଲେ ପ୍ରକାଶ କରିବା ପାଇଁ ନୁହେଁ, ବିଚାର କରିବା ପାଇଁ। ତାଙ୍କ ବିଚାରରେ ଏହି କବିତାଗୁଡ଼ିକ ପ୍ରକାଶରେ ଉପଯୋଗୀ ହେଲେ ସିଏ ତାହା ପ୍ରକାଶ କରିବେ ଅନ୍ୟଥା ପୋଡ଼ି ଦେବେ। ହାର୍ବର୍ଟଙ୍କ ମୃତ୍ୟୁ ପରେ ସେହି ବର୍ଷ ନିକୋଲାସ ଏହି କବିତାଗୁଡ଼ିକୁ ବହି ଆକାରରେ ପ୍ରକାଶ କରନ୍ତି The Temple ନାମରେ।

ସଦାଚାର

ମଧୁର ଦିବସ, ଏତେ ସୁଶୀତଳ
　　　　ଏତେ ଶାନ୍ତ, ଏତେ ଉଜ୍ଜ୍ୱଳ ସତେ
ପୃଥ୍ୱୀ-ଆକାଶର ବାସର-ମିଳନ
　　　　କମନୀୟ ଛଟା ଦେଖାଏ କେତେ !
ବରଷିବ ପରା ହିମବିନ୍ଦୁ ସିଏ ଅଶ୍ରୁର ଛଳେ
ବରିବ ନିଶ୍ଚୟ ମରଣ ତ ସିଏ ନିଶୀଥ କାଳେ।

ମାଦକଭରା ଗୋଲାପ ଫୁଲର
          ହେଲା ଯେ ବିକାଶ, ଚମକେ ଜ୍ୟୋତି
ଅତୀବ ସୁନ୍ଦର ଦିଶୁଥାଏ ସେ ତ
          ଦେଖିଦେଲେ ମନ ଉଠେ ଯେ ମାତି ।
ସେ ରୂପକୁ ଦେଖି ମୁଗ୍ଧ ହୁଏ ହୃଦ, ହେଲେ ଯେବେଳେ
ମଉଳି ଯାଏ ସେ, ଦଗ୍ଧ ହୋଇଥାଏ ହୃଦ ସେବେଳେ ।

ସିଏ ତ କେବଳ ହୁଏ ଚିରଂଜୀବୀ
          ତ୍ରିକାଳ ବିଜୟୀ ଆତ୍ମା ତାହାର
ହୋଇଥାଏ ଯିଏ ଗୁଣେ ପରିପୂର୍ଣ୍ଣ
          ଲଭେନି ବିନାଶ, ହୁଏ ଅମର ।
କଳ୍ପବୃକ୍ଷ ଯଥା ସହେ କାଳବାତ୍ୟା, ସେହି ପରି ତ
ପାପଶୂନ୍ୟ ଆଉ ନିଷ୍କଳଙ୍କ ଆତ୍ମା ସଦା ଶାଶ୍ୱତ ।

ଶୃଙ୍ଖଳା

ତୁମର କଠୋରତା ପରିହାର
କରି,
ଫିଙ୍ଗିଦିଅ ତୁମର
କ୍ରୋଧ:

ହେ ଜଗଦୀଶ୍ୱର
(ମୋ ପ୍ରତି) କୋମଳ ପଥ ଅବଲମ୍ବନ
କର,

ମୋ ହୃଦୟର ଆକାଂକ୍ଷା
ତୁମ ଆଡ଼େ ଝୁଙ୍କୁଛି
ମୁଁ କାମନା କରୁଛି ତୁମର
ସମ୍ମତି।

ଏହା ଶବ୍ଦ ନୁହେଁ, ଏହା ଗୋଟିଏ
ପଲକ ବି ନୁହେଁ
ମୁଁ ନିଜ ଇଚ୍ଛାରେ ତୁମ ଗ୍ରନ୍ଥକୁ
ଛାଡ଼ିଛି,
ଏବଂ ଏକମାତ୍ର ତୁମର
ଗ୍ରନ୍ଥକୁ।

ଯଦିଓ ମୁଁ ଅକୃତକାର୍ଯ୍ୟ
ହୁଏ, କାନ୍ଦେ
ଯଦିଓ ମୁଁ ଚାଲିବା ବାଟରେ
ଅଟକି ଯାଏ,

ତଥାପି ମୁଁ ଗୁରୁଣ୍ଡି ଗୁରୁଣ୍ଡି ଚାଲିଯାଏ
ତୁମ କରୁଣାର ସିଂହାସନ
ଆଡ଼େ।

ତାହେଲେ ତୁମ କ୍ରୋଧକୁ ଦୂର
ହେବାକୁ ଦିଅ,
ଭଲ ପାଇବା ହିଁ ଏହା କରିବ
(କ୍ରୋଧକୁ ଦୂର କରିବ)
ଭଲ ପାଇବା ଦ୍ୱାରା ମଣିଷର
କଠିନ ହୃଦୟରୁ କରୁଣା
ଝରିବ।

ଭଲ ପାଇବା ଅତ୍ୟନ୍ତ
ଦ୍ରୁତ ଗତିର;
ଭଲପାଇବା ଯେମିତି ଗୋଟିଏ
ଯୋଦ୍ଧା
ଏବଂ ଅସ୍ତ୍ର ବ୍ୟବହାର କରି ପାରେ
ଅନେକ ଦୂରରୁ।

କିଏ ଭଲପାଇବାର ଧନୁ ପାଖରୁ
ମୁକ୍ତି ପାଏ ?
ଯେଉଁ ଭଲପାଇବା ତୁମକୁ
ଆନ୍ଦୋଳିତ କରିଥିଲା,
ଆଣିଥିଲା ତୁମକୁ ପୃଥିବୀ
ଉପରକୁ
ଅବଶ୍ୟ ମୋ ପ୍ରତି ସେହି ପରି
ଭଲପାଇବାର ପ୍ରୟୋଜନ।

ଫିଙ୍ଗି ଦିଅ ତୁମର
କଠୋରତା;
ଯଦିଓ ମଣିଷର ଦୁର୍ବଳତା
ଅଛି,
ତୁମେ ତ ଜଗଦୀଶ୍ୱର,
ଫିଙ୍ଗିଦିଅ ତୁମର
କ୍ରୋଧ ।

କର୍ଣ୍ଣେଲ ରିଚାର୍ଡ ଲଭ୍‌ଲେସ୍

କର୍ଣ୍ଣେଲ ରିଚାର୍ଡ ଲଭ୍‌ଲେସ୍ (Cotonel Richard Lovelace: ୯ ଡିସେମ୍ବର ୧୬୧୭-୧୬୫୭) ଥିଲେ ସପ୍ତଦଶ ଶତକର ଜଣେ ଇଂରେଜୀ କବି। ସିଏ ଥିଲେ ଜଣେ ଅଶ୍ୱାରୋହୀ କବି (Cavalier poet) ଯିଏ ଚାର୍ଲ୍ସ ପ୍ରଥମଙ୍କ ପାଇଁ ଇଂରେଜଙ୍କ ଗୃହଯୁଦ୍ଧ (English civil war) ରେ ଲଢ଼ିଥିଲେ। ତାଙ୍କର ଜଣାଶୁଣା ରଚନା ହେଉଛି " ରଣାଭିମୁଖେ ଅଗ୍ରସର ସୈନିକର ପ୍ରଣୟିନୀକୁ ବାର୍ତ୍ତା" (Lucasta, Going to the warres)।

ରଣାଭିମୁଖେ ଅଗ୍ରସର ସୈନିକର ପ୍ରଣୟିନୀକୁ ବାର୍ତ୍ତା

କହିବନି ମୋତେ   ମଧୁର ନୁହେଁ ମୁଁ
            ନିର୍ମମ କହନି ତୁମେ
ଯେଣୁ ମୁଁ ଛାଡ଼ିଛି   ତୁମ ବକ୍ଷ ପାଶ,
            ଯାଉଛି ମୁଁ ରଣଭୂମେ।
ସତ, ମୁଁ ପାଇଛି   ନୂଆ ନାରୀବନ୍ଧୁ,
            ରଣକ୍ଷେତ୍ରେ ଶତ୍ରୁଦଳ
ବିଶ୍ୱା ସହିତ   ଜାବୁଡ଼ି ଧରୁଛି
            ତରବାରୀ, ଅଶ୍ୱ, ଢ଼ାଲ।
ହେଲେ ହେଁ ଓଲଟା   ଆଚରଣ ଏହା
            ପସନ୍ଦ କରିବ ଦିନେ
ଯଦିଓ ଦେଇନି   ପ୍ରେମ ମୁହିଁ ଏତେ
            ବସାଇନି ହୃଦାସନେ।

ଆବ୍ରାହାମ୍ କାଉଲେ

ଆବ୍ରାହାମ୍ କାଉଲେ (Abraham Cowley: ୧୬୧୮-୨୮ ଜୁଲାଇ ୧୬୬୭) ଥିଲେ ଜଣେ ଇଂରେଜୀ କବି ଓ ପ୍ରାବନ୍ଧିକ। ସପ୍ତଦଶ ଶତାବ୍ଦୀର ଶ୍ରେଷ୍ଠ ଇଂରେଜୀ କବିମାନଙ୍କ ମଧ୍ୟରୁ ସିଏ ଥିଲେ ଅନ୍ୟତମ।

ଶରୀରକୁ ନ ଛୁଇଁ ଭଲପାଇବା

ମୋତେ ସ୍ୱୀକାର କରିବାକୁ ଦିଅ;
ଆତ୍ମା ସହିତ ଆତ୍ମାର ମିଳନ ହେଉଛି ଚରମ ଆନନ୍ଦ,
କିନ୍ତୁ ଶାରୀରିକ ମିଳନ ଛଡ଼ା କଣ ଏହା ସମ୍ଭବ
ଏବଂ ଆମର ମନ ସହିତ ମନର ସଂଯୋଗ:
ସ୍ୱର୍ଗ ନଇଁ ଆସେ ପୃଥିବୀକୁ,
ଆତ୍ମାର ଉଦ୍‌ବୋଧନ ଘଟିଥାଏ,
ପ୍ରେମ ହୋଇଉଠୁ ଅଲୌକିକ
ଯେତେବେଳେ ଶରୀର ସଙ୍ଗେ ଶରୀର ମିଶିଯାଏ।

ଏମିତି ଭାବରେ ଅବିନଶ୍ୱର ଅବସ୍ଥା
ନର, ନାରୀ ଏବଂ ମୁଁ
ତୁମ୍ଭମାନଙ୍କ ମତରେ କିଛି ପାର୍ଥକ୍ୟ ଅଛି
ଏଇଟା ହିଁ ହୁଏତ ମୋର ସହଜ ସ୍ୱୀକାରୋକ୍ତି।
ପୁରୁଷ ନାରୀକୁ ଆକର୍ଷଣ କରେ, ନାରୀ ମଧ୍ୟ
ଏମିତି ଭାବରେ ଗଢ଼ି ଉଠେ ପବିତ୍ର ଭଲପାଇବା,
ଭଲପାଇବା ନିଜକୁ ଉଜାଡ଼ି ଦିଏ।

ତାହା ତ ପ୍ରକୃତ ପ୍ରେମ ନୁହେଁ,
ଯେତେବେଳେ ସୁନ୍ଦରୀ ରମଣୀ ହେଲା ପ୍ରଗଲ୍‌ଭା
ଯେତେବେଳେ ଭଲପାଇବା ଆହୁରି କାମନା କାତର
ହୋଇଉଠେ।
ପୁରୁଷର ବିଚିତ୍ର ଛଳନା ଏବଂ ଅନୁରଣନ !
ହୃଦୟର ସହିତ ହୃଦୟର ଉନ୍ମୋଚନ
ଆତ୍ମରତି ଆତ୍ମଦହନ
ପୁରୁଷର ନିଜର ପୌରୁଷ
ନାରୀର ସୌନ୍ଦର୍ଯ୍ୟ ଏବଂ ଆକାଂକ୍ଷା
ଗୋଟିଏ ଶରୀର ପାଇଁ ଅପର ଶରୀରର ତୃଷା,
ଏମିତି ସେମାନେ ବିଶ୍ୱାସୀ ହୋଇ ଉଠନ୍ତି
ହୋଇଉଠନ୍ତି ପରସ୍ପର ପ୍ରତି ନିର୍ଭରଶୀଳ
ପ୍ରିୟତମ ବନ୍ଧୁକୁ ପାଖକୁ ଡାକିକରି।

ହେ ମୋର ଉର୍ବଶୀ କନ୍ୟା
ତୁମେ ମୋ ପାଖରୁ ସବୁକିଛି ଅପହରଣ କରନି।
ମଧ୍ୟରାତ୍ରିରେ ହଠାତ୍ ଦେଖା
ମୁଁ ଉଦଗ୍ର ସଂଗୀତ ପାଇଁ ଚିତ୍କାର କରୁଛି
କହୁଛି, ଆହୁରି ଉତ୍ତେଜକ ସୁରା ମୋତେ ଦିଅ
ଯେତେବେଳେ ଶେଷ ହେବ ଏହି ଆନନ୍ଦର ଆହାର
ଲିଭିଯିବ ସମସ୍ତ ଆଲୋକ;
ଛାୟା ହେବ ଘନୁ ଘନତର, ସାଇନାର।
ରାତି ହୋଇ ଆସିବ ପତଳା,
ମୁଁ ରହିବି ଏକା, ପୁରୁଣା ବାସନା ମୋତେ ଆକ୍ରମଣ କରିବ
ତୁମ ଓଠ ଦୁଇଟି ପାଇଁ ହେବି ଲୋଭାତୁର
ମୁଁ ତୁମକୁ ଭଲପାଇଥିଲି ସାଇନାରା
ମୋର ସ୍ମୃତିସତ୍ତା ଏବଂ ଜାଗରଣରେ।

ଆଣ୍ଡ୍ର୍ୟୁ ମାର୍ବେଲ୍

ଆଣ୍ଡ୍ର୍ୟୁ ମାର୍ବେଲ୍ (Andrew Marvell: ୩୧ ମାର୍ଚ୍ଚ ୧୬୨୧-୧୬ ଅଗଷ୍ଟ ୧୬୭୮) ଥିଲେ ଜଣେ ଇଂରେଜୀ କବି। ସିଏ ଥିଲେ ପ୍ରକୃତିର କବି। ସହରର ସଭ୍ୟତାର ଯନ୍ତ୍ରଜୀବନ ଛାଡ଼ି ଛାୟାସୁନିବିଡ଼ ଶାନ୍ତିର ନୀଡ଼ ପଲ୍ଲୀ ପ୍ରାନ୍ତର ହିଁ ତାଙ୍କ କବିତାର ଚାରଣଭୂମି। ତେବେ ପ୍ରକୃତି ପ୍ରୀତିର ପାଖାପାଖି ତାଙ୍କ କବିତାରେ ସ୍ୱଦେଶାନୁଭୂତି, ଧର୍ମତତ୍ତ୍ୱ, ପ୍ରେବ-ବିରହ ଇତ୍ୟାଦି ହୋଇ ଉଠିଛି ଜୀବନ୍ତ ନିପୁଣ ପରିଚର୍ଯ୍ୟାରେ। ଏହି ପ୍ରତିଭାବାନ କବି ମାର୍ବେଲ ପରବର୍ତ୍ତୀ କାଳରେ କନ୍ସଟାଣ୍ଟିନୋପଲରେ କୂଟନୀତିଜ୍ଞ ହିସାବରେ କାର୍ଯ୍ୟ କରନ୍ତି। ବନ୍ଧୁତ୍ୱ ଅର୍ଜନ କରନ୍ତି ପ୍ରସିଦ୍ଧ କବି ମିଲ୍‌ଟନ୍‌ଙ୍କର। ଜନ୍ ମିଲ୍‌ଟନ୍ ଗୋଟେ ସମୟରେ କମନ୍‌ୱେଲଥର ବୈଦେଶିକ ସେକ୍ରେଟାରୀ ଥିଲେ। କିନ୍ତୁ ତାଙ୍କ ଦୃଷ୍ଟିଶକ୍ତି କମ୍ ହୋଇଯିବା କାରଣରୁ ମାର୍ବେଲ୍‌ଙ୍କୁ ମିଲ୍‌ଟନ୍ ସହକାରୀ ନିଯୁକ୍ତି କରନ୍ତି ୧୬୫୭ ମସିହାରେ। ମାର୍ବେଲ୍ କେମ୍ବ୍ରିଜ୍‌ରେ ଛାତ୍ର ଥିବା ସମୟରେ ତାଙ୍କର ଘନିଷ୍ଠ ବନ୍ଧୁ ଥିଲେ ରିଚାର୍ଡ ଲଭ୍‌ଲେସ୍ (Richard Lovelace)। ମାର୍ବେଲ ଇଂରେଜୀ ବ୍ୟତୀତ ଲାଟିନ୍ ଭାଷାରେ ମଧ୍ୟ ଦକ୍ଷ ଥିଲେ।

ତାଙ୍କ ଲାଜକୁଳୀ ପ୍ରେୟସୀର ପ୍ରତି

ଯଦି ଆମ ହାତରେ ଯଥେଷ୍ଟ
ସ୍ଥାନ ଓ ସମୟ ଥାନ୍ତା
ତେବେ ତୁମର ଏହି ଲାଜୁକତା
ଅପରାଧ ପର୍ଯ୍ୟାୟରେ ପଡ଼ି ନଥାନ୍ତା।
ଆମେ ସବୁ ଏକତ୍ର ହୋଇ ବସିଥାନ୍ତୁ ଏବଂ
ଭାବିଥାନ୍ତୁ କେଉଁ ବାଟରେ
ଯିବାକୁ ହେବ,
ଆଉ ଆମେ ଅତିବାହିତ କରିଥାନ୍ତୁ
ଆମର ଦୀର୍ଘ ପ୍ରେମର
ସମୟଟାକୁ।

ତୁମେ ସେତେବେଳେ ଭାରତର
ଗଙ୍ଗା କୂଳରେ
ରୁବି ପଥର ଖୋଜୁଥାନ୍ତ; ମୁଁ ସେତେବେଳେ
ହାମ୍ବରର ଢେଉ ଦେଇ ତୁମ ସଂପର୍କରେ
ଅଭିଯୋଗ କରିଥାନ୍ତି।

ମୁଁ ବନ୍ୟାର ଦଶବର୍ଷ ଆଗରୁ
ତୁମକୁ ଭଲ ପାଇଥାନ୍ତି,
ଯଦି ତୁମେ ପ୍ରତ୍ୟାଖ୍ୟାନ କରିଥାନ୍ତ
ତେବେ ଇହୁଦୀ ଜାତି ଖ୍ରୀଷ୍ଟିୟାନ
ହେବା ପର୍ଯ୍ୟନ୍ତ
ତୁମକୁ ଭଲ ପାଇଥାନ୍ତି।
ମୋର ଏହି ପ୍ରେମ ବିମୂର୍ତ୍ତ ପ୍ରେମ ଭାବରେ
ବଢ଼ି ଉଠିଥାନ୍ତା-
ରାଜାମାନଙ୍କର ସାମ୍ରାଜ୍ୟ ଅପେକ୍ଷା
ବେଶି ପ୍ରସାରିତ ହୋଇଥାନ୍ତା
ଧୀର ଗତିରେ।
ଆଉ ଶହେ ବର୍ଷ ଧରି ପ୍ରଶଂସା
କରିଥାନ୍ତି
ତୁମ ଚକ୍ଷୁ ଦୁଇଟିକୁ ଏବଂ
ଅନାଇ ରହିଥାନ୍ତି ତୁମର
ମୁହଁ ଆଡ଼େ,
ଦୁଇଶହ ବର୍ଷ ଧରି ଶ୍ରଦ୍ଧା କରିଥାନ୍ତି
ଗୋଟିଏ ଗୋଟିଏ କରି
ସ୍ତନକୁ।

ଆଉ ଅବଶିଷ୍ଟ ଅଂଶ ପାଇଁ
ରହିଥାନ୍ତି ତିରିଶ ହଜାର ବର୍ଷ;
ଗୋଟିଏ ଯୁଗଥାନ୍ତି ତୁମ ଦେହର

ପ୍ରତିଟି ଅଂଶ ପାଇଁ,
ଆଉ ଅନ୍ତିମ ଯୁଗଟା ଦେଖାଇଥାନ୍ତା
ତୁମ ହୃଦୟଟିକୁ।

ପ୍ରେୟସି! ଏହି ଧରଣର ପ୍ରଶଂସା
ତୁମେ ପାଇବାର ଯୋଗ୍ୟ,
ମୁଁ ତ ଏହାଠାରୁ କମ୍ ମୂଲ୍ୟରେ ତୁମକୁ
ଭଲ ପାଇ ପାରିଥାନ୍ତି।

କିନ୍ତୁ ମୋ ପଛପଟୁ ମୁଁ ସର୍ବଦା
ଶୁଣିପାରେ
ସମୟ ରଥଚକ୍ରର ଧ୍ୱନି
ଯାହା ଖୁବ୍ ଦ୍ରୁତ ବେଗରେ ଆଗେଇ
ଆସୁଛି;
ଆଉ ଏଇ ଦେଖ ଆମ ଆଗରେ
ପଡ଼ି ରହିଛି
ଶାଶ୍ୱତ କାଳର ମରୁଭୂମି।
ତୁମ ସୌନ୍ଦର୍ଯ୍ୟ ଆଉ ବେଶି କ୍ଷଣ
ଦେଖା ଯିବନି;
ତୁମ ମାର୍ବଲ ଖଚିତ ସମାଧିସ୍ଥଳ
ଶୁଣି ପାରିବନି
ତୁମ ଭଲପାଇବାର ଗୀତ;
ସେତେବେଳେ ଜୀବାଣୁ ଗୁଡ଼ିକ
ଚେଷ୍ଟା କରିବେ
ତୁମର ଦୀର୍ଘଦିନ ଧରି ରକ୍ଷିତ
କୁମାରୀତ୍ୱକୁ
ବିନାଶ କରିବା ପାଇଁ,
ଆଉ ତୁମର ସତୀତ୍ୱ
ଧୂଳିରେ ପର୍ଯ୍ୟବସିତ ହେବ

ଏବଂ ପାଉଁଶରେ ପରିଣତ ହେବ
ମୋର ସମସ୍ତ କାମନା ବାସନା;
ସମାଧିସ୍ଥଳ ଗୋଟିଏ ସୁନ୍ଦର ଏବଂ
ବ୍ୟକ୍ତିଗତ ସ୍ଥାନ,
କିନ୍ତୁ ମୁଁ ମନେ କରେ ସେଠାରେ କେହି
କରିବନି ଆଲିଙ୍ଗନ।

ଏଇଥିପାଇଁ ଏବେ ଯେତେବେଳେ
ଭରା ଯୌବନର ସତେଜ ରଂଗ
ତୁମ ତ୍ୱଚା ଉପରେ ବସି
ରହିଛି,
ପ୍ରଭାତର ଶିଶିର ପରି;
ଆଉ ଯେତେବେଳେ ତୁମ ଇଚ୍ଛୁକ ଆତ୍ମାର
ପ୍ରକାଶ ଘଟୁଛି
ଉଷ୍ମ କାମୁକ ଇଚ୍ଛାର ତ୍ୱଚାର
ପ୍ରତିଟି ଛିଦ୍ର ଭିତର ଦେଇ,

ସେତେବେଳେ ଖେଳ ଖେଳାଯାଉ
ଯେତେବେଳ ଯାଏଁ ଆମେ
ଏହା କରି ପାରିବା,
ଆଉ ଏବେ ଭଲ ପାଇବାର ଆନନ୍ଦ
ଉପଭୋଗ କରିବା
ଈଗଲ୍‌ର ଶିକାର ପରି,
ଅନ୍ୟଥାରେ ଗୋଟିଏ ସମୟ, ସମୟ ଆମକୁ
ଗ୍ରାସ କରିବ;
ସମୟର ଶକ୍ତି ପାଖରେ ଅବସନ୍ନ ଏବଂ
ପରାଭୂତ ହୋଇଯିବାର ଇଚ୍ଛା କରି
ଆମେ ଏକତ୍ରିତ କରିବା
ଆମର ସମସ୍ତ ଶକ୍ତିକୁ,

ଏବଂ ଆମର ସମସ୍ତ ମଧୁରତାକୁ
ଗୋଟିଏ ପେଣ୍ଡୁ ଭିତରେ,
ଆମ ଆନନ୍ଦକୁ କଠିନ ସଂଘାତ ଦେଇ
ଭାଗ କରିବା
ଲୌହସମ ଜୀବନର ଦ୍ୱାର:
ଯାହା ହେଉ ଯଦିଓ ଆମେ ଆମର
ସୂର୍ଯ୍ୟକୁ ଧରି ରଖି
ପାରିବୁନି
କିଛି ନ ହେଲେ ବି ଆମେ ତାକୁ ଉପଭୋଗ
କରି ପାରିବୁ।

କୋଲେ ସିବ୍‌ବର

କୋଲେ ସିବ୍‌ବର (Colly Cibber: ୬ ନଭେମ୍ବର ୧୬୭୧-୧୨ ନଭେମ୍ବର ୧୭୫୭) ଥିଲେ ଅଷ୍ଟାଦଶ ଶତାବ୍ଦୀର ଇଂଲଣ୍ଡର ନାଟ୍ୟଜଗତର ଜଣେ ପ୍ରମୁଖ ବ୍ୟକ୍ତି। ସିବ୍‌ବରଙ୍କୁ ଏକ ବହୁମୁଖୀ ଅଭିନେତା, ନାଟ୍ୟକାର ଓ କବି ରୂପରେ ମନେ କରାଯାଏ। ନିଜ କେରିୟରରେ ମହତ୍ତ୍ୱପୂର୍ଣ୍ଣ ପ୍ରସିଦ୍ଧି ଓ ପରିଚୟ ହାସଲ କରିବା ଏବଂ ଏପରି କି ୟୁନାଇଟେଡ୍ କିଂଗଡମ୍‌ର କବି ପୁରସ୍କାର ବିଜେତା ରୂପରେ ମଧ୍ୟ କାର୍ଯ୍ୟ କରିଛନ୍ତି। କଳାରେ, ବିଶେଷ ଭାବରେ ନାଟକ ଓ ଅଭିନୟ କ୍ଷେତ୍ରରେ, ସିବ୍‌ବରଙ୍କର ଯୋଗଦାନ ବ୍ରିଟିଶ ନାଟ୍ୟ ପରମ୍ପରା ଉପରେ ଏକ ସ୍ଥାୟୀ ପ୍ରଭାବ ଛାଡ଼ି ଯାଇଛି। ଅଭିନୟର ଦୁନିଆରେ ସିବ୍‌ବରଙ୍କର ଯାତ୍ରା ଅଳ୍ପ ବୟସରେ ଆରମ୍ଭ ହୋଇଥିଲା। ତାଙ୍କ ପିତା କୈୟସ ଗାବ୍ରିୟେଲ ସିବ୍‌ବର ଥିଲେ ଜଣେ ଉଚ୍ଚ ପ୍ରତିଷ୍ଠିତ ମୂର୍ତ୍ତିକାର ଯାହାଙ୍କର ଥିଏଟର ସହିତ ସମ୍ବନ୍ଧ ଥିଲା। ଏହି ସମ୍ବନ୍ଧ ମାଧ୍ୟମରେ ହିଁ କୋଲେ ସିବ୍‌ବର ବାଳକଳାକାର ରୂପରେ ଅଭିନୟ କରିବାର ଅବସର ମିଳିଥିଲା।

ଅନ୍ଧ ବାଳକ

ଆଲୋକ ବୋଲି ଯା କହୁଛ
        ତାହା ଅଟେ କିପରି
ଜାଣିନି ମୁଁ ତାହା ଜୀବନେ
        ତାହା ପାରେନି ବାରି
ଦୃଷ୍ଟି ଶକତିର ଅଛି ବା
        କୁହ କି ଉପକାର
ଏ ଅନ୍ଧ ବାଳକେ କୁହ ହେ
        ମନ ଖୋଲି ତୁମର।
ଅଦ୍ଭୁତ ଜିନିଷ ଦେଖୁଛ
        ବୋଲି କୁହ କେବଳ
କୁହ ରବି ଉଇଁ ଆକାଶେ

ଧରା କରେ ଉଜ୍ଜ୍ୱଳ
ଅନୁଭବ ମୁହିଁ କରୁଛି
ତାର ତାପକୁ ସିନା
ଦିବାନିଶି ଗଢ଼େ କିପରି ?
ମୋତେ ନ ପଡ଼େ ଜଣା ।
ମୋ ନିଜର ଦିନରାତି ତ
ମୁହିଁ ଗଢ଼ଇ ନିଜେ
ଖେଳୁଥାଏ ଯେବେ ବାହାରେ
ଅବା ଶୁଏ ମୁଁ ଶେଯେ
ସଦା ମୁହିଁ ଜାଗି ରହିଲେ
ଦିନ ହୁଅନ୍ତା ସଦା
କିନ୍ତୁ ମୋ ପକ୍ଷରେ ତାହା ତ
ନୁହେଁ ସମ୍ଭବ କଦା ।
ସନ୍ତାପ ବଚନ ତୁମରି
ଶୁଣେ କର୍ଣ୍ଣ କୁହରେ
ଭୋଗୁଛି ମୁଁ ଯେତେ ଯାତନା
ତାହା ଭାଳେ ମନରେ
କିନ୍ତୁ ଧୈର୍ଯ୍ୟ ଧରି ରହିଲେ
ସହି ପାରିବି ପୁଣି
ଯେଉଁ ହାନି କେବେ ଜୀବନେ
ମୁହିଁ ପାରିନି ଜାଣି ।
ନ ପାଇବି ଯାହା ଜୀବନେ
ତାହା କିଆଁ ଚିନ୍ତିବି
ଜାଣି ଜାଣି ମନ-ଶାନ୍ତିକୁ
କିଆଁ ଭଙ୍ଗ କରିବି
ଖୁସୀ ମନେ ଯେବେ ଗାଏ ମୁଁ
ରାଜା ନିଜକୁ ମଣେ
ଯଦିଓ ଜାଣିଛି ମୁହିଁ ତ
ଅନ୍ଧ ବାଳକ ଜଣେ ।

ଜେମ୍ସ ଥମ୍‌ସନ୍

ଜେମ୍ସ ଧମ୍‌ସନ୍ (James Thomson: ୧୧ ସେପ୍ଟେମ୍ବର ୧୭୦୦-୨୭ ଅଗଷ୍ଟ ୧୭୪୮) ଥିଲେ ଜଣେ ସ୍କଟିଶ୍ କବି ଓ ନାଟ୍ୟକାର।

ରେଳଗାଡ଼ିରେ ଯାତ୍ରା

ଯାତ୍ରା ଯେବେ କରୁ ଆମେ
ରେଳ ଗାଡ଼ି ପରେ
ବୃକ୍ଷ, ଗୃହ ପଛକୁ ତ
ଦଉଡ଼ନ୍ତି ଖରେ,
ଧରା ଊର୍ଦ୍ଧ୍ୱେ ଅମ୍ବରରେ
ଛନ୍ତି ଯେତେ ତାରା
ଧାଉଁଛନ୍ତି ଆମ ଯିବା
ରେଳ ପଥେ ପରା !

ଆକାଶରେ ରହିଛନ୍ତି
ଅନେକ ତାରା ତ
ନିଶାକାଳେ ଜଙ୍ଗଲରେ
ରୂପାର କପୋତ
ଧରିତ୍ରୀ ଉପରେ ସର୍ବେ
ଉଡ଼ନ୍ତି ଖୁସୀରେ
ସେମାନେ ଯେ ସହଯାତ୍ରୀ
ଆମ ସହିତରେ।

ଯାଉଥିବା ବେଳେ ମନେ
  ଭୟ ତ ନଥାଉ
ଲକ୍ଷ୍ୟସ୍ଥଳ ବହୁଦୂରେ
  ଗତି ତୀବ୍ର ହେଉ
ଆମେ ତ ଯାଉଛେ ସାଥେ
  ସ୍ୱର୍ଗ ନେଇ, ମିତ,
ଆମ ପାଦୁ ହଟୁ ଥିବ
  ଏହି ପୃଥିବୀ ତ।

ଥୋମାସ୍ ଗ୍ରେ

ଥୋମାସ୍ ଗ୍ରେ (Thomas Gray: ୨୬ ଡିସେମ୍ବର ୧୭୧୬-୩୦ ଜୁଲାଇ ୧୭୭୧) ଥିଲେ ଜଣେ ଇଂରେଜୀ କବି। "ଗୋଟିଏ ଗ୍ରାମୀଣ ଚର୍ଚ୍ଚ ପ୍ରାଙ୍ଗଣରେ ଲେଖାଯାଇଥିବା ଶୋକ ଗୀତ" (Elehy written in a country churchyard) ଗ୍ରେଙ୍କର ସବୁଠାରୁ ପ୍ରସିଦ୍ଧ କବିତା। ୧୭୪୨ ମସିହାରେ ସିଏ ଏହାକୁ ଲେଖିବା ଆରମ୍ଭ କଲେ ଆଉ ଏହାକୁ ଶେଷ କରିବା ପାଇଁ ଲାଗିଯାଇଥିଲା ୫ବର୍ଷ। କିନ୍ତୁ ୧୭୫୧ ମସିହାରେ ଏହା ପ୍ରକାଶିତ ହେଲା। ଏହା ପ୍ରକାଶ ପାଇବା ପରେ ଏହାକୁ ତତ୍‌କ୍ଷଣିକ ସଫଳତା ପ୍ରାପ୍ତ ହୋଇଥିଲା। ଗ୍ରେଙ୍କୁ ମଧ୍ୟ ପ୍ରସିଦ୍ଧି ମିଳିଲା।

ଗୋଟିଏ ଶିଶୁ ଉପରେ ସମାଧିଲେଖ

ଏଠି, ଯନ୍ତ୍ରଣାରୁ ମୁକ୍ତ, ଦୁଃଖ ପାଖରୁ ସୁରକ୍ଷିତ
ଗୋଟିଏ ଶିଶୁ, ଯିଏ ନିଜ ମାତା-ପିତାଙ୍କର
ଆଖିର ପ୍ରିୟ:
ଗୋଟିଏ ସୌମ୍ୟ ମେଷ ଏବେ ପଡ଼ିଆରେ
ଖେଳୁଛି:
ତାକୁ ଶ୍ୱାସ ନେବା ପାଇଁ ମାତ୍ର କିଛି ଦିନ
ଆବଣ୍ଟିତ କରା ଯାଇଥିଲା;
ଏବେ ତାକୁ ନିଜର ମରଣ ରାତ୍ରିରେ
ଶୋଇବାକୁ ଦିଅ
ଚିନ୍ତାଶୂନ୍ୟ ଭାବରେ।

ଯଦି ମୋତେ ମରିବା ଉଚିତ

ଯଦି ମୁଁ ମରିଯିବି ଆଉ ଛାଡ଼ିଦେବି ତୁମକୁ
ତେବେ ଅନ୍ୟମାନଙ୍କ ପରି
ହୁଅନି,
ଶୀଘ୍ର ନଷ୍ଟ ହୋଇ ଯାଅ
ଯିଏ ନିଶ୍ଚୁପ
ଧୂଳି ପାଖରେ ଦୀର୍ଘ ସମୟଯାଏଁ ଜାଗି କରି
ରହନ୍ତି ଆଉ କାନ୍ଦନ୍ତି ।

ମୋ ପାଇଁ ଜୀବନ ଆଡ଼େ ମୋଡ଼ ଆଉ
ହସ,
ନିଜଠାରୁ କମ୍‌ଜୋର ଆତ୍ମାକୁ
ସାନ୍ତ୍ୱନା ଦେବା ପାଇଁ
ନିଜ ହୃଦୟ ଆଉ କମ୍ପୁଥିବା ହାତକୁ
ଆଉଁସ ।
ମୋର ଏହି ଅଧା ଥିବା କାର୍ଯ୍ୟଗୁଡ଼ିକୁ
ପୂରା କର
ଆଉ ମୁଁ ସମ୍ଭବତଃ ତୁମକୁ
ଏହା ଦ୍ୱାରା ସାନ୍ତ୍ୱନା ଦେଇ
ପାରିବି ।

ଓଲିଭର୍ ଗୋଲ୍ଡସ୍ମିଥ

ଓଲିଭର୍ ଗୋଲ୍ଡସ୍ମିଥ୍ (Oliver Goldsmith : ୧୦ ନଭେମ୍ବର ୧୭୨୮-୪ ଏପ୍ରିଲ୍ ୧୭୭୪) ଥିଲେ ଜଣେ ଆଂଗ୍ଲୋ-ଆଇରିଶ ଲେଖକ। କବି ଓ ଚିକିତ୍ସକ। ତାଙ୍କର ସବୁଠାରୁ ବିଖ୍ୟାତ ସାହିତ୍ୟିକ କୃତି ହେଲା ଦି ଭିକ୍ଟର ଅଫ୍ ଓୟେକଫିଲ୍ଡ" (The victor of Wakefield)। ଏହା ୧୭୬୧ ରୁ ୧୭୬୨ ମସିହାରେ ରଚନା କରାଯାଇଥିଲା ଏବଂ ପ୍ରକାଶିତ ହୋଇଥିଲା ୧୭୬୬ ମସିହାରେ। ଏହା ଅଷ୍ଟାଦଶ ଶତାବ୍ଦୀର ସବୁଠୁ ଜନପ୍ରିୟ ଓ ଜନପଠିତ ଉପନ୍ୟାସ। ତାଙ୍କ କବିତା "ଉଜୁଡ଼ା ଗ୍ରାମ" (The Deserted village) ଏବଂ "ଏଡିଓ୍ୱନ ଓ ଏଂଜେଲା" (Edwin and Angela) ଉଚ୍ଚ ଶ୍ରେଣୀର କବିତାରେ ଗଣାଯାଏ।

ଏଡ୍‌ୱିନ ଓ ଏଂଜେଲା

ଉପତ୍ୟକାବାସୀ ହେ ଋଷିପ୍ରବର
    ନେଇଚାଲ ମୋତେ ସେହିଠାରେ
ଅତିଥି ସତ୍କାର ଉଦ୍ଦେଶ୍ୟରେ ଯହିଁ
    ପ୍ରଦୀପ ଜଳଇ ନିରନ୍ତରେ।
ପଥଭ୍ରଷ୍ଟ ହୋଇ ବୁଲୁଅଛି ମୁହିଁ
    ଗହନ ବନରେ ଇତସ୍ତତ
ବୁଲି ବୁଲି ଆଜି ଥକିଲାଣି ପାଦ
    ଅନ୍ଧାର ହେଲାଣି ଯେ ଆଗତ।
ବାଟ ଅସରନ୍ତି ଲାଗେ ଆଜି ମୋତେ
    ବନ-ଭୂମି ଅନ୍ଧକାରମୟ
ଏ ଘଞ୍ଚ ବନରେ କେହି ନାହିଁ ସାହା
    କାହା ପାଶେ ନେବି ମୁଁ ଆଶ୍ରୟ ?
ତାହାର କଥାକୁ ଶୁଣି ବୃଦ୍ଧ ଯତି
    କହିଲେ- "ତାହା ତ ନୁହେଁ ଦୀପ

ପ୍ରାଣନାଶ ପାଇଁ　　ଡାହାଣୀ ଆଲୁଅ
　ଜଳୁ ଅଛି ତହିଁ ଦପ ଦପ।

ବିପଦ-ସଂକୁଳ　　ବନସ୍ଥଳୀ ଏହା
　ଏକାକୀ ବୁଲନି ଏ ବନରେ
ନିଃସହାୟେ ସାହା　　କୁଟୀର ମୋହର
　ରାତ୍ରି ପୁହାଇବ ସେହିଠାରେ।
ଫଳମୂଳ ଯାହା　　ଥିବ ମୋ କୁଟୀରେ
　କରିବ ଭୋଜନ ତାହାକୁ ତ
ତୃଣ-ତଳ୍ପ ପରେ　　ଶରୀରକୁ ପାତି
　ହରାଇବ କ୍ଳାନ୍ତି ସୁନିଶ୍ଚିତ।
ଉପତ୍ୟକା ପାଶେ　　ଶଙ୍କାହୀନ ହୋଇ
　ଘୁରି ବୁଲୁଛନ୍ତି ପଶୁ କେତେ
ନିର୍ଦ୍ଦୋଷ ପ୍ରାଣୀଙ୍କ　　ବଧ ପାଇଁ କେବେ
　ଜାଗେନି ତ ଇଚ୍ଛା ମନେ ସତେ !
ଶ୍ୟାମ-ଶଷ୍ପ ଗିରି　　ନିକଟରୁ ମୁହିଁ
　ଆଣିଥାଏ କିଛି ଫଳମୂଳ
ପିଇବା ପାଇଁକି　　ନିର୍ଝରରୁ ଆଣେ
　ସ୍ଫଟିକ ନିର୍ମଳ ତା'ର ଜଳ।
ଆସ ମୋ କୁଟୀରେ　　ଚିନ୍ତାଦକ ଛାଡ଼ି
　ରଖନି ତ କିଛି ଶଙ୍କା ମନେ
ଘୂରି ବୁଲ ନାହିଁ　　ଏକା ଏକା ତୁମେ
　ମହା ଭୟଙ୍କର ଏହି ବନେ।"
ଶିଶିର ଯେପରି　　ଆକାଶରୁ ଝରେ
　ସେହି ପରି ଥିଲା ତାଙ୍କ ବାଣୀ
ନତ ମସ୍ତକରେ　　ତାଙ୍କ କଥା ସବୁ
　ବିଦେଶୀ ଯୁବକ ନେଲେ ମାନି।
ନିବିଡ଼ ଗହନ　　ବନଭୂମି କୋଳେ
　ଋଷିଙ୍କ ଆଶ୍ରମ ଥିଲା ଦୂରେ।

ହୋଇ ଅନୁଗାମ   ଆଗନ୍ତୁକ ଯୁବା
  ପହଞ୍ଚିଲେ ଯାଇ ଆଶ୍ରମରେ।
ପଥ-ଭ୍ରଷ୍ଟ ତଥା   ଦୁଃଖୀ-ରଙ୍କ ପାଇଁ
  ଉନ୍ମୁକ୍ତ ରହେ ସେ କୁଟୀ ଦ୍ୱାର
ଧନ ରତ୍ନ କିଛି   ନାହିଁ ତ ସେଠାରେ
  ଦ୍ୱାର ରକ୍ଷୀ ନାହିଁ ଦରକାର।

ସଂଧ୍ୟା ହେଲା ବୋଲି   ବିଶ୍ରାମ ପାଇଁକି
  ଆଶ୍ରମେ ଫେରିଲେ ଲୋକମାନେ
ଅତିଥିଙ୍କ ଲାଗି   ଉମ୍ନେଇ ଜାଳିଲେ
  ଋଷି-ପ୍ରବର ଯେ ସେହି କ୍ଷଣେ।
ଆଶ୍ରମରେ ଥିଲା   ଫଳ, ମୂଳ ଯେତେ
  ସମ୍ମୁଖେ ସଜାଡ଼ି ରଖି ସାରା
କହିଲେ ସନ୍ୟାସୀ-   "କର ହେ ଭୋଜନ"
  ହସ ଲାଖିଥିଲା ମୁଖେ ପରା!
ଚୁଲୀରେ ଅଳନ୍ଧୁ   ନେଇ ଖେଳା କରେ
  ମାର୍ଜାର ଶାବକ ହର୍ଷ ଭୋଳେ
ଝିଂ ଝିଂ ଶବ୍ଦ ତହିଁ   କରୁଥାଏ ସେ ତ
  ବହ୍ନିର ସେବନ ଲାଭ ଫଳେ।
ଏହା ଦେଖି କରି   ଆଗନ୍ତୁକ ମନ
  ହେଲାନି ତ ତିଳେ ଆନନ୍ଦିତ
ହୃଦୟେ ତାହାର   ରହିଥିଲା ଦୁଃଖ,
  ହେଉଥିଲା ନେତ୍ରୁ ଅଶ୍ରୁପାତ।
ଅତିଥି ଯୁବକ   ଆକୁଳତା ଦେଖି
  ଦ୍ରବିତ ହେଲା ଯେ ତାଙ୍କ ପ୍ରାଣ
ଦୟାର୍ଦ୍ର ବଚନେ   ପଚାରିଲେ ମୁନି-
  "କେଉଁ ଦୁଃଖେ ତୁମେ ମ୍ରିୟମାଣ?
ଅନିଚ୍ଛା ବଶତଃ   ବୁଲୁ ଅଛି କିହେ
  ରାସ ଆସୁନାହିଁ ଏ ଜୀବନେ?

କିମ୍ବା ବନ୍ଧୁଙ୍କର ବିରହ ଫଳରେ
   ଅଥୟ ହେଉଛି ତୁମ ମନ ?
ଅଥବା ପ୍ରେମରେ ପରାଜିତ ହୋଇ
   ମନର ବାସନା ଗଲା ତୁଟି ?
ବନ୍ଧୁତ୍ୱ ବା ପ୍ରେମ ସବୁ ନିରର୍ଥକ
   କାହିଁକି ହେଉଛ ଛାଟିପିଟି ?
କ୍ରୂରକାଳ ହାତେ ଘଟି ଯାଇଅଛି
   ଏପରି କୌଣସି ଦୁଃଖ ସତେ
ପତ୍ନୀ ବିୟୋଗ କି ମନକୁ ଘାରୁଛି ?
   ଖୋଲିକରି ସବୁ କହ ମୋତେ ।

ଲଜ୍ଜାନତ ଦୃଷ୍ଟି ଶରମ କଟାକ୍ଷ
   ସ୍ଫୀତ ବକ୍ଷ ଦେଖି ମୁନିବର
ହେଲେ ଯେ ବିସ୍ମିତ, ଥିଲା ସେ ଯୁବକ
   ନାରୀ ଶରୀରକୁ ଢାଙ୍କି ତା'ର ।
ରମଣୀର ସ୍ୱରେ କହିଲା ସେ ତହୁଁ-
   "କରି ଏ ଆଶ୍ରମେ ଆଗମନ
ଅପବିତ୍ର ପରା କରିଛି ଏହାକୁ
   ସେଥିପାଇଁ କର କ୍ଷମାଦାନ ।
ଶାନ୍ତି ପାଇବାକୁ ଖୋଜି ବୁଲୁଅଛି
   ତଥାପି ତ ଶାନ୍ତି ମିଳୁ ନାହିଁ
ତୁମ କରୁଣାରୁ ଦିଅ ତିଳେ ମୋତେ
   ତୁମ ଆଶୀର୍ବାଦେ ଅଛି ଚାହିଁ ।
ଟାଇନ କୂଳରେ ନିବାସ କରନ୍ତି
   ପିତା ଯେ ମୋହର ଧନୀ ଲୋକ
ସନ୍ତତି ବୋଲି ତ ମୁହିଁ ଯେ ଗୋଟିଏ
   ତାଙ୍କ ସଂପତ୍ତିରେ ମୋର ହକ ।
ମୋ ହାତ ମାଗିଲେ କେତେ ଯୁବାଗଣ

ପିତାଙ୍କ ନିକଟେ ଆସି କରି
ମୋ ସୁନ୍ଦରତାକୁ   କଲେ ଯେ ପ୍ରଶଂସା
ଶତମୁଖ ହୋଇ ବାରି ବାରି ।
ଘେନି ଉପହାର   କହି ଚାଟୁକଥା
ଲୋଭୀ ଯୁବାଗଣ ଆସନ୍ତି ତ
ଶେଷେ ଏଡ୍‌ୱିନ   ନାମେ ସେ ଯୁବକ
ଆସି ହୋଇଲେ ଯେ ଉପସ୍ଥିତ ।
ଅର୍ଥହୀନ ଯୁବା   ସାଦା ବେଶଧାରୀ
ସରଳ ଯେ ତାଙ୍କ ବ୍ୟବହାର
ଜ୍ଞାନ ଗରିମାରେ   ଥିଲେ ସେ ତ ଧନୀ
ଯାହା ଥିଲା ମୋର ଦରକାର ।
ନିଜ ଜ୍ଞାନଗୁଣେ   ନେଇଥିଲେ ପରା
ଜିଣି ସେ ଯୁବକ ହୃଦ ମୋର
ବିଜନ ପ୍ରାନ୍ତରେ   ଗାଉଥିଲେ ବସି
ପ୍ରେମ ଗୀତ ଯାହା ସୁମଧୁର ।
ସୁବାସିତ ବାୟୁ   ବହୁଥିଲା ଧୀରେ
କୁଞ୍ଜେ ଉଠୁଥିଲା ତା'ର ଧ୍ୱନି
ଥିଲା ତାଙ୍କ ମନ   ବହୁତ ଉଦାର
ପୁଣ୍ୟବାନ ଥିଲେ ଯୁବାମଣି ।
ଶିଶିର କଣିକା   କୁସୁମର ଶୋଭା
କ୍ଷଣସ୍ଥାୟୀ ପରା ହୋଇଥାଏ
ମୋ ହୃଦରେ ତାଙ୍କ   ଗୁଣ ଯେତେଯେତେ
ଚିରନ୍ତନ ଭଳି ମନେ ହୁଏ ।
ଅଭିମାନ ଆଉ   ପ୍ରତାରଣା କଳି
ଛଳ କଲି ତାଙ୍କ ନିକଟେ ତ
ପ୍ରେମାଧିକ୍ୟ ଯୋଗୁ   ତାଙ୍କ ଦୁଃଖ ଦେଖି
ହେଲି ମନେ ମନେ ଆନନ୍ଦିତ ।
ମୋ ଉପେକ୍ଷା ଫଳେ   ନିରାଶ ମନରେ

ସିଏ ପରା ମୋତେ ତ୍ୟାଗ କଲେ
ବିଜନ ବନରେ ଅଜ୍ଞାତରେ ବସି
ସାଧନାରେ ରତ ରହିଥିଲେ।
ଦୋଷୀ ଅଟେ ମୁହିଁ ସେଇଥି ପାଇଁକି
ବ୍ୟଥିତ ସଦା ଯେ ମୋର ପ୍ରାଣ
ତାଙ୍କ ଭଳି ମୁହିଁ ଘଞ୍ଚବନରେ ତ
ତେଜିବି ଜୀବନ କଲି ପଣ।"
"ପ୍ରଭୁ ନ ଦିଅନ୍ତୁ" ଏମିତି କଷଣ
ସନ୍ୟାସୀ କହିଲେ ଦୁଃଖ ମନେ
ଆଲିଙ୍ଗନ କଲେ ଯୁବତୀକୁ ସିଏ
ଅଶ୍ରୁ ଜମିଥିଲା ନେତ୍ର କୋଣେ।
ବ୍ୟତିବ୍ୟସ୍ତ ହୋଇ ଘୃଣାରେ ଚାହିଁଲେ
ଦେଖିଲେ ଯୁବତୀ ? ତହିଁ କିବା !
ଆଚମ୍ବିତା ହେଲେ ସମ୍ମୁଖରେ ପରା
ଏଡ୍‌ୱିନ ସେଠି ଥିଲେ ଉଭା।
କହିଲେ ସନ୍ୟାନୀ- "ଚାହିଁ ତ ଇଆଡ଼େ
ମୋର ପ୍ରାଣଧନ ଲୋ ଏଂଜେଲା
ମୁହିଁ ଯେ ତୁମର ଏଡ୍‌ୱିନ ପରା
ମନସ୍କାମ ଏବେ ପୂର୍ଣ୍ଣ ହେଲା।

ଆଗେ ପ୍ରିୟତମା ! ଦେଖ ଦେଖ ଏବେ
ତୁମ ପରିତ୍ୟକ୍ତ ଥିଲି ମୁହିଁ
ପ୍ରେମବଳେ ଆଜି ତୁମକୁ ପାଇଛି
ଆନନ୍ଦେ ତୁମକୁ ଅଛି ଚାହିଁ।
ହୃଦୟର ଗୁରୁ- ବେଦନା ତ ହଟୁ
ବିଚ୍ଛେଦ ନ ଘଟୁ କେବେ ଆଉ
ପ୍ରେମବିନା କିଛି ନ ରହୁ ଜୀବନେ
ପ୍ରଭୁ ଆଶୀର୍ବାଦ ସଦା ଥାଉ।"

ସ୍ମୃତି

ହେ ସ୍ମୃତି, ତୁ ପ୍ରିୟ ଧୂର୍ତ୍ତ
ଏବେ ବି ଅହଂକାରୀ ଆଉ ବ୍ୟର୍ଥ,
ପୂର୍ବରୁ ଖୁସୀ ସମୂହକୁ ଦୋହରାଉଛୁ,
ଆଉ ସବୁ ଅତୀତକୁ
ଯନ୍ତ୍ରଣାରେ ବଦଳାଇ ଦେଉଛୁ:

ତୁ, ଦୁନିଆ ପରି, ଦମନକାରୀ,
ତୋର ହସ ଦୁଷ୍ଟର ଦୁଃଖକୁ
ବଢ଼ାଉଛି:

ଆଉ ସିଏ ଯିଏ ଚାହୁଁଛି
ଯେ ଜଣେ ଅନ୍ୟ ଜଣକୁ
ଆଶୀର୍ବାଦ ଦେଉ ଥାଅ,
ତୁମକୁ କେବେ ନା କେବେ କେହି ଶତ୍ରୁ
ନିଶ୍ଚୟ ଭେଟିବା ଦରକାର।

ଉଇଲିୟମ କୋପର

ଉଇଲିୟମ୍ କୋପର (Willam cowper : ୨୬ ନଭେମ୍ବର ୧୭୩୧-୨୫ ଏପ୍ରିଲ୍ ୧୮୦୦) ଥିଲେ ଜଣେ ଇଂରେଜୀ କବି ଓ ଗୀତିକାର। ହୋମରଙ୍କ ଲେଖାର ଅନୁବାଦକ ହିସାବରେ ତାଙ୍କର ପ୍ରସିଦ୍ଧି ରହିଛି। ତାଙ୍କ ଦ୍ୱାରା ସୃଷ୍ଟି କରାଯାଇଥିବା ବାକ୍ୟାଂଶ (phrase: "variety is the spice of life) ଏବେ ବି ଲୋକମାନଙ୍କର ପସନ୍ଦ ହୋଇ ରହିଛି। ସିଏ ଦୈନନ୍ଦିନ ଜୀବନ ଉପରେ ଏବଂ ଇଂଲଣ୍ଡର ଗ୍ରାମ୍ୟାଞ୍ଚଳର ପ୍ରାକୃତିକ ଦୃଶ୍ୟକୁ ନେଇ କବିତା ଲେଖିକରି ଅଷ୍ଟାଦଶ ଶତାବ୍ଦୀର କବିତାର ଗତିପଥକୁ ବଦଳାଇ ଦେଇଥିଲେ। ଅନେକ ଦୃଷ୍ଟିରୁ, ରୋମାଣ୍ଟିକ୍ କବିମାନଙ୍କ ମଧ୍ୟରୁ ସିଏ ଥିଲେ ଅନ୍ୟତମ। ସାମୁୟେଲ ଟେଲର୍ କୋଲେରିଜ୍ (Samuel Taylor coteridge) ତାଙ୍କୁ କହିଥିଲେ- "ଶ୍ରେଷ୍ଠ ଆଧୁନିକ କବି" (The Best Morden poet)। ଅନ୍ୟ ପକ୍ଷରେ ଉଇଲିୟମ ୱାର୍ଡ୍ସୱର୍ଥ (Willam Wordsworth) ତାଙ୍କ ଦ୍ୱାରା ଲିଖିତ " yardley-oak" କବିତାର ପ୍ରଶଂସାରେ ମୁଖର ହୋଇ ଉଠିଥିଲେ।

ଅନାହାରେ କଲି ପଞ୍ଜୁରୀରେ ଦେହତ୍ୟାଗ

ବେଳଥିଲା ଯେବେ ସ୍ୱାଧୀନ ଥିଲି ମୁଁ
ପବନ ପରି
ଭୋକ ମେଣ୍ଟୁଥିଲା ଥିଶିଲ୍‌ର ଫଳ
ଆହାର କରି।
ସକାଳ ବେଳର ଶିଶିର କଣିକା
ଥିଲା ମୋ ପେୟ
ଗଛ ଡାଳେ ପରା ବସୁଥିଲି ହୋଇ
ଖୁସୀ ହୃଦୟ।
ଚମକୁ ଥିଲା ତ ପର ସବୁ ମୋର,
ମୋ ଗୀତ ସ୍ୱନ,
ମୋହି ନେଉଥିଲା ସଭିଙ୍କ ପରାଣ
ସଭିଙ୍କ ମନ।

ସେ ସୁନ୍ଦର ପର, ସେ ସୁନ୍ଦର ସ୍ୱର,
ଗଲା ଯେ କାହିଁ ?
କିଛି ଦିନ ପାଇଁ ମୋହିଥିଲା ମନ !
ଏବେ ତ ନାହିଁ ।
ଲୁହା ପଞ୍ଜୁରୀରେ ବନ୍ଦୀ ହୋଇ ରହି
କଟିଲା ଦିନ
କଲବଲ ହେଲି, ହେଲି ମୁଁ ସତରେ
କି ହିନିମାନ ।
ଭୋକ ଉପାସରେ ପଞ୍ଜୁରୀ ଭିତରେ
ହେଲି ମୁଁ ମୃତ
ଭୋଗିଥିଲି ମୁହିଁ ଯାତନା ଯେ କେତେ
ତହିଁ ସତତ ।
ଧନ୍ୟବାଦ ଦିଏ ଯେହେତୁ ତୁ କଲୁ
କଷ୍ଟରୁ ତ୍ରାହି
ଇଚ୍ଛା କରୁଥିବା କାମନା ମୋହର
ପୂର୍ଣ୍ଣ ଯେ ଭାଇ !
ତୋ ଅନୁଗ୍ରହରୁ ମରଣ ବରିଲି,
ଧନ୍ୟରେ ତୋତେ
ଏତେ ଦୁଃଖକଷ୍ଟୁ ବଞ୍ଚାଇ ଦେଲୁ ତ
ତୁହିରେ ମୋତେ ।
ତୋପରି ନିଷ୍ଠୁର ନାହାନ୍ତିତ କେହି
ମହୀ ମଣ୍ଡଳେ
ନିଷ୍ଠୁରତା ଯଦି କରିଥାନ୍ତୁ ଉଣା,
ଥାନ୍ତି ଏବେଳେ ।

ସାର୍ ଉଇଲିୟମ ଜୋନ୍ସ

ସାର୍ ଉଇଲିୟମ ଜୋନ୍ସ (Sir William Jones: ୨୮ ସେପ୍ଟମ୍ବର ୧୭୪୬-୨୭ ଏପ୍ରିଲି ୧୭୯୪) ଥିଲେ ଜଣେ ଇଂରେଜୀ କବି ଓ ଭାଷାତତ୍ତ୍ୱବିଦ୍। ସିଏ ଥିଲେ ବଙ୍ଗଳାରେ ଫୋର୍ଟ ଉଇଲିୟମର ସୁପ୍ରିମ୍ କୋର୍ଟର ବିଚାରକ ଅଦାଲତର ନିମ୍ନ ବିଚାରକ ଏବଂ ପ୍ରାଚୀନ ଭାରତର ଜଣେ ପଣ୍ଡିତ, ବିଶେଷକରି ୟୁରୋପୀୟ ଓ ଭାରତୀୟ ଭାଷା ମଧ୍ୟରେ ସମ୍ପର୍କ ଆବିଷ୍କାରରେ ତାଙ୍କର ପ୍ରସ୍ତାବ ପାଇଁ ସିଏ ପରିଚିତ, ପରେ ଯାହା ଇଣ୍ଡୋ-ୟୁରୋପୀୟ ଭାଷା ନାମରେ ପରିଚିତ ହୁଏ। ସିଏ ହେନ୍‌ରୀ ଥୋମାସ୍ କୋଲବ୍ରୁକ (Henry Thomas Colebrooke) ଏବଂ ନାଥାନିୟେଲ ହ୍ୟାଲହେଡ (Nathaniel Halhed) ଙ୍କ ସହିତ ୧୭୮୪ ମସିହାରେ "ଏସିଆଟିକ ସୋସାଇଟି ଅଫ ବେଙ୍ଗଲ" ପ୍ରତିଷ୍ଠା କରନ୍ତି ଏବଂ "ଏସିଆଟିକ ରିସର୍ଚ୍ଚ" ନାମରେ ଗୋଟିଏ ପତ୍ରିକା ପ୍ରକାଶ କରନ୍ତି।

ସଂକ୍ଷିପ୍ତ ବଚନ

ଜନନୀ ଗରଭୁ ହେଲୁ ଯେବେ ଜାତ
କାନ୍ଦୁଥିଲୁ ଶିଶୁ ତୁ ରେ
କିନ୍ତୁ ସେଠି ଥିବା ଲୋକମାନେ ସବୁ
ହସୁଥିଲେ ଆନନ୍ଦରେ।
ଏପରି ଜୀବନ ବିତାଇବୁ ତୁହି
ଅନ୍ତିମ ସମୟ ଦିନେ
ତୁହି ହସୁଥିବୁ, ସେଠି ଥିବା ଲୋକେ
କାନ୍ଦୁ ଥିବେ ଦୁଃଖ ମନେ।

ଜନ୍ ଲୋଗାନ୍

ଜନ୍ ଲୋଗାନ୍ (John Logan: ୧୭୪୮ - ୨୫ ଡିସେମ୍ବର ୧୭୮୮) ଥିଲେ ଜଣେ ସ୍କଟଲ୍ୟାଣ୍ଡର କବି। ତାଙ୍କ କବିତା। "କୋକିଳ ପ୍ରତି" (Ode to the uckoo) ବେଶ୍ ପ୍ରସିଦ୍ଧି ଲାଭ କରିଛି, ଯଦିଓ କେହି କେହି ଏହି କବିତାଟି ତାଙ୍କ କଲେଜ ସହପାଠୀ ମାଇକେଲ୍ ବ୍ରୁସ୍ (michel Bruce) ଙ୍କ ଦ୍ୱାରା ରଚିତ ବୋଲି କହନ୍ତି।

କୋକିଳ ପ୍ରତି

ମଂଜୁଳ ବନର ସୁନ୍ଦର ଅତିଥି ଅଟୁ ତୁହି ତ
ବସନ୍ତ ଋତୁର ପ୍ରିୟ ସହଚର ଘେନ ସ୍ୱାଗତ !
ସରଗ ତ ଏବେ ଆସନଟି ତୋର ଦିଏ ସଜାଇ
ବନସ୍ଥଳୀ ପରା ଆଗମନୀ ଗୀତ ଉଠୁଛି ଗାଇ।।

ଶ୍ୟାମଳିମାରେ ତ ଭରିଯାଏ ସବୁ ଗ୍ରାମ ପ୍ରାନ୍ତର
ଶୁଣିବାକୁ ପାଉ ଅତୀବ ମଧୁର ତୋ କଣ୍ଠସ୍ୱର।
କେଉଁ ତାରା ସିଏ ଦେଖାଏ ଲୋ ତୋତେ ଚାଲିବା ପଥ ?
ଦେଇଥାଏ ଋତୁ ବଦଳି ଯିବାର ଶୁଭ ସଂକେତ।।

ହର୍ଷ ଭରିଯାଏ ମନ ଯେ ତୋହର ଅତିଥି-ବର
ଖୁସୀ ହୁଏ ମୁହିଁ ଏ ଋତୁରେ ପାଇ ପୁଷ୍ପ ସମ୍ଭାର।
ଶୁଣିଥାଏ ମୁହିଁ ମଧୁର ସଂଗୀତ, ପକ୍ଷୀ କାକଳି
ସେ ମଧୁର ସ୍ୱନେ କୁଂଜ କାନନ ତ ଉଠେ ଉଛୁଳି।।

ଛାତ୍ର ଅବସ୍ଥାରେ ବୁଲୁଥିଲି ମୁହିଁ କୁଂଜ ବିତାନେ
ତୋଳୁଥିଲି ପରା କେତେ ଜାତି ପୁଷ୍ପ ଆନନ୍ଦ ମନେ।
ନବ ବସନ୍ତର ସଂଗୀତକୁ ଶୁଣି ଖୁସୀରେ ଅତି
ଅନୁକରଣ ମୁଁ କରୁଥିଲି ତାକୁ ଦିବସ ରାତି।।

ଶ୍ୟାମଳବଲ୍ଲରୀ ଧରଇ ତ ଯେବେ କୁସୁମ ନାନା
ତ୍ୟାଗ କରୁ ତୁହି ସେହି ସ୍ଥାନ ପରା ହୋଇ ଉନ୍ମନା।
ଅପର ରାଇଜେ ହେଉ ଲୋ ଅତିଥି ତୁହି କୋକିଳ
ସେ ଦେଶରେ ଯେଣୁ ପ୍ରବେଶ କରଇ ବସନ୍ତ କାଳ।।

ଚିର ଶ୍ୟାମଳ ତ ରହିଥାଏ ପରା ତୋ କୁଂଜବାସ
ଚିର ନିର୍ମଳ ତ ରହିଥାଏ ତୋର ନୀଳ ଆକାଶ।
ବିଷାଦର ଛାୟା ରହେ ନାହିଁ କେବେ ତୋର ସଂଗୀତେ
ତୋ ବରଷ-ଚକ୍ରେ ନାହିଁ ଶୀତ ଋତୁ ଜାଣେ ମୁଁ ସତେ!।।

ରହିଥାନ୍ତା ଯଦି ତୋପରି ମୋଦେହେ ଡେଣା ଲୋ ପିକ
ଉଡ଼ ଯାଆନ୍ତି ମୁଁ ତୋହରି ସଂଗୀତେ ଛାଡ଼ି ଭୂଲୋକ।
ବର୍ଷକର ଅନ୍ତେ ଫେରି ଆସନ୍ତେ ତ ଧରଣୀ ପରେ
ହୁଅନ୍ତେ ତ ଆମେ ବସନ୍ତର ସଖା ଏହି ମହୀରେ।।

ଉଇଲିୟମ ବ୍ଲେକ୍

ଉଇଲିୟମ୍ ବ୍ଲେକ୍ (Willam Blake: ୨୮ ନଭେମ୍ବର ୧୭୫୭ - ୧୨ ଅଗଷ୍ଟ ୧୮୨୭) ଥିଲେ ଜଣେ ଇଂରେଜୀ କବି, ଚିତ୍ରକର ଓ ପ୍ରିଣ୍ଟମେକର। ନିଜ ଜୀବଦ୍ଦଶାରେ ସିଏ ବେଶି ପ୍ରସିଦ୍ଧ ନ ଥିଲେ, କିନ୍ତୁ ଏବେ ରୋମାଣ୍ଟିକ ଯୁଗର କବିତା ଓ ଦୃଶ୍ୟକଳାର ଇତିହାସରେ ଜଣେ ମହତ୍ତ୍ୱପୂର୍ଣ୍ଣ ବ୍ୟକ୍ତି ଭାବରେ ଗଣାଯାନ୍ତି।

ଦିବ୍ୟ ଛବି

ମାନବ ହୃଦୟେ ଥାଏ ଯେ କ୍ରୁରତା
ମାନବ ଚେହେରା ପରା ଈର୍ଷାମୟ
ମାନବ-ଦେବତ୍ତ୍ୱ ଅଟଇ ଆତଙ୍କ
ମାନବ-ପୋଷାକ ଅତି ଗୋପନୀୟ।

ମାନବ-ପୋଷାକ, ଲୁହାରେ ଢଳେଇ
ମାନବର ରୂପ, ଢ଼ଳେଇ ନିଆଁର
ମାନବ-ମୁଖର ଭାଟୀ ଥାଏ ରୁଦ୍ଧ
ମାନବ-ହୃଦୟ, କଣ୍ଠ ଭୋକିଲାର।

ବିଷବୃକ୍ଷ

ସାଙ୍ଗର ଉପରେ ମୁହିଁ ରାଗିଥିଲି
ଦେଖାଇଲି ରାଗ, ରାଗ ଗଲା ଚାଲି
ଶତ୍ରୁର ଉପରେ ଆସିଲା ତ କ୍ରୋଧ
ମନ ହେଉଥିଲା ନେବି ପ୍ରତିଶୋଧ।

ଭୟାତୁର ମନେ କଲି ମୁଁ ସିଞ୍ଚନ
ଦିବ-ରାତ୍ରି କରି ଅଶ୍ରୁ ବିମୋଚନ
ଦେଖାଣିଆ-ହସ-ଖରାକୁ ଦେଖାଇ
ସେ ବୃକ୍ଷର ଚାରା ଥିଲି ମୁଁ ବଢ଼ାଇ।

ସେ ବୃକ୍ଷ ବଢ଼ିଲା ଚନ୍ଦ୍ରକଳା ସମ
ଧରିଲା ଯେ ଏକ ଫଳ ମନୋରମ
ଶତ୍ରୁ ତ ଦେଖିଲା ନିରୀକ୍ଷଣ କରି
ଜାଣିଥିଲା ତାର ମୁହିଁ ଅଧିକାରୀ।

ରଜନୀ ଢାଙ୍କିଲା ଧ୍ରୁବ ତାରାକୁ ତ
ଶତ୍ରୁ ମନେ ଥିଲା ଶତ୍ରୁତା ବହୁତ
ହର୍ଷମନେ ମୁହିଁ ଦେଖିଲି ସକାଳେ
ମୃତ ପଡ଼ିଥିଲା ଶତ୍ରୁ ବୃକ୍ଷତଳେ।

ଅୟି ! ସୂର୍ଯ୍ୟମୁଖୀ ଫୁଲ

ଅୟି ! ସୂର୍ଯ୍ୟମୁଖୀ ଫୁଲ !
ସମୟଠୁ ତୁମେ ଥକି ଗଲଣି
ତୁମେ ସୂର୍ଯ୍ୟର ପ୍ରତ୍ୟେକ ପଦକ୍ଷେପକୁ ଗଣଉଛ
ସୁନେଲି ମୌସୁମକୁ ତୁମେ ଖୋଜିବାରେ ଲାଗିଛ,
ଯେଉଁଠିକି ପ୍ରତ୍ୟେକ ପଥିକ ଯିବାକୁ ଚାହେଁ;

ଯେଉଁଠି ପ୍ରତ୍ୟେକ ଯୁବା ଲାଳସାରେ ଜଳୁଛି
ଆଉ ବରଫ ଭିତରେ ଲୁଚିରହିଛି ନିସ୍ତେଜ ବୀଜସମୂହ,
ନିଜ କବର ଭିତରୁ ସେଗୁଡ଼ିକ ବାହାରି ଆସୁଛି
ଆଉ ମନରେ ଅଭିଳାଷ ରଖୁଛି ଯିବା ପାଇଁ
ସେହି ସ୍ଥାନକୁ ଯେଉଁଠିକି ମୋ ସୂର୍ଯ୍ୟମୁଖୀ ଫୁଲ ଯିବାକୁ ଚାହୁଁଛି ।

ରୁଗ୍ଣ ଗୋଲାପ

ଗୋଲାପ, ରୁଗ୍ଣ ତୁ ଅଟୁ ଯେ ପରା
ଉଡ଼ଇ କୀଟ ଅଦୃଶ୍ୟ ଶରୀରେ
ଉଡ଼େ ଚାରିଆଡ଼େ ସେ ରାତ୍ରିସାରା
ଝଡ଼ଝଂଜା ମୁଖରିତ ତିମିରେ।

ମିଳି ଯାଇଅଛି ଶଯ୍ୟା ତୋହର
ଲୋହିତ ଆନନ୍ଦ-ଉତ୍ତାଳ ପ୍ରାୟ:
ନିବିଡ଼-ଗହନ ପ୍ରେମ ତାହାର
ତୋ ଜୀବନ କରେ ଅନ୍ଧାରମୟ।

ଥୋମାସ୍ ଗିସ୍‌ବୋର୍ଣ୍ଣ

ଥୋମାସ୍ ଗିସ୍‌ବୋର୍ଣ୍ଣ (Thomas Gisborne: ୩୧ ଅକ୍ଟୋବର ୧୭୫୮-୨୪ ମାର୍ଚ୍ଚ ୧୮୪୬) ଥିଲେ ଜଣେ ଇଂରେଜୀ କବି ଓ ପାଦ୍ରୀ। ସିଏ ଇଂଲଣ୍ଡରୁ ଦାସପ୍ରଥାର ବିଲୁପ୍ତି ପାଇଁ ଲଢ଼ିଥିଲେ। ତାଙ୍କ ଦ୍ୱାରା ଲିଖିତ "କୀଟ"(Worm) ନାମକ କବିତାଟି ବେଶ୍ ପ୍ରସିଦ୍ଧ।

କୀଟ

ଦ୍ରୁତେ ପାଦ ନିଅ ହଟାଇ ବାରେ
ନ ହେଲେ ପଡ଼ିବ କୀଟ ଉପରେ।
ମଣୁଛ ନଗଣ୍ୟ କୀଟ ପରା ତା
ଗଢ଼ିବାକୁ ତାହା ଲୋଡ଼ା ବିଧାତା।।

କୋଠ ଦେବତା ସେ ପ୍ରତି ପ୍ରାଣୀର
ଗଢ଼ିଛନ୍ତି ଯିଏ ଘଟ ତୁମ୍ଭର।
ଅକଳନ୍ତା ତାଙ୍କ ପ୍ରେମୁ କିଞ୍ଚିତ
କରିଛନ୍ତି ଏହା ଘଟେ ନିହିତ।।

ଗଢ଼ିଛନ୍ତି ରବି, ଚନ୍ଦ୍ର ଓ ତାରା
ସବୁ ପ୍ରାଣୀ ଭୋଗ କରିବେ ପରା।
ଉପୁଜାଇଛନ୍ତି ଧରାରେ ଘାସ
କୀଟ ତଥା ସଭିଙ୍କର ସକାଶ।।

କ୍ଷୁଦ୍ର ଦୀନହୀନ କୀଟ ସକଳେ
କଟାନ୍ତୁ ସମୟ ଆନନ୍ଦ ଭୋଳେ।
ହେଉ ଭାବି ତା'ର ନିଅନି ପ୍ରାଣ
ନ ପାରିବ ଯଦି କରି ଭିଆଣ।।

ରବର୍ଟ ବର୍ନ୍ସ

ରବର୍ଟ ବର୍ନ୍ସ (Robert Burns: ୨୫ ଜାନୁୟାରୀ ୧୭୫୯-୨୧ ଜୁଲାଇ ୧୭୯୬) ଥିଲେ ଜଣେ ସ୍କଟଲ୍ୟାଣ୍ଡର କବି ଓ ଗୀତିକାର । Auid Lang syne ତାଙ୍କର ସବୁଠାରୁ ବେଶି ପ୍ରସିଦ୍ଧ କୃତି । ନୋବେଲ୍ ପୁରସ୍କାର ବିଜୟୀ ବବ୍ ଡିଲାନ୍ କହିଛନ୍ତି, ରବର୍ଟ ବର୍ନ୍ସଙ୍କର କବିତା "ଲୋହିତ ଗୋଲାପ" (A Red, Red Rose) ତାଙ୍କ ଉପରେ ବଡ଼ ପ୍ରଭାବ ପକାଇଛି ରବୀନ୍ଦ୍ରନାଥ ଟାଗୋର, ଦ୍ୱିଜେନ୍ଦ୍ରଲାଲ ରାୟ ଏବଂ ସତ୍ୟେନ୍ଦ୍ରନାଥ ଦତ୍ତଙ୍କ ପରି ବଙ୍ଗଳାର ଶ୍ରେଷ୍ଠ ଗୀତିକାରଗଣ ବର୍ନ୍ସଙ୍କ ଗୀତର ଅଭିଯୋଜନ (Adaptation କରିଛନ୍ତି ।

ଲୋହିତ ଗୋଲାପ

ପ୍ରିୟତମା ! ତୁହି ମୋର
    ଲୋହିତ ଗୋଲାପ ପରି
ଫୁଟିଛି ଫଗୁଣେ ଯାହା
    ବଗିଚାଟି ମୋର ଭରି ।
ରସଭରା ସଂଗୀତର
    ତୁହି ସୁମଧୁର ସ୍ୱର
ସୁନ୍ଦରୀ ତୁହି ଯେତିକି
    ମୋ ପ୍ରେମ ସେତେ ଗଭୀର ! ।।
ତୋହରି ପ୍ରେମ-ସାଗରେ
    ବୁଡ଼ି ବୁଡ଼ି ମୁହିଁ ଯାଏ
ବୁଡ଼ି ରହିଥାଏ ପରା
    ସାଗର ଶୁଖିବା ଯାଏଁ ।
ଶୁଖିଯାଉ ମହୋଦଧି
    ଢଳି ପଡୁ ଗିରି ଶୃଙ୍ଗ
ଚାହେଁନି ତ କେବେ ମୁହିଁ
    ଛାଡ଼ିବାକୁ ତୋର ସଙ୍ଗ ।।

ମୋ ଜୀବନେ ତୁହି ଏକା
          ନାହିଁ କେହି ପରା ଆନ
ବିଦାୟ ମାଗୁଛି ତୋତେ
          ବିଦେଶେ ଯିବାକୁ ଧନ !
ଯିବି କିଛି କାଳ ପାଇଁ
          ପୁଣି ଫେରି ଆସିବି ତ
ଥିଲେ ବି ଲକ୍ଷ ଯୋଜନେ
          ତୁ ଥିବୁ ହୃଦେ ସତତ ।।

ଗୋଟିଏ ପ୍ରେମ ଭରା ଚୁମ୍ବନ

ଗୋଟିଏ ପ୍ରେମଭରା ଚୁମ୍ବନ, ଆଉ ତାପରେ ଆମେ
ଅଲଗା ହୋଇ ଯାଉଛେ,
ଗୋଟିଏ ବିଦାଇ, ଆଉ ପୁଣି ସବୁବେଳ
ପାଇଁ !
ଗଭୀର ହୃଦୟ-ପୀଡ଼ାର ଅଶ୍ରୁରେ ମୁଁ ତୁମକୁ
ବଚନ ଦେବି,
ଯୁଦ୍ଧ ଭରା ଆହଟ ଆଉ କୁହାଟରେ ମୁଁ ତୁମକୁ
ବଚନ ଦେବି ।
କିଏ କହିବ ଯେ ଭାଗ୍ୟ ତାକୁ ଦୁଃଖୀ
କରୁଛି,
ଯେତେବେଳେ ଆଶାର ତାରକା ତାକୁ ଛାଡ଼ି
ଦେଉଛି ?
ମୁଁ, ନଅଟି ଚିୟରଫୁଲ୍ ଟ୍ୟୁଙ୍କିଲ୍ ମୋତେ ପ୍ରକାଶିତ
କରୁଛି,
ମୁଁ କେବେ ବି ନିଜର ଆଂଶିକ କଳ୍ପନାକୁ
ଦୋଷ ଦେବିନି,
କୌଣସି ବସ୍ତୁ ମୋ ନ୍ୟାନ୍ସୀକୁ ବିରୋଧ
କରି ପାରିବନି;
କିନ୍ତୁ ତାକୁ ଦେଖିବାକୁ, ତାକୁ ପ୍ରେମ କରିବାକୁ
ଥିଲା;
ତାକୁ ପ୍ରେମ କର, ଆଉ ସବୁବେଳ ପାଇଁ
ପ୍ରେମ କର ।
ଯଦି ଆମେ କେବେ ବି ପ୍ରେମ କରୁନେ,
ତେବେ
ଆମେ କଣ କେବେ ବି ପ୍ରେମ ସହିତ କଥା
କହି ନଥିଲେ କେବେ ଭେଟି ନଥିଲେ,

କେବେ ଭେଟିଲେନି, ଅଥବା କେବେ ବି ଭାଗ
ନେଲେନି-
ଆମେ ଥିଲେ ଭଙ୍ଗା-ରୁଜା ହୋଇ।
ତୁମର ଭଲ ହେଉ, ତୁମେ ସବୁଠୁ ପ୍ରଥମ ଆଉ
ନିଷ୍କଷ ହୁଅ !
ତୁମର ଆନନ୍ଦ ଆଉ ଗନ୍ତାଘର,
ଶାନ୍ତି ପରି ହେଉ। ଆନନ୍ଦ, ପ୍ରେମ ଆଉ
ଆନନ୍ଦ !
ଗୋଟିଏ ପ୍ରେମଭରା, ଚୁମ୍ବନ, ଆଉ ତାପରେ ଆମେ
ଅଲଗା ହୋଇଯାଉଛେ,
ଗୋଟିଏ ବିଦାଇ, ପଶ୍ଚାତାପ, ସବୁବେଳ
ପାଇଁ !
ଗଭୀର ହୃଦୟ-ପୀଡ଼ାର ଅଶ୍ରୁରେ ମୁଁ ତୁମକୁ
ବଚନ ଦେବି,
ଯୁଦ୍ଧଭରା ଆହଟ ଆଉ କୁହାଟରେ ମୁଁ ତୁମକୁ
ବଚନ ଦେବି !

ଉଇଲିୟମ୍ ୱାର୍ଡ୍ସୱର୍ଥ

ଉଇଲିୟମ ୱାର୍ଡ୍ସୱର୍ଥ (Willam Wordsworth: ୭ ଏପ୍ରିଲ ୧୭୭୦-୨୭ ଏପ୍ରିଲ୍ ୧୮୫୦) ଥିଲେ ଜଣେ ଅନ୍ୟତମ ଇଂରେଜୀ ରୋମାଣ୍ଟିକ କବି। ୱାର୍ଡ୍ସୱର୍ଥ ଏବଂ ସାମୁୟେଲ ଟେଲର କଲରଜି ଉଭୟେ ମିଶିକରି ଇଂରେଜୀ ସାହିତ୍ୟରେ ଗୋଟିଏ ରୋମାଣ୍ଟିକ ଧାରାର ସୂତ୍ରପାତ କରନ୍ତି। ତାଙ୍କର ସାହିତ୍ୟ ସୃଷ୍ଟି ମଧ୍ୟରେ ଅନ୍ୟତମ ହେଲା The prelude। ଏହା ମୂଳତ ଗୋଟିଏ ଅର୍ଦ୍ଧ-ଜୀବନୀ ମୂଳକ ଗ୍ରନ୍ଥ ଯାହା ତାଙ୍କର ପ୍ରାରମ୍ଭିକ ଜୀବନରେ ଲେଖା ହୋଇଥିଲେ ବି ମଧ୍ୟବୟସରେ ସିଏ ବେଶ୍ କେତେଥର ସଂଶୋଧନ କରିଛନ୍ତି। ୱାର୍ଡ୍ସୱର୍ଥଙ୍କ ମୃତ୍ୟୁ ପରେ The prelude ଧାରାବାହିକ ଭାବେ ପ୍ରକାଶ କରାଯାଏ। ମୂଳତ ଇଂରେଜୀ ସାହିତ୍ୟରେ ରୋମାଣ୍ଟିକ ଧାରାର ପ୍ରବର୍ତ୍ତକ ହୋଇଥିଲେ ମଧ୍ୟ ଉଇଲିୟମ ୱାର୍ଡ୍ସୱର୍ଥ ପ୍ରକୃତିର କବି ହିସାବରେ ସର୍ବାଧିକ ପରିଚିତ।

ଡ୍ୟାଫୋଡିଲ୍ସ

ଭାସୁଛି ଏକାକୀ ମେଘ ପରି ମୁହିଁ
ଉପତ୍ୟକା ଏବଂ ପାହାଡ଼ ଉପରେ
ରାଶି ରାଶି କେତେ ସ୍ୱର୍ଣ୍ଣ ଡ୍ୟାଫୋଡିଲ୍
ଦେଖାଯାଏ ମୋର ଚକ୍ଷୁର ଆଗରେ
ହ୍ରଦ ପାଶେ ପୁଣି ଦ୍ରୁମ ଛାୟାତଳେ
ମୃଦୁଳ ବାୟୁର ଆଘାତରେ ଦୋଳେ ॥

ଉଜ୍ଜ୍ୱଳ ତାରକା ସମ ଦିଶୁଅଛି
ଛାୟାପଥେ ମିଟି ମିଟି କରୁଥାଇ
ପ୍ରସରିଛି ସେ ତ ସୀମାହୀନ ଭାବେ
ଉପସାଗରର କୂଳକୁ ଯେ ଛୁଇଁ
ଦଶ ସହସ୍ର ତ ଏକ ନଜରରେ
ଦୋଳାୟିତ ମଥା ଦିଶେ ସମ୍ମୁଖରେ ॥

ନାଚିଯାଏ ଢେଉ ଡ୍ୟାଫୋଡିଲ୍ ପାଶେ
ହର୍ଷ ଯେ ଅଧିକ ଡ୍ୟାଫୋଡିଲ୍ ଠାରେ
ଦେଖି ତାହା କବି ହେବ ବିମୋହିତ
ଆନନ୍ଦର ଏହି ମିଳନ ବେଳାରେ
ଏକ ଦୃଷ୍ଟିରେ ତ ଚାହିଁରହେ ସତେ
ଏ ଶୋଭା ଦେଇଛି ପ୍ରାଚୁର୍ଯ୍ୟ ଯେ ମୋତେ ॥

ଯେବେଳେ ବିଶ୍ରାମ ନେଉଥାଏ ମୁହିଁ
ଶୂନ୍ୟ ଓ ବିଷର୍ଣ୍ଣ ହୃଦୟରେ ବସି
ଡାକ ଦେଇଯାଏ ମନ ଝରକାରେ
ଆଖି ଆଗେ ମୋର ଯାଏ ସବୁ ଭାସି
ହୃଦୟେ ଭରଇ ଆନନ୍ଦର ଧାର
ଡ୍ୟାଫୋଡିଲ ସଙ୍ଗେ ନାଚେ ମନ ମୋର ॥

ଆଦ୍ୟ ମଧୁମାସ

ଶୋଇଥାଏ ମୁହିଁ ସହକାର ବନେ
ଶୁଣଇ ସହସ୍ର ମିଶ୍ରିତ କୂଜନେ
ସୁମଧୁର ସେହି ବେଳାରେ ତ ସତେ
ଦୁଃଖଚିନ୍ତା ଜାଗେ ମୋର ମନୋଗତେ।

ଯୋଡ଼ିଲା ପ୍ରକୃତି ଆନନ୍ଦ-ମେଳାରେ
ଆତ୍ମାକୁ ମୋହର ଅତି ଆଗ୍ରହରେ
ଦେଖି ଅନ୍ତରେ ମୁଁ ହେଲି ଯେ ଦୁଃଖିତ
ମନୁଷ୍ୟ ବିରୁଦ୍ଧେ ମନୁଷ୍ୟ ସତତ।

ବାଇଗେଣୀ ରଂଗ ଫୁଲ ଫୁଟିଅଛି
ପେନ୍ଥା ପେନ୍ଥା ହୋଇ ଗଛରୁ ଝୁଲୁଛି
ଅଛି ମୋ ବିଶ୍ୱାସ ପ୍ରତିଟି ସୁମନ
ନିରଳସେ ପାନ କରଇ ପବନ।

ଖେଳନ୍ତି ବିହଙ୍ଗ ଚାରିପାଶେ ମୋର
ତାଙ୍କ ମନୋଭାବ ମୋତେ ଅଗୋଚର:
ଜାଣି ପାରୁଛି ତ ଅଙ୍ଗ ହେଲା ସାଥି
ଫୁଲି ଉଠେ ଛାତି ଉଲ୍ଲାସରେ ମାତି।

ମୁକୁଳିତ ବଲ୍ଲୀ ମେଲେ ପାଖୁଡ଼ା ତ
ଧରିବା ପାଇଁକି ବହେ ଯେ ମରୁତ
ଭାବିଚିନ୍ତି ମୁହିଁ ଏହା କଲି ସ୍ଥିର
କରୁଅଛି ତାହା ଆନନ୍ଦ ସଞ୍ଚାର।

ପ୍ରଭୁ ଭିଆନ୍ତି ଯେ ଅଛି ମୋ ବିଶ୍ୱାସ
ପ୍ରକୃତି ଦେଉଛି ମନରେ ଆଶ୍ୱାସ
କିନ୍ତୁ ବିଳାପର ନାହିଁ କି କାରଣ ?
ମନୁଷ୍ୟ ଯେ ରଚେ ମନୁଷ୍ୟ ମରଣ।

ବିସ୍ମିତ ଉଲ୍ଲାସେ

ବିସ୍ମିତ ଉଲ୍ଲାସେ, ଉଦ୍‌ଗ୍ରୀବ ପବନ ପରି
ହାତ ବଢ଼ାଇଛି କାହା ଆଡ଼େ ତୁମେ ଚାହିଁ
ସମାହିତ ଅଛ ନିଶ୍ଚୁପେ, କବରେ ପରା
ଯେଉଁଠାରେ କେବେ ଭାଗ୍ୟ ତ ବଦଳେ ନାହିଁ।

ତୁମ ଅନୁଗତ ପ୍ରେମ ପଡ଼ିଯାଏ ମନେ
ତୁମକୁ କିପରି ଭୁଲିବି ? କହ ଗୋ ସହି !
କେଉଁ ଶକ୍ତି ଫଳେ ସମ୍ଭବ ହୋଇବ ତାହା
ଅନ୍ଧ ପରି କ୍ଷଣେ ପ୍ରତାରିତ ହୋଇ ନାହିଁ।

ସର୍ବାଧିକ କ୍ଷତି ତୁମକୁ ହରାଇ ଘଟେ।
ସୁତୀକ୍ଷ୍ଣ ବେଦନା ଜାଗି ଉଠୁଛି ତ ଆଜି
ବଞ୍ଚାଅ ଜଣକୁ, ନିଃସହାୟ ମୁହିଁ ପରା
ହୃଦୟର ଶ୍ରେଷ୍ଠ ସଂପଦ ଯାଇଛି ହଜି।

ବଢ଼ି ଉଠେ ତିନିବର୍ଷ ଧରି

ତିନିବର୍ଷ ଧରି ସିଏ ବଢ଼ିବାକୁ ଲାଗିଲା
ଖରା ଓ ବର୍ଷ ଭିତରେ,
ତାପରେ ପ୍ରକୃତି ତାକୁ ଡାକି କହିଲା,
"ଏପରି ସୁନ୍ଦର ଫୁଲ କେବେ ବି ପୃଥିବୀରେ ବପନ କରାଯାଇନି;
ଏହି ଶିଶୁଟିକୁ ମୁଁ ନିଜ କୋଳକୁ ଉଠେଇ ନେବି,
ସିଏ ହେବ ମୋହରି,
ଆଉ ମୁଁ ତାକୁ ଗଢ଼ି ତୋଳିବି ଜଣେ ନାରୀ।

"ସିଏ ହେବ ମୋର ପ୍ରେୟସୀ
ଆବେଗ ଓ ଆଇନସିଦ୍ଧ ଭାବରେ:
ସେହି ଝିଅଟି, ପାହାଡ଼ ଓ ସମତଳ ଭୂମିରେ,
ପୃଥିବୀରେ ଓ ସ୍ୱର୍ଗରେ,
ପ୍ରାନ୍ତରେ ଓ କୁଞ୍ଜବନରେ,
ନିରନ୍ତର ଶକ୍ତି ଅନୁଭବ କରିବ
ଆଲୋକ ବା ଅନ୍ଧକାର ଭିତରେ।

"ସିଏ ହେବ ଉଦ୍ଦାମତା ଭରା ହରିଣ ଶାବକ ପରି
ଉନ୍ମତ୍ତା ଓ ଉଲ୍ଲସିତା ହୋଇ ବୁଲୁଥିବ ବଗିଚା ଭିତରେ
ଅବା କେଉଁ ପର୍ବତ ଚୂଡ଼ାରୁ
ଝରୁଥିବା ନିର୍ଝରର ଧାରେ;
ସଂଗୀ ହେବ ନୀରବତା
ଅନୁଭୂତିହୀନ ବସ୍ତୁର ସଦୃଶ।

"ଭାସମାନ ମେଘମାଳା ଊର୍ଦ୍ଧ୍ୱ ଆକାଶରେ
ତାକୁ ଡାକ ଦେବ
ଗୁଳ୍ମ ରହିଥିବ ନଇଁ ନମନୀୟତାରେ
ଦେଖିବାକୁ ଅସମ୍ଭବ ହେବ ନାହିଁ କେବେ

ଗତିଶୀଳ ଝଡ଼ର ଭିତରେ
ଗଢ଼ିଉଠେ ତରୁଣୀ ରୂପେ ତ
ସାବଲୀଳ ଭାବେ
ନିଶ୍ଚୁପତା ସହାନଭୂତିରେ।

"ମଧ୍ୟରାତ୍ରେ ତାରା ଯେତେ
ବାନ୍ଧବ ଯେ ହୋଇବେ ସେମାନେ,
କାନପାତି ଶୁଣୁଥିବେ ପରା
ବହୁ ଗୁପ୍ତସ୍ଥାନେ,
ଛୋଟ ନଦୀ ବୋହୁଥିବ ବଙ୍କେଇ ବଙ୍କେଇ
ମର୍ମର ଶବ୍ଦର ସହ
କେତେ କେତେ ବସ୍ତୁ ପୁଣି ତା ଦେହରେ ମିଶୁଥିବ ଯାଇ।

"ସଂଜୀବିତ ଅନୁଭୂତି
ସୁଖ, ଉଲ୍ଲାସର,
ଉଚ୍ଚତର କରିବ ତ ଶରୀର ତାହାର
ସ୍ଫୀତ ହେବ ତାର ସ୍ତନ;
ଏହିପରି ଲୁସିକୁ ମୁଁ କରିବି ଲାଳନ,
ସିଏ, ମୁହିଁ ଆନନ୍ଦର ଭୋଳେ
ଏକାଠି ରହିବୁ ଆମେ
ପର୍ବତର ଶାନୁଦେଶ କୋଳେ।"

ପ୍ରକୃତି କଥା କହେ-କାମ ଶେଷ ହେଲା
କେତେ ଶୀଘ୍ର ଲୁସିର ଦୌଡ଼ ଶେଷ ହୋଇଗଲା !

ମରିଗଲା, ଆଉ ଛାଡ଼ି ଗଲା ମୋତେ
ଏହି ଗୁଳ୍ମ, ଶାନ୍ତତା ଓ ନୀରବତା ସାଥେ;
ଘଟିଥିବା ସ୍ମୃତି ସବୁ ରହିବ ମନରେ
ଏହାଠୁଁ ଅଧିକ କିଛି ନଥିବ ସତରେ।

କୋକିଳ ପ୍ରତି

ହେ ନବ ଅତିଥି ପିକ ଖୁସୀ ତୋ ମନ
ପୁଲକ ଜାଗେ ମୋ ହୃଦେ ଶୁଣି ତୋ ସ୍ୱନ।
ଡାକିବି ତୋତେ ମୁହିଁ ପକ୍ଷୀପ୍ରବର
ଅବା ତୁ ଭ୍ରାମ୍ୟମାଣ ଗୋଟିଏ ସ୍ୱର।।

ଯେବେ ସବୁଜ ଘାସେ ଥାଏ ମୁଁ ଶୋଇ
ତୋହର ଉଚ୍ଚତାନ ଶୁଣେ ରେ ମୁଇଁ।
ପର୍ବତୁ ପର୍ବତକୁ ତାହା ପ୍ରବେଶେ
କ୍ଷଣକେ ଦୂରେ, ପୁଣି କ୍ଷଣକେ ପାଶେ।।

ସୂର୍ଯ୍ୟକିରଣେ ଭରା ଉପତ୍ୟକାରେ
ପୁଷ୍ପରେ ଭରିଥିବା ଉପବନରେ;
ଢାଳୁ ତୁ ଅବିରତ ସଂଗୀତ ଧାର
ସପନ-ସ୍ମୃତି ଆଣୁ ପରାଶେ ମୋର।

ତ୍ରିବାର ସ୍ୱାଗତରେ ବସନ୍ତ-ପ୍ରିୟ
ପୁଲକି ଉଠୁଅଛି ମୋର ହୃଦୟ।
ନୁହଁ ତୁ ପକ୍ଷୀ, ତୁହି ରହୁ ଅଦୃଶ୍ୟ-
ଶବ୍ଦ ଗୋଟିଏ ମାତ୍ର, ତୁ ଯେ ରହସ୍ୟ।।

ଛାତ୍ର ସମୟେ ପରା ତୋହରି ସ୍ୱନେ
ଶୁଣିଲି ବହୁବାର, ଅଛି ତା ମନେ।
ସହସ୍ର ସ୍ଥାନେ ଖୋଜୁଥିଲି ତୋତେ ରେ
ପାଦପେ, ଲତାକୁଞ୍ଜେ, ନୀଳ ନଭରେ।।

ଘୂରି ବୁଲିଲି ତୋତେ ଦେଖିବା ପାଇଁ
ଗହନ ବନେ ଅବା ଶ୍ୟାମଳ ଭୂଇଁ।
ଥିଲୁ ତ ତୁହି ଆଶା, ପାତ୍ର ପ୍ରୀତିର
ଖୋଜିଲି କେତେ, ଦେଖା ହେଲାନି ତୋର।।

ଏବେ ବି ପଡ଼ିଆରେ ଶୋଇଲେ ଯାଇ
ତୋହର କୁହୁଗୀତ ଶୁଣେ ତ ମୁଇଁ।
ସେ ଗୀତ ଶୁଣୁଥାଏ ଅତି ହରଷେ
ପୁଣି ସେ ସ୍ୱର୍ଣ୍ଣ-ବେଳା ମନକୁ ଆସେ।।

ହେ ଭାଗ୍ୟବାନ ପିକ ! ଆମ ଏ ଧରା
ଅପ୍ସରା ଦେଶ ପରି ଲାଗଇ ପରା !
କୋକିଳ ତୋ ପାଇଁ ତ ଏହି ସଂସାର
ହେବ ଯେ ଯୋଗ୍ୟ ବାସସ୍ଥଳ ତୋହର।।

ଏକାକିନୀ କୃଷକ-କାମିନୀ

ଦେଖ କିଛି ଦୂରେ କୃଷକ-କାମିନୀ
ରହିଛି କେଦାରେ ହୋଇ ଏକାକିନୀ।
ଶସ୍ୟ କାଟୁ କାଟୁ ଗାଉଛି ସେ ଗୀତ
ତା କଣ୍ଠରୁ ସତେ ଝରଇ ଅମୃତ !

ବିଡ଼ା ବିଡ଼ା ବାନ୍ଧି ଶସ୍ୟ ରଖୁଥାଇ
ତା ଗୀତର ଧ୍ୱନି ପର୍ବତେ ଖେଳଇ।
ରହିଯାଅ ଟିକେ, ଶୁଣ ସେହି ଗୀତ
ଅବା ଚାଲୁଥାଅ ଧୀର ପାଦରେ ତ ॥

ଆରବ ଦେଶର ମରୁ-ଉଦ୍ୟାନରେ
ଥକାମାରି ପାନ୍ଥ ବସେ ଯେଉଁଠାରେ,
କଳରାବି-ପକ୍ଷୀ ଗାଏ ମଧୁ-ଗୀତ
ପଥିକର କ୍ଳାନ୍ତି ହରଇ ସତତ ॥

ବିହଙ୍ଗର ସେହି ସଂଗୀତ ମାଧୁରୀ
କାମିନୀର ଗୀତ ସଙ୍ଗେ ନୁହେଁ ସରି।
ଶୁଣିଛି ଥରେ ଯେ ତା ସଂଗୀତ ଧ୍ୱନି
ଜୀବ ଥିବାଯାଏଁ କେବେ ଭୁଲିବନି ॥

ରମ୍ୟ ଦ୍ୱୀପମାଳେ ବାରିଧି ବକ୍ଷରେ
ବସନ୍ତ ସମୟେ କୋକିଳ କୁହରେ।
ନିସ୍ତବ୍ଧତା ଭଙ୍ଗ କରେ ସେହି ସ୍ୱନ
କାମିନୀ ସ୍ୱରଠୁ ତାହା ଯେ ନିଊନ ॥

ଗାଉଛି କାମିନୀ ଅବା କେଉଁ ଗୀତ ?
ହୁଏ ପ୍ରତେ ଗାଏ ବିଷାଦ ସଂଗୀତ।
ପ୍ରକଟ ହୁଏ ଯେ ବୃଦ୍ଧମାନଙ୍କର
ସହିଥିବା କଥା ତାଙ୍କ ଦୁର୍ଦ୍ଦିନର।

ପ୍ରାଚୀନ ଯୁଦ୍ଧର ଦିଏ ବିବରଣୀ
କିମ୍ବା କହେ ସିଏ ଆଜିର କାହାଣୀ ?
ଘଟିଅଛି ଯାହା ଅଥବା ଘଟିବ
କହଇ କାମିନୀ ସେ କଥା ସରବ।।

ହେଉ ଯାହା ପଛେ ତା ଗୀତ ସାରାଂଶ
ତା କଣ୍ଠେ ରହିଛି ମାଧୁର୍ଯ୍ୟ ଅଶେଷ।
ଶେଷ ନାହିଁ କେବେ ସେହି ଗୀତର ତ
ଶସ୍ୟ କାଟୁ କାଟୁ ଗାଉଥାଏ ଗୀତ।।

ନିଶ୍ଚୁପ ହୋଇ ଯେ ଗୀତ ଶୁଣୁଥିଲି
ଯେବେ ବି ପର୍ବତ ଆରୋହଣ କଲି,
ପରେ ପରେ ତାହା ଶୁଭିଲାନି ମୋତେ
କିନ୍ତୁ ରହିବ ତା ସଦା ହୃଦ-ଗତେ।।

ମାର୍ଚ୍ଚ ମାସରେ ଲେଖା

କୁକୁଡ଼ା ଡାକୁଛି
ଝରଣା ବହୁଛି
କିଚିରି ମିଚିରି କରୁଛନ୍ତି ସବୁ ପକ୍ଷୀଦଳ
ସବୁଜ ପ୍ରାନ୍ତର
ଶୋଇ ପଡ଼ିଅଛି
ସୂର୍ଯ୍ୟ କିରଣର ସ୍ପର୍ଶରେ ହୋଇଣ ଭୋଳ
ଯୁବକ ଓ ବୃଦ୍ଧ
ସର୍ବେ କାର୍ଯ୍ୟରତ
ଶକ୍ତିଶାଳୀ ଲୋକେ ତାଙ୍କ ସାଥେ ଛନ୍ତି ରହି
ଗାଈ ଚରୁଛନ୍ତି
ମୁଣ୍ଡକୁ ନୁଆଇଁ
ଚାଳିଶଟି ପଶୁ ଘାସ ଖାଉଛନ୍ତି ତହିଁ ।।

ପରାଜିତ ସେନା
ହୋଇ ଆନମନା
ହଟିଗଲା ପରି, ବରଫ ନେଲା ବିଦାୟ
ନଗ୍ନ ପାହାଡ଼ର
ଚୂଡ଼ା ଦେଶେ ପରା
ଅମଙ୍ଗଳ କେତେ ଘଟି ତ ହେଉଛି ହାୟ !।।
କୃଷକ ବାଳକ
କରନ୍ତି ନିନାଦ
ଆସ, ଆସ ଏଠି ହୋଇ ସର୍ବେ ଏକମନ
ପାହାଡ଼େ ପର୍ବତେ
ଆନନ୍ଦର ଧାରା
ଝରଣାରେ ଏବେ ଆସିଛି ନୂଆ ଜୀବନ

ଛୋଟ ଛୋଟ ମେଘ
ଆସୁଛନ୍ତି ଧାଇଁ
ତଥାପି ଆକାଶ ନିର୍ମଳ ରହିଛି ପରା
ବର୍ଷା ହେଲା ଶେଷ
ଆନନ୍ଦିତ ହୋଇ
ଆକାଶ ହୁଅଇ ଏବେ ତ ଆତ୍ମହରା ।।

ସାର୍ ୱାଲ୍‌ଟର ସ୍କଟ

ସାର୍ ୱାଲ୍‌ଟର ସ୍କଟ (Sir Watter Scott : ୧୫ ଅଗଷ୍ଟ ୧୭୭୧-୨୧ ସେପ୍ଟେମ୍ବର ୧୮୩୨) ଥିଲେ ସ୍କଟଲ୍ୟାଣ୍ଡର ବିଖ୍ୟାତ ଐତିହାସିକ, ଉପନ୍ୟାସ ରଚୟିତା ଏବଂ କବି। ପୂରା ୟୁରୋପରେ ତାଙ୍କ ସମୟରେ ସିଏ ସବୁଠାରୁ ବେଶି ଜନପ୍ରିୟତା ଅର୍ଜନ କରିଥିଲେ। ଗୋଟିଏ ଅର୍ଥରେ କହିବାକୁ ଗଲେ ସ୍କଟ ପ୍ରଥମ ଲେଖକ ଯିଏ ନିଜ ଜୀବଦ୍ଦଶାରେ ଆନ୍ତର୍ଜାତିକ ଖ୍ୟାତି ଅର୍ଜନ କରିବାରେ ସମର୍ଥ ହୋଇଥିଲେ। ତାଙ୍କ ସମୟରେ ତାଙ୍କର ବହିଗୁଡ଼ିକ ଅଷ୍ଟ୍ରେଲିଆ ଏବଂ ଉତ୍ତର ଆରେମିକାର ବିଭିନ୍ନ ଦେଶରେ ଜନପ୍ରିୟତା ଅର୍ଜନ କରିଥିଲା। ଇଂରେଜୀ ଏବଂ ବିଶେଷ କରି ସ୍କଟଲ୍ୟାଣ୍ଡର (Scottish ସାହିତ୍ୟରେ ତାଙ୍କର କୃତି ଗୁଡ଼ିକ ବିଶେଷ ସ୍ଥାନ ଅଧିକାର କରିଛି। ତାଙ୍କର ବିଖ୍ୟାତ ସାହିତ୍ୟକୃତିଗୁଡ଼ିକ ମଧ୍ୟରେ ରହିଛି "ଆଇଭାନହୋ"(Ivanhoe), "ରବ ରୟ"(Rob Roy), "ଦି ଲେଡ଼ି ଅଫ୍ ଦି ଲେକ୍"(The Lady of the Lake), ଏବଂ "ଦି ହାର୍ଟ ଅଫ୍ ମିଡଲୋଥିୟାନ" (The Heart of Midlothian) |

ଦେଶ ପ୍ରେମ

ଏପରି ମନୁଷ୍ୟ ଅଛି ଯେ ବିଶ୍ୱରେ
ଶ୍ୱାସ ନିଏ ମୃତ-ଆତ୍ମାର ଭିତରେ।
କହେ ନାହିଁ କେବେ ମୁଖ ଖୋଲି ତା'ର
ଏହା ଜନ୍ମଭୂମି, ସ୍ୱଦେଶ ମୋହର।
ବିଦେଶ ଭୂଇଁରୁ ଫେରି ନିଜ ଘରେ
ଆନନ୍ଦର ଧାରା ନ ଖେଳେ ଅନ୍ତରେ।
ଅଛି ଯଦି କେହି ମନୁଷ୍ୟ ଏପରି
ଚିହ୍ନି ଦିଅ ତାକୁ ତୁମେ ଭଲ କରି।
ତା'ପାଇଁ ତ କେହି ଗାୟକର ଦଳ
ଗାଇବେନି ଗୀତ ହୋଇ ଭାବେ ଭୋଳ।

ଥାଉ ଉଚ୍ଚ ପଦ, ବଡ଼ ନାଆଁ ତା'ର
ଅପାର ସଂପତ୍ତି ଅବା କି କାମର ?
ପଦବୀ, ସଂପଦ, ଶକ୍ତି ଯେତେ ଥାଏ
ନିଜ ପାଇଁ ଉପଯୋଗ କରେ ସିଏ।
ବଞ୍ଚି ଥାଉ ଥାଉ ଜାଣ ସେ ଯେ ମୃତ
ସକଳ ବିଭବ, ନାମ ଧୂଳିସାତ।
ମୃତ୍ୟୁ ବରଣ ସେ କରେ ଦୁଇ ଥର
ହୋଇଥାଏ ସଦା ନିମ୍ନଗତି ତା'ର।
ନ କର ତା ପାଇଁ କେହି ବି କ୍ରନ୍ଦନ
ନ ଦେଖାଅ କେହି ତାହାକୁ ସମ୍ମାନ।
ଗାନ କର ନାହିଁ ତା ବନ୍ଦନା ଗୀତ
ଜୀବନ ତାହାର ବ୍ୟର୍ଥ ଅଟେ ସତ।

ଉତ୍ତର

ବଜାଅ, ବଜାଅ ରଣଡ଼ଙ୍କା,
ପୂର୍ଣ୍ଣ କର ବଂଶୀଟିକୁ
ଶବ୍ଦରେ ଶବ୍ଦରେ !
ସଂବେଦନଶୀଳ ଦୁନିଆକୁ ଯୋଡ଼ି
ଘୋଷଣା କର,
ଭିଡ଼ରେ ବେଷ୍ଟିତ ଗୋଟିଏ ଘଣ୍ଟା ବି
ଯୁଗ ଅପେକ୍ଷା ବଡ଼
ତା'ର ଗୌରବୋଜ୍ଜ୍ୱଳ ଜୀବନର
ନଥାଏ କୌଣସି ନାମ ।

ରବର୍ଟ ସାଉଦେ

ରବର୍ଟ ସାଉଦେ (Robert Southey: ୧୨ ଅଗଷ୍ଟ ୧୭୭୪-୨୧ ମାର୍ଚ୍ଚ ୧୮୪୩) ଥିଲେ ଜଣେ ଇଂରେଜୀ କବି ଓ ଗଦ୍ୟ ଲେଖକ। ତାଙ୍କୁ ସ୍ମରଣ କରାଯାଏ ସାମୁୟେଲ ଟେଲର୍ କଲରିଜ (Samuel Taylor Coteridge) ଏବଂ ଉଇଲିୟମ ୱାର୍ଡ୍ସୱର୍ଥ (Willam Wordsworth) ଙ୍କ ସହିତ ତାଙ୍କର ସମ୍ପର୍କକୁ ନେଇ କରି, ଯେଉଁ ଦୁହିଁଙ୍କୁ ପ୍ରାରମ୍ଭିକ ରୋମାଣ୍ଟିକ୍ ଆନ୍ଦୋଳନର ପୁରୋଧା ହିସାବରେ ଗଣାଯାଏ।

ଯୌବନ ଓ ବାର୍ଦ୍ଧକ୍ୟ

ଶୁଭବେଳେ ପରା ଶେଷ ହେଲା ନିଶା
ହସି ଉଠିଲା ତ ଦିଗରାଣୀ
ଆନନ୍ଦ ମନରେ ପଥିକ ଗୋଟିଏ
ଚାଲୁଥିଲା ତା ପାହୁଣ୍ଡ ଗଣି।
ପାହାଡ଼ ବାଟରେ ଚାଲେ ଉଚ୍ଚେ ନୀଚେ
ଖୁସୀମନେ ବାଟ ଚାଲୁଥାଏ
ଯାହା ଦେଖେ ଆଉ ଯାହା ସବୁ ଶୁଣେ
ସବୁ ତାକୁ ଭଲ ଲାଗୁଥାଏ।
କୁହୁଡ଼ି ଯେବେଳେ ଛାଡ଼ିଯାଏ ପରା
ତୋଫା ଦେଖାଯାଏ ତାକୁ ବାଟ
ଭାବୁଥାଏ ସିଏ କି ଶୋଭା-ପସରା
ସକାଳ ରଖିଛି ତା ପାଇଁ ତ।
ଚାଲୁ ଚାଲୁ ପୁଣି ଗଡ଼ିଗଲା ବେଳ
ସଂଜ ହେଲା ଆସି ପରବେଶ
ପଶ୍ଚିମ ଦିଗର ଲୋହିତ ବରନ
ମନେ ଭରିଦିଏ ତ ଉଲ୍ଲାସ।

ଅତି କଷ୍ଟେମଷ୍ଟେ ଚାଲୁଥାଏ ସିଏ
ଦୁର୍ବଳ ନ କରି ମନୋବଳ
ଉଠାଣି ଉପରେ ଚାଲି ହୁଏ କ୍ଳାନ୍ତ
ବାଟୋଇଟିର ପଦଯୁଗଳ ।
ବେଗେ ବେଗେ ତେଣୁ ପଡୁନି ପାହୁଣ୍ଡ
ଚାଲୁଅଛି ଅତି ଧୀରେ ଧୀରେ
ରହି ରହି କରି ବହୁସ୍ଥାନେ ପରା
ଚାଲୁଥାଏ ଗନ୍ତବ୍ୟ ପଥରେ ।
ସଂଧ୍ୟା ଅନ୍ତେ ପୁଣି ଆସିଲା ରଜନୀ
ଚଉଦିଗ ଅନ୍ଧକାରମୟ
ଅଜ୍ଞାତ-ବିପଦ କଥା ଭାବି କରି
ଜାଗୁଥାଏ ମନେ କେତେ ଭୟ !
ଏହିପରି ଅଟେ ଜୀବନଯାତ୍ରା ତ
ଯୌବନ ଯେ ଆଦ୍ୟ କାଳ ତା'ର
ସୁଖେ ଦୁଃଖେ କଟେ ଯଉବନ ସିନା
ବାର୍ଦ୍ଧକ୍ୟ ଦୁଃଖର ଗନ୍ତାଘର ।

ୱାଲ୍ଟର ସ୍ୟାବେଜ ଲ୍ୟାଣ୍ଡୋର

ୱାଲ୍ଟର ସ୍ୟାବେଜ ଲ୍ୟାଣ୍ଡୋର (Walter Savage Landor: ୩୦ ଜାନୁୟାରୀ ୧୭୭୫-୧୭ ସେପ୍ଟେମ୍ବର ୧୮୬୪) ଥିଲେ ଜଣେ ଇଂରେଜୀ ଲେଖକ ଓ କବି। ତାଙ୍କର ସବୁଠାରୁ ପ୍ରସିଦ୍ଧ ରଚନା : ଗଦ୍ୟ- "ଇମାଜିନାରୀ କନ୍‌ଭରଶେସନ୍ସ" (Imaginary conversations) ଓ କବିତା - "ରୋଜ ଆଇଲ୍‌ମର" (Rose Aylmer) । କିନ୍ତୁ ସମକାଳୀନ କବିଗଣ ଓ ସମୀକ୍ଷକମାନଙ୍କଠାରୁ ଯେଉଁ ଆଲୋଚନାତ୍ମକ ପ୍ରଶଂସା ମିଳିଲା, ତାହା ସାର୍ବଜନିକ ଲୋକପ୍ରିୟତା ସହିତ ମେଳ ଖାଏନି। ତାଙ୍କ କାମ ଯେତେ ଉଲ୍ଲେଖନୀୟ ଥିଲା, ସେତିକି ଥିଲା ତାଙ୍କର ଉଗ୍ର ଚରିତ୍ର ଓ ପ୍ରାଣବନ୍ତ ସ୍ୱଭାବ।

ମୃତ୍ୟୁ ମୋ ମୁଣ୍ଡ ଉପରେ ଠିଆହୋଇଛି

ମୃତ୍ୟୁ ମୋ ମୁଣ୍ଡ ଉପରେ
ଠିଆ ହୋଇଛି,
ମୁଁ ଜାଣେନି ସିଏ ଫୁସ୍ ଫୁସ୍ କରି
ମୋ କାନରେ କଣ କହୁଛି:
ତାର ଅଦ୍ଭୁତ ଭାଷା ଶୁଣିକରି
ମୁଁ କେବଳ ଏତିକି ବୁଝିପାରୁଛି,
ଯେ ସେଥିରେ ଭୟ କରିବାର କୌଣସି
ଶବ୍ଦ ନାହିଁ।

ପ୍ରତ୍ୟାଶା

ତୁମେ ହସିଲ, ତୁମେ କହିଲ, ଆଉ
ମୁଁ ବିଶ୍ୱାସ କଲି
କିନ୍ତୁ ପ୍ରତ୍ୟେକ ଶବ୍ଦ ଓ ହସର ବଦଳରେ
ତୁମେ ଠକିଲ ।

କୌଣସି ଲୋକ ତୁମ ପାଖରୁ
କିଛି ଆଶା କରିବନି;
ଯେମିତି ମୁଁ କରିଥିଲି ତୁମଠାରୁ,
ଏବେ ଆଶା ରଖିବାକୁ ସିଏ ଡରିବ:

କିନ୍ତୁ ଏବେ ମୋର ଅନ୍ତିମ
ଇଚ୍ଛାକୁ ପୂରା କରି ଦିଅ;
ତୁମେ ମୋତେ ଥରୁଟିଏ ପ୍ରତାରଣା କର,
ପୁଣି ଥରେ ମୋତେ ଧୋକା ଦିଅ !

ଜଣେ ବୃଦ୍ଧ ଦାର୍ଶନିକଙ୍କର
ମୃତ୍ୟୁ ପୂର୍ବର ଭାଷଣ

ମୁଁ କାହା ସହିତ ଏକାସାଙ୍ଗରେ ଚାଲିନି
କାରଣ କେହି ହେଲେ ମୋ ଜୀବନ-ସଂଗ୍ରାମରେ ଲଢ଼ିବା ପାଇଁ
ମୋର ସମକକ୍ଷ ନ ଥିଲେ:
ମୁଁ ପ୍ରେମ କଲି ପ୍ରକୃତି ସହିତ ଏବଂ
ତା ପରେ କଳା ସହିତ:
ମୁଁ ଦୁଇଟିଯାକ ହାତକୁ ଜୀବନର
ଉମ୍ନେଇ ଉପରେ ସେକିଲି;
ଏହା ଶେଷଗତି ପ୍ରାପ୍ତି କରିବା ପାଇଁ
ଯାଉଛି
ଏବଂ ମୁଁ ପ୍ରସ୍ଥାନ କରିବାକୁ
ପ୍ରସ୍ତୁତ ହେଉଛି।

ମୁଁ ଏକୁଟିଆ ବୁଲୁଥିଲି

କେହି ଉପଯୁକ୍ତ ବ୍ୟକ୍ତି ନ ଥିବାରୁ, ମୁଁ ଏକୁଟିଆ ବୁଲୁଥିଲି।
ପ୍ରକୃତିକୁ ମୁଁ ଭଲ ପାଉଥିଲି, ଆଉ ତାପରେ କଳାକୁ:
ଜୀବନର ନିଆଁରେ ମୁଁ ମୋର ଦୁଇଟିଯାକ ହାତ ସେକିଥିଲି;
ତାହା ଏବେ ବୁଡ଼ିବାରେ ଲାଗିଛି,
ଆଉ ମୁଁ ମରିବା ପାଇଁ ପ୍ରସ୍ତୁତ ଅଛି।

ଥୋମାସ କ୍ୟାମ୍ପବେଲ

ଥୋମାସ କ୍ୟାମ୍ପବେଲ (Thomas Campbell: ୨୭ ଜୁଲାଇ ୧୭୭୭- ୧୫ ଜୁନ୍ ୧୮୪୪) ଜଣେ ସ୍କଟଲ୍ୟାଣ୍ଡର କବି ଥିଲେ। ତାଙ୍କର ଆବେଗପ୍ରବଣ ଏବଂ ମାର୍ଶଲ ଗୀତପାଇଁ ତାଙ୍କୁ ସ୍ମରଣ କରାଯାଏ। ସିଏ ଥିଲେ ଲଣ୍ଡନ ବିଶ୍ୱବିଦ୍ୟାଳୟର ଅନ୍ୟତମ ପ୍ରତିଷ୍ଠାତା।

ସିଏ ବେଶ୍ କିଛି ଆଲୋଡ଼ନ ସୃଷ୍ଟିକାରୀ ଦେଶାତ୍ମବୋଧକ ଯୁଦ୍ଧର ଗୀତ ଲେଖିଛନ୍ତି- " ye Mariners of England"

ଲର୍ଡ ଉଲ୍ଲୀନଙ୍କ ଜେମା

ଚିତ୍କାରି କହିଲେ ଗାଆଁର ମୁଖିଆ
"ଉଠରେ ନାଉରୀ, କରନି ଡେରି
ଧନରତ୍ନରେ ମୁଁ ଲଦି ଦେବି ତୋତେ
କରିଲେ ଚଞ୍ଚଳ ଦରିଆ ପାରି।
"କିଏ ହେ ବାଟୋଇ! କହ ଖୋଲି ମୋତେ
ମୋ ମନୁ ସଂଶୟ ଦୂର ହେଉ ତ
ଉଲଭା ଦ୍ୱୀପର ଯେ ମୁଖିଆ ମୁହିଁ
ଲର୍ଡ ଉଲ୍ଲୀନଙ୍କ ଜେମା ଇଏ ତ।
ତିନିଦିନ ହେଲା ପଳାଇ ଆସୁଛୁ
ଆମେ ଦୁହେଁ ପ୍ରାଣ ବିକଳେ ପରା
ପଛେ ଆସୁଛନ୍ତି ସୈନିକଙ୍କ ଦଳ
ମାରି ଦେବେ ନିଶ୍ଚେ ପଡ଼ିଲେ ଧରା।
ଘୋଡ଼ା ଦଉଡ଼ାଇ ଆସନ୍ତି ସଇନେ
ମୋତେ ଯଦି ସିଏ କରନ୍ତି ବଧ,
ମୋ ଧନମଣିକୁ ବୁଝାଇ ସୁଝାଇ
କରିବ କିଏ ସେ ତା ମନବୋଧ।"

ଦାମ୍ଭିକ ନାଉରୀ କହିଲା ସଧୀରେ
“ଜାଣିରଖ ମୁହିଁ ଯିବି ନିଶ୍ଚିତ
ଧନ ରତ୍ନ କିଛି ଲୋଡ଼ା ନାହିଁ ମୋର
ଜେମାଙ୍କ ବ୍ୟଥାକୁ ମେଣ୍ଟାଇବି ତ।
ଚିନ୍ତା କର ନାହିଁ ତିଳେ ମାତ୍ର ତୁମେ
ବିପଦରେ ଜେମା ପଡ଼ିବେ ନାହିଁ
ଯେତେ ବି ପ୍ରବଳ ହେଉ ପଛେ ଝଡ଼
ପହଞ୍ଚାଇ ଦେବି ନିଶ୍ଚୟ ମୁହିଁ।
ଫେଣ ତୋଳି ଏବେ ଗରଜୁଛି ଢେଉ
ପାଣିର କୁହାଟ ଭୀତି ଜଗାଏ
ଅନ୍ଧକାର ମାଡ଼ି ଆସୁଅଛି ପରା
ମୁହଁକୁ ମୁହଁ ତ ଦିଶୁ ନ ଥାଏ।
ରହ ରହ କ୍ଷଣେ ବାଆ-ବତାସରେ
ଥମି ଯାଆ ସତେ ଆରେ ତୋଫାନ
କର୍ଣ୍ଣର କୁହରେ ବାଜୁଛି ତ ଏବେ
ଘନ ଘନ ଘୋଡ଼ା-ଟାପୁ-ନିସ୍ୱନ।
“ବୁହାରେ ନାଉରି!” କହଇ ଯେ ବାଳା
“ବେଗି ବେଗି ତୁହି ବୁହା ନଉକା
ଯଦିଓ ଏ ଝଡ଼ ଘେରିଛି ଆମକୁ
ମନରେ ଆମର ଜଗାଏ ଦକା।
ଆକାଶର କୋପ ସହି ଯିବି ମୁହିଁ
ବାପାଙ୍କ ରାଗକୁ ଡରିବିନି ତ”
ଟଳମଳ ଏବେ ହେଉଛି ନଉକା
ନାଉରୀ ହାତକୁ ପାଉନି କାତ।
ତଥାପି ନାଉରୀ ବାହୁଛି ନଉକା
ଝଡ଼ ବତାସକୁ ନ ଥାଏ ଡର
ଲର୍ଡ ଉଲ୍ଲୀନ ତ ପହଞ୍ଚିଲେ କୂଳେ
ଲୁହ ଝରୁଥାଏ ନେତ୍ରୁ ତାଙ୍କର।

"ଆସ ଫେରି ଆସ" କହିଲେ ଯେ ଲର୍ଡ
ବୃଥାରେ ମୃତ୍ୟୁକୁ ନିଅନି ବରି
କ୍ଷମା ଦେବି ତୋର ପ୍ରେମିକକୁ ମୁହିଁ
ଝଡ଼ ଯେ ପ୍ରବଳ, ଆସ ତୁ ଫେରି।"
ପଣ୍ଡ ହେଲା ତାଙ୍କ କାକୁତି ମିନତି
ବୁଡ଼ିଗଲା ନାଆ ଘୂର୍ଣ୍ଣିର ଫଳେ
ସଲିଳ-ସମାଧି ରଚିଲା ତ ଝିଅ
କାନ୍ଦୁଥିଲେ ବାପା ନଈର କୂଳେ।

ସୈନିକର ସ୍ୱପ୍ନ

ବିଗୁଲ୍ ଘୋଷଣା କରିଲା ତ ଏବେ
        ଯୁଦ୍ଧ ଅବସାନ କଥା ସଘନେ
ରାତ୍ରି-ମେଘମାଳା ଭାସୁଥିଲା ପରା
        ମସ୍ତକ ଉପରେ ନୀଳ ଗଗନେ।
ସହସ୍ର ସୈନିକ ମୃତ ହୋଇଥିଲେ
        ଲୋଟୁଥିଲା ଶବ ଭୂଇଁ ଉପରେ
ଶୋଇବା ପାଇଁକି ଚାହୁଁଥିଲେ କ୍ଲାନ୍ତ
        କ୍ଷତଗ୍ରସ୍ତ ଥିଲେ ମୃତ୍ୟୁ ଶଯ୍ୟାରେ।

ଶୋଇଥିଲି ମୁହିଁ ନଡ଼ା ଶେଯପରେ
        ଉଚ୍ଚସ୍ୱରେ ଭୁକୁଥିଲେ ଗଧିଆ
ଭୟର ସଂଚାର ହେଉଥିଲା ମନେ,
        ଶବ ଘେରି ଜଳୁଥିଲା ଯେ ନିଆଁ।
ମଧ୍ୟ ରାତ୍ରିରେ ମୁଁ ଦେଖିଲି ସପନ
        ଥିଲା ଯାହା ପରା ଅତି ମଧୁର
ପ୍ରତ୍ୟୁଷ ପୂର୍ବରୁ ଦେଖୁଥିଲି ସତେ
        ସେହି ସ୍ୱପ୍ନ ମୁହିଁ ତିନୋଟି ଥର।

ରଣକ୍ଷେତ୍ରେ ତେଜି ଚାଲିଥାଏ ମୁହିଁ
        ସେହି ସ୍ଥାନଠାରୁ ବହୁତ ଦୂରେ
ଭୟଙ୍କର ଦୃଶ୍ୟ ନ ଥିଲା ତ ତହିଁ
        ସୂର୍ଯ୍ୟର ଉଜ୍ଜ୍ୱଳ କିରଣ ଝରେ।

ଯାଉଥାଏ ମୋର ପୈତୃକ ଭୂମିକୁ
    ବିତିଥିଲା ଯହିଁ ବାଲ୍ୟ ଜୀବନ
ସ୍ୱାଗତ ଜଣାଉଥିଲା ସେହି ଭୂମି
    ଆନନ୍ଦିତ ହେଉଥିଲା ମୋ ମନ ।
କୈଶୋରର ଶତ ମଧୁମୟ ସ୍ମୃତି
    ଖେଳୁଥିଲା ମୋର ଅନ୍ତର ଗତେ
ସେ ବନ, ପର୍ବତ ଶୋଭା ଦେଖିକରି
    ନାଚୁଥିଲା ମୋର ମନ ଉଷତେ ।
ଶୁଣିଲି ଯେ ମୋର ପର୍ବତ-ଛାଗଳ-
    କାଢୁଥାନ୍ତି କେତେ ବିଚିତ୍ର ସ୍ୱର
ଧାନ କଟାଳୀର ସୁମଧୁର ଗୀତ
    ମୋହି ନେଉଥିଲା ମନକୁ ମୋର ।
ସୁରା-ପାତ୍ର ହାତେ ଟେକି ନେଲି ମୁହିଁ
    ପରିବାର ଆଗେ କଲି ଶପଥ
ଘରଠୁ ଦୂରକୁ ଯିବି ନାହିଁ କେବେ
    ଛାଡ଼ିଯିବି ନାହିଁ ବନ୍ଧୁଗଣେ ତ ।
ଚୁମା ଦେଲେ ପିଲାମାନେ ଆସି ମୋତେ,
    ସହସ୍ର ବାର ମୋ ମୁହଁକୁ ଦେଖି
ଶକେଇ ଶକେଇ କାନ୍ଦୁଥିଲା ପ୍ରିୟା
    ଉଠୁଥିଲା ହୃଦ-ଭାବ ଝଲକି ।

କହିଲେ ସକଳେ ରହ ଆମ ସଙ୍ଗେ
    ଯୁଦ୍ଧକ୍ଷେତ୍ରେ କର ନାହିଁ ଗମନ
ସହସା ଉଠିଲା ବାଜି ରଣବାଦ୍ୟ
    ଭାଙ୍ଗିଗଲା ତେଣୁ ମୋର ସପନ ।
ସୈନିକର ସାଜେ ଠିଆ ହେଲି ମୁହିଁ
    ଯୁଦ୍ଧର ଆହ୍ୱାନ ଭେରୀକୁ ଶୁଣି
ଆଖି ଆଗୁ ମୋର ସ୍ୱପ୍ନ ଚାଲିଗଲା
    ବିଷାଦତା ଫେରି ଆସିଲା ପୁଣି ।

ଜେମ୍ସ ହେନ୍‌ରୀ ଲୀ ହଣ୍ଟ

ଜେମ୍ସ ହେନ୍‌ରୀ ଲୀ ହଣ୍ଟ (James Henry Leigh Hunt: ୧୯ ଅକ୍ଟୋବର ୧୭୮୪-୨୮ ଅଗଷ୍ଟ ୧୮୫୯), ଯିଏ ଲୀ ହଣ୍ଟ ନାମରେ ବେଶି ପରିଚିତ। ସିଏ ଥିଲେ ଜଣେ ଇଂରେଜୀ ସୀମକ୍ଷକ, ପ୍ରାବନ୍ଧିକ ଓ କବି। ତାଙ୍କର ଜନ୍ କୀଟ୍ସ ଓ ଶେଲୀଙ୍କ ସହ ଭଲ ବନ୍ଧୁତ୍ୱ ଥିଲା। ଶେଲୀଙ୍କ ଦ୍ୱାରା ଆର୍ଥିକ ସହାୟତା ହଣ୍ଟଙ୍କୁ ବଞ୍ଚାଇଥିଲା। ହଣ୍ଟ ଶେଲୀଙ୍କ ସହିତ କିଟ୍ସଙ୍କ ପରିଚୟ କରାଇଥିଲେ। ତାଙ୍କ ରଚିତ "ଆବୁ ବେନ୍ ଆଦେମ୍" (Abou Ben Adhem) ବେଶ୍ ପ୍ରସିଦ୍ଧ କବିତା।

ଆବୁ ବେନ୍ ଆଦେମ୍

ଦିନେ ରାତେ ଶୋଇ ରହି
ଆବୁ ନିଜ ସଦନେ
ଦେଖୁଥିଲା ସପନ ତ
କେଉଁ ମଧୁ ଲଗନେ।
ଚମକି ସେ ଉଠିଗଲା
ଦେଖିଲା ଯେ ପୁଲକେ
ଜ୍ୟୋତ୍ସ୍ନା ଘେରା ତା କୁଟୀର
ଆଲୋକରେ ଝଲକେ।
ଦେଖେ ସିଏ କୋଣେ ବସି
ଅପ୍ସରାଟି ସତରେ
ନିବିଷ୍ଟ ମାନସେ କିଛି
ଲେଖେ ସ୍ୱର୍ଣ୍ଣ-ଖାତାରେ।
ପ୍ରଶ୍ନ କଲା ଆବୁ ତାକୁ
ଭାବି ଚିନ୍ତି ବହୁତ

"କି ଲେଖୁଛ ତୁମେ" ବୋଲି
ପ୍ରଶ୍ନ ତାର ଥିଲା ତ।
ଉତ୍ତରିଲା ଅପ୍ସରାଟି
ହସ ହସ ମୁହଁରେ-
"ପ୍ରଭୁଙ୍କ ଭକ୍ତଙ୍କ ନାମ
ଲେଖୁଛି ମୁଁ ଏଥିରେ।"
"ମୋ ନାମଟଇ ଲେଖୁଛ କି"
ପ୍ରଶ୍ନ ଆବୁ କରଇ
"ନାହିଁ" ବୋଲି ଅପ୍ସରା ତ
କହେ ମୁଣ୍ଡ ହଲାଇ।
ପ୍ରଶାନ୍ତ, ଗମ୍ଭୀର ହୋଇ
କହେ ଆବୁ ସଧୀରେ-
"ମୋ ନିଜର ଲୋକଙ୍କୁ ମୁଁ
ଭଲପାଏ ସତରେ।"
କି ଲେଖିଲା ଅପ୍ସରାଟି
କେହି ଜାଣି ନାହିଁ ତ
ଆଲୋକ ସାଗରେ ସିଏ
ଲୁଚିଗଲା ହଠାତ।
ସେହି ଦିବ୍ୟାଲୋକ ସାଥେ
ପରଦିନ ରାତିରେ
ଅପ୍ସରାଟି ପହଞ୍ଚିଲା
ଆବୁ ବେନ୍ କୁଟୀରେ।
ଆବୁକୁ ଦେଖାଏ ନେଇ
ତାଲିକା ଅପ୍ସରାଟି
ଶୀର୍ଷ ଭାଗେ ଲେଖା ଥିଲା
ଆବୁ ବେନ୍ ନାଆଁଟି।

ଜେନି ଦେଲା ମୋତେ ଚୁମାଟିଏ

ଆମ ଭେଟ ବେଳେ
ଜେନି ଦେଲା ମୋତେ ଚୁମାଟିଏ
ଚଉକି ଉପରୁ
ସେଥିଲାଗି ଡେଇଁଲା ତ ସିଏ ।
ହେ କାଳ ତସ୍କର !
ମଧୁର ଘଟଣା ଚାହେଁ ମନ
କହିବୁ ଚିହ୍ନି ତ
କିଆଁ ମୁହିଁ ଦୁଃଖୀ ସବୁଦିନ ।
ସ୍ୱାସ୍ଥ୍ୟ ଓ ସଂପଦ
ମିଳି ନାହିଁ କେବେ ଜୀବନରେ
ବୟସ ବଢୁଛି
ତଥାପି ସେ କଥା ଭୁଲନା ରେ ।
ଆଉ ଯାହା କହୁ
ସେଇଥିରେ କିବା ଆସେ ଯାଏ
କହିବୁ ସଭିଙ୍କୁ
ଜେନି ଦେଲା ମୋତେ ଚୁମାଟିଏ ।

ଲର୍ଡ ଜର୍ଜ ଗର୍ଡନ ବାଇରନ୍

ଲର୍ଡ ଜର୍ଜ ଗର୍ଡନ ବାଇରନ୍ (Lord George Gordon Byron : ୨୨ ଜାନୁୟାରୀ ୧୭୮୮-୧୯ ଏପ୍ରିଲ୍ ୧୮୨୪) ଥିଲେ ଜଣେ ଇଂରେଜୀ କବି। ସିଏ ରୋମାଣ୍ଟିକ ଆନ୍ଦୋଳନର ପ୍ରମୁଖ କବିମାନଙ୍କ ମଧ୍ୟରୁ ଜଣେ ବୋଲି ଗଣାଯାଏ। ତାଙ୍କର ସବୁଠୁ ପ୍ରସିଦ୍ଧ କୃତିଗୁଡ଼ିକ ମଧ୍ୟରେ "ଡନ୍ ଜୁଆନ" (Don Juan) ଆଉ "ଚାଇଲ୍ଡ୍ ହ୍ୟାରୋଲଡ୍ସ ପିଲିଗ୍ରିମେଜ୍" (Childe Harold's piligrimage) ର ଲମ୍ବା କଥାଗୁଡ଼ିକ ରହିଛି; "ହିବ୍ରୁ ମେଲୋଡ଼ିଜ୍" (Hebrew melodies) ରେ ଥିବା ତାଙ୍କର ଅଧିକାଂଶ ଛୋଟ ଗୀତ ବି ଲୋକପ୍ରିୟ ହୋଇଛି।

ପ୍ରକୃତି ଭିତରେ

ମାନବର ପଦଚିହ୍ନ ପଡ଼େନି ଯେ ବନେ
ସେହିଠାରେ ରହିଛି ଉଲ୍ଲାସ
ନିର୍ଜନ ସମୁଦ୍ର-ତଟେ ତରଙ୍ଗ ପ୍ଲାବନେ,
ମନେ ଜାଗେ ଆନନ୍ଦ ଉଚ୍ଛ୍ୱାସ।
ସଂଗୀତ ମୁଁ ଶୁଣି ପାରେ ସମୁଦ୍ର-ଗର୍ଜନେ
ନୁହେଁ ତ ନିଃସଙ୍ଗ ମୁହିଁ ବନେ ବା ଭବନେ।

ପ୍ରେମ ଓ ଗୌରବ

ଶୁଣାଅନି ମୋତେ ଖ୍ୟାତିର କାହାଣୀ, ଇତିହାସେ ଖ୍ୟାତ ନାମ
ଯୌବନର ଦିନ ଅଟେ ତ ଆମର ସବୁ ଗୌରବ ଧାମ।
ବାଇଶି ବରଷ ବୟସର ସେହି ପ୍ରେମ-କୁସୁମର ହାର
ଜୟ-ମାଲ୍ୟର ଚାହୁଁଛି ମୂଲ୍ୟ ଅଧିକୁ ଅଧିକତର।
ଲାଞ୍ଛିତ ଲଲାଟେ ଲୋଡ଼ା ହୁଏ କିଆଁ ପୁଷ୍ପର ମୁକୁଟ ଶିରେ ?
ମୃତ ହୋଇଥାଏ ଯେଉଁ ପୁଷ୍ପ ସବୁ ଶିଶିରର ଆଘାତରେ:
ପାଚିଲା କେଶେ ତ ସଜାଅନି ଫୁଲ, ଯାଅ, ନେଇ ଯାଅ ମାଳା
ଚାହିଁବ କିଏ ସେ ବିଜୟର ମାଳା ? - ଯଦି ତା ନାମର ଜ୍ୱାଳା।
କୀର୍ତ୍ତି: ତୁମର କୃପାରେ ତ ଯଦି ହର୍ଷ ଆସଇ ଯେବେ
କି ଲୋଡ଼ା ତହିଁରେ, ଖାଲି ଗୌରବ ହୋଇଥାଏ ତାହା କେବେ ?
ପୁଲକ ତ ଖାଲି ସେତେବେଳେ ଜାଗେ ଶୁଣି ଗୌରବ ଗୀତେ
ଭଲପାଇବାର ଅଯୋଗ୍ୟ ନୁହେଁ ତ, ପ୍ରିୟା ଯେ ଭାବଇ ମୋତେ।
ଗୌରବ ତ ମୁହିଁ ଖୋଜିଛି ପାଇଛି ପ୍ରେୟସୀର ଲୋଚନରେ।
କୀର୍ତ୍ତି-ଛଟାର ପ୍ରଧାନ ରଶ୍ମି ଅଛି ତା'ର ଚାହଣୀରେ।
ଯେବେଳେ ସେ ଆଖି ଉଜ୍ଜ୍ୱଳ ହୁଏ ମୋ ଆଡ଼େ ଲକ୍ଷ୍ୟ କରି
ଜାଣେ ମନେ, ପ୍ରାଣେ ସେ ଭଲ ପାଇବା, ଅଟଇ କୀର୍ତ୍ତି ପରି।

ଆନନ୍ଦ ରହିଛି ପଥହୀନ ଗହନ ବନରେ

ଆନନ୍ଦ ରହିଛି ପଥହୀନ ଗହନ
ବନରେ,
ହର୍ଷୋନ୍ମାଦ ଅଛି ନିଛାଟିଆ ସମୁଦ୍ର
କୂଳରେ,
ରହିଛି ସମାଜ ତହିଁ
ଜୋରଜୁଲମ୍ ନାହିଁ ବି
କାହାର,
ଗଭୀର ସମୁଦ୍ର ଅଛି, ତାହାର ଗର୍ଜନେ
ଶୁଣାଯାଏ ସଂଗୀତର ସ୍ୱର:
ମଣିଷକୁ କମ୍ ଭଲ ମୁଁ ପାଏନି,
କିନ୍ତୁ ବେଶି ଭଲପାଏ ମୁହିଁ
ପ୍ରକୃତିକୁ,
ଆମ ସାକ୍ଷାତକାର ଭିତରୁ
ଯାହା ସବୁ ମୁଁ ଲୁଚେଇ କରି ନେଇ
ଯାଇ ପାରେ,
ଅଥବା ଯାହାକିଛି ପୂର୍ବରୁ ଥିଲା
ସେହିଠାରେ,
ବିଶ୍ୱ ବ୍ରହ୍ମାଣ୍ଡ ସହିତ ମିଶିଯିବା
ଉଦ୍ଦେଶ୍ୟରେ
ଏବଂ ମୁଁ ଅନୁଭବ କରେ
ଯାହା ମୁଁ କେବେ ପ୍ରକାଶ କରିବାକୁ
ସକ୍ଷମ ହେବିନି,
କିନ୍ତୁ କିଛି ବି ଗୋପନରେ
ରଖି ପାରିବିନି ।

ପି.ବି.ଶେଲୀ

ପି.ବି.ଶେଲୀ (P.B.Shelley : ୪ ଅଗଷ୍ଟ ୧୭୯୨-୮ ଜୁଲାଇ ୧୯୨୨) ଥିଲେ ଜଣେ ଇଂରେଜୀ କବି। ତାଙ୍କ ପିତା ଥିଲେ ଜଣେ ସଂସଦ ସଦସ୍ୟ। ଶେଲୀ ଇଟନ୍ ଏବଂ ଅକ୍ସଫୋର୍ଡ଼ ବିଶ୍ୱବିଦ୍ୟାଳୟରେ ଶିକ୍ଷା ଗ୍ରହଣ କରିଥିଲେ। ଅକ୍ସଫୋର୍ଡ଼କୁ ଆସି ଶେଲୀ ପ୍ରଗତିବାଦୀ ଲେଖକ ଯେମିତି ଟମ୍ ପୋଇନ ଏବଂ ଉଇଲିୟମ ଗଡଉଇନଙ୍କ ଲେଖାଗୁଡ଼ିକର ପଢ଼ିବା ଆରମ୍ଭ କରିଥିଲେ। ୧୮୧୧ ମସିହାରେ ନାସ୍ତିକତାକୁ ସମର୍ଥନ କରି ଗୋଟିଏ ପୁସ୍ତକ ଲେଖିଥିବା ଯୋଗୁ ସିଏ ବିଶ୍ୱବିଦ୍ୟାଳୟରୁ ବହିଷ୍କୃତ ହୋଇଥିଲେ।

ସିଏ ଉନବିଂଶ ଶତକର ପ୍ରଥମାର୍ଦ୍ଧରେ ଜଣେ ଇଂରେଜୀ କବି ଥିଲେ। ସିଏ ପ୍ରଥମ ପାଞ୍ଚଜଣ ରୋମାଣ୍ଟିକ କବିମାନଙ୍କ ମଧ୍ୟରେ ଅନ୍ୟତମ ଥିଲେ। ସିଏ ଏକାଧାରରେ କବି, ନାଟ୍ୟକାର, ସାହିତ୍ୟିକ ଥିଲେ ଏବଂ ଇଂରେଜୀ ସାହିତ୍ୟରେ ରୋମୋଣ୍ଟିକ ଆନ୍ଦୋଳନର ସବୁଠାରୁ ଗୁରୁତ୍ୱପୂର୍ଣ୍ଣ କବିମାନଙ୍କ ମଧରୁ ଜଣେ ବୋଲି ତାଙ୍କୁ ବିବେଚନା କରାଯାଏ। ତାଙ୍କର କିଛି କବିତା Ozumandias ଏବଂ Ode to the west wind, ଇଂରେଜୀରେ ଅନ୍ୟତମ ବିଖ୍ୟାତ କବିତା ହିସାବରେ ଗଣାଯାଏ।

ଇଟାଲି ଉପକୂଳରେ ଗୋଟିଏ ନୌକା ଦୁର୍ଘଟଣାରେ ମାତ୍ର ୩୦ବର୍ଷ ବୟସରେ ସିଏ ଅକାଳ ମୃତ୍ୟୁ ବରଣ କରନ୍ତି।

ସାପ-ମୁହାଁ

ତା'ର ମୁହଁଟି ଥିଲା ଯେମିତି
ଗୋଟିଏ ସାପର- ଭାଙ୍ଗି ପଡ଼ିଲା ପରି ଏବଂ
ଲୋଲୁଳିତ
ଆଉ ଝାଉଁଳି ପଡ଼ିଲା ପରି-

ଓଜିମ୍ୟାନଡାୟସ

କେଉଁ ଏକ ପ୍ରାଚୀନ ନଗରେ
ବୁଲୁ ଥିଲି ଏକା ଏକା ମୁହିଁ
ଭେଟିଲି ମୁଁ ଗୋଟିଏ ପଥିକ
କହିଲା ସେ ମୋ ମୁହଁକୁ ଚାହିଁ:
"ଅଛି ମରୁଭୂମିର ମଝିରେ
ସୁବିଶାଳ ମୂର୍ତ୍ତି ଗୋଟିଏ ତ
ଅତି ଜୀର୍ଣ୍ଣ ଦଶା ଯେ ତାହାର
ଅର୍ଦ୍ଧାଂଶ ଯେ ବାଲୁକା ନିହିତ।
ଓଠ ତା'ର ବଙ୍କିମ ଈଷତ
ମୁଖେ ତା'ର ତାଚ୍ଛଲ୍ୟର ହସ
ସୁଚତୁର ଶିଳ୍ପୀ ଜଣେ କେହି
ଗଢ଼ିଅଛି କରିଣ ସରସ।
ତା ନିପୁଣ ମୁଗୁରର ପରା
ପ୍ରଶଂସା ସେ କରୁଛି ଅନେକ
ଖଣ୍ଡ, ବିଖଣ୍ଡିତ ହେଲେ ମଧ୍ୟ
ସ୍ଥାପତ୍ୟର ନମୁନା ସେ ଏକ।
ମୂର୍ତ୍ତିରେ ତ ହୋଇଅଛି ଲେଖା:
"ଓଜିମ୍ୟାନଡାୟସ ଯେ ମୁହିଁ
ମୁହିଁ ପରା ରାଜରାଜେଶ୍ୱର
ଦେଖ ମୋର କୀର୍ତ୍ତିକୁ ତ ଚାହିଁ।
କାଳଚକ୍ର ଆବର୍ତ୍ତନେ ଆଜି
ଘୂର୍ଣ୍ଣିବାତେ ଏ ଦୁର୍ଦ୍ଦଶା ତା'ର
ପାଖାପାଖି ଆଉ କିଛି ନାହିଁ
ଅଛି ଖାଲି ବାଲୁକା ପ୍ରାନ୍ତର।"

ଆଗୋ ତାରା !

ହୃଦୟକୁ ମୋର କରଡି ଦିଏ
ତୁମ କିରଣର ଧାରା
ଆଗୋ ତାରା !
କାହିଁକି ଉଜ୍ଜ୍ୱଳ ହେଲା ଏପରି
ତୁମରି ମୂରତି ପରା
ଆଗୋ ତାରା !
ରହିଅଛ ହୋଇ ମନୋହର
ତୁମେ ସିନା ତାରା ସରଗର
ତେବେ କିଆଁ ଏଇ ମନେ ମୋର
ଜଗାଇଲ ପ୍ରୀତି ସାରା
ଆଗୋ ତାରା !।।
ଜାଣିଛି ମୁଁ ଏ ଜୀବନେ ମୋର
କାମନା ତ ପୂରିବନି
ଅତଲୁ ଛାଣିଲା ସୁଧା କେବେ
ଏ ମରତେ ମିଳିବନି
ଆଗୋ ତାରା !
ତେବେ ମନଦୁଃଖ କିଆଁ ହୁଏ
ତୁମକୁ ଝୁରି ମୋ ଦିନ ଯାଏ
ହୃଦ ମୋ କରଡି ହେଉ ଥାଏ
ଶୋଷ ରହେ ମନେ ପରା
ଆଗୋ ତାରା !।।

ଗୋଟିଏ ଭରତ ପକ୍ଷୀ ପ୍ରତି

ଅଭିବାଦନ ଜଣାଏ ତୁମକୁ,
ହେ ପ୍ରଫୁଲ୍ଲ ସତ୍ତା !
ନା, ତୁମେ ପକ୍ଷୀ ନୁହଁ,
ଆକାଶ କିମ୍ବା ତା ପାଖରୁ
ତୁମ ଅନ୍ତରକୁ ଠେଲି ଦିଅ
ବିପୁଳ ପ୍ରବାହରେ,
ପୂର୍ବ ପରି କଳ୍ପନା ବିହୀନ
ଶୈଳୀରେ ।

ଉଚ୍ଚରେ ଆହୁରି ଉଚ୍ଚରେ
ମାଟିର ପୃଥିବୀର ସେହି ସ୍ଥାନରୁ
ତୁମର ଆରମ୍ଭ
ରକ୍ତିମାଭ ଅଗ୍ନିର
ମେଘ ପରି,
ଗଭୀର ନୀଳିମାରେ ଡେଣା ମେଲି
ଗୀତ ଗାଇ
ଆରୋହଣ କର ଏବଂ
ଗୀତ ଗାଇ ଆହୁରି ଉର୍ଦ୍ଧ୍ୱଗାମୀ
ହୁଅ ।

କନକାଭା ପ୍ରଜ୍ୱଳିତ ଅସ୍ତମାନ
ସୂର୍ଯ୍ୟର-
ଯେଉଁଠି ମେଘ ସବୁ ଉଜ୍ଜ୍ୱଳ
ସେଇଠଇ ତୁମେ ଭାସି ବୁଲ
ଯେମିତି ଗୋଟିଏ ଅଶରୀରୀ ଆନନ୍ଦ ଧାରାର
ଯାତ୍ରା ଆରମ୍ଭ
ହୋଇଛି ।

ବିବର୍ଣ୍ଣ ରକ୍ତିମାଭ
ତୁମ ଯାତ୍ରାର ସହିତ ମିଶି
ଯାଏ
ତୁମେ ଯେମିତି ଆକାଶର
ତାରା
ପ୍ରକାଶ ଦିବାଲୋକରେ ତୁମେ ଥିଲ
ଅଦୃଶ୍ୟ,
ମୁଁ ତୁମ ତୃପ୍ତିର ଆନନ୍ଦ ଚିତ୍କାର
ଶୁଣିଛି ।

ତୀର ପରି ତୀକ୍ଷ୍ଣ ସେହି ରୂପେଲୀ
ତାରାର ଆଲୋକ
ଯାହାର ଘନୀଭୂତ ଦୀପ୍ତି
କ୍ଷୀଣ ହୋଇ ଆସେ,
ଯେତେବେଳେ ଶୁଭ୍ର ସକାଳ
ଆରମ୍ଭ ହୁଏ
ତା'ପରେ ତୁମକୁ ଦେଖେ
କ୍ୱଚିତ୍,
ଅନୁଭବ କରେ ତୁମେ ଅଛ
ସେଠାରେ ।

ସମସ୍ତ ପୃଥିବୀ ଏବଂ ସମସ୍ତ
ପବନ
ତୁମ ଧ୍ୱନିରେ ମୁଖରିତ ହୁଏ
ଯେମିତି ମୁକ୍ତ ରାତିରେ
କୌଣସି ଗୋଟିଏ ନିଃସଙ୍ଗ
ମେଘ ଦେହରୁ
ଚନ୍ଦ୍ର ତା'ର କରିଣ ଝରାଏ,

ଆଉ ଆକାଶକୁ ପ୍ଳାବିତ
କରେ ।

ତୁମେ ପ୍ରକୃତରେ କଣ ତାହା ଆମେ
ଜାଣିନୁ
କଣ ବା ତୁମର ଯୋଗ୍ୟ
ଉପମା
ଇନ୍ଦ୍ରଧନୁ ମେଘରୁ ଏମିତି
ଝରେନି
ଉଜ୍ଜ୍ୱଳ ଧାରା
ତୁମ ଉପସ୍ଥିତିରେ ଯେମିତି ସୁରର
ବୃଷ୍ଟି ଧାରା
ଝରି ପଡ଼େ ।

କବି ଯେମିତି ଲୁକ୍କାୟିତ
ଥାଆନ୍ତି
ତାଙ୍କ ଚିନ୍ତାର ଆଲୋକର
ଆଢୁଆଳରେ
ଆଉ ଗାଇ ଯାଆନ୍ତି ଅନାହୂତ
ସ୍ତୁତି
ପୃଥିବୀକୁ ଆହୁରି ଶକ୍ତ-
ମଜବୁତ୍ କରିବାକୁ
ଆଶା ଆଉ ଶଙ୍କାକୁ
ଯୋଗାଇବା ପାଇଁ
ସହାନୁଭୂତି ।

ଯେମିତି ଉଚ୍ଚ ବଂଶସମ୍ଭୂତା କୁମାରୀ
କଣରେ
ପ୍ରାସାଦ ଶିଖରରେ

ଠିଆ ହୋଇ
ଭଲପାଇବାର ବୋଝ କମ୍ କରିବାକୁ
ଚୁପ୍‌ଚାପ୍ ଆସି ପ୍ରହର
ପ୍ରହରରେ
ପ୍ରେମର ମଧୁର ଗୀତ ଝରିପଡ଼େ
ତା' କୁଞ୍ଜରୁ।

ସୁନେଲୀ ଆଲୋକର
ଜୁଳୁଜୁଳିଆ ପୋକ ପରି
ଶିଶିର ଭିଜା ଉପତ୍ୟକାରେ,
ବିଞ୍ଚାଡ଼ି ଦିଏ ଅଦୃଶ୍ୟରେ
ଏହାର ନଭସ୍ଥିତ ରଙ୍ଗ ପୁଷ୍ପ, ତୃଣ
ଭିତରେ,
ତା'ପରେ ଦୃଷ୍ଟିର
ଆଢୁଆଳରେ।

କୁଞ୍ଜବନରେ ଗୋଲାପ ଯେମିତି
ଆପଣାର ପତ୍ରରେ ଆଚ୍ଛାଦିତ,
ଉଷ୍ଣ ପବନରେ ଗନ୍ଧ ବିଞ୍ଚାଡ଼ି ଦିଏ
ବିଞ୍ଚାଡ଼ି ଦିଏ ନିଜର ପାଖୁଡ଼ା
ମଧୁର ଗନ୍ଧରେ ବିମୋହିତ,
ପବନ ହୁଏ ଯେ ଭାରି।

ପ୍ରଥମ ପର୍ବର ପରଠାରୁ
ବାସନ୍ତୀ ବୃଷ୍ଟିର ସୁର
ଆଲୋକ ଛାୟାରେ ଘାସ ଭିତରେ
ବର୍ଷଣ ଫଳରେ
ଜାଗ୍ରତ ଫୁଲଦଳରେ ଯାହାସବୁ ଥିଲା
ଉଲ୍ଲସିତ, ପରିଚ୍ଛନ୍ନ, ସ୍ୱଚ୍ଛ-

ସେସବୁକୁ ଲୁଚାଇ ଦିଏ
ତୁମର ଗୀତ ।

ହେ ଆତ୍ମା ଅଥବା ପକ୍ଷୀ,
ଶିଖାଅ ଆମକୁ
ତୁମ ଭିତରେ ଯେଉଁ ମଧୁର
ଚିନ୍ତା ରହିଛି
ମୁଁ କେବେ ବି ଶୁଣିନି
ପାନୀୟ ଆଉ ପ୍ରେମର
ଏମିତି ଗୀତ
ଗୋଟିଏ ସ୍ୱର୍ଗୀୟ ଆନନ୍ଦର ପ୍ଳାବନ
ବହିଯାଏ ।

ବିବାହର ଦଳୀୟ ସଂଗୀତ
ଅଥବା ବିଜୟର ମହିମା
କୀର୍ତ୍ତନ
ତୁମ ଗୀତର ସହିତ
ମିଶିଲେ
ସବୁ ମିଥ୍ୟା ବଡ଼ାଇ ମନେ ହୁଏ
କୌଣସି ଗୋଟିଏ ବଡ଼ କଥାର
ଅଭାବ ଥିଲା ପରି ମନେ ହୁଏ ।

କେଉଁ ଜିନିଷ ଗୁଡ଼ିକ ସୂଚନା ଦିଏ
ତୁମ ସଦାନନ୍ଦ ଗୀତର ଉତ୍ସର ?
କେଉଁ ପ୍ରାନ୍ତରସମୂହ, ବା ଉର୍ମିମାଳା
ଅଥବା ପର୍ବତଗୁଡ଼ିକ ?
ତାହା କଣ ଯାହା ଆକାଶ ବା ସମତଳ ଭୂମିକୁ
ଆକୃତି ପ୍ରଦାନ କରେ ?

କେମିତି ତୁମର ପ୍ରେମ ?
ତାହା କେଉଁ ଅଜ୍ଞତା ଯନ୍ତ୍ରଣାର ?

ପୂତ ଓ ତୀବ୍ର ତୁମର ମୁଖ କେବେହେଲେ
ଅବସନ୍ନ ହୋଇ ପାରିବନି:
ବିରକ୍ତିର ଭାବ କେବେ ବି
ତୁମ ପାଖକୁ ଆସିବନି:
ତୁମ ପ୍ରେମରେ: ତୃପ୍ତିର
ଅବସାନ ନାହିଁ।

ଜାଗ୍ରତ ଅଥବା ନିଦ୍ରିତ
ତୁମେ ନିଶ୍ଚୟ ମୃତ୍ୟୁ ସମ୍ପର୍କରେ
ଅବିହିତ
ବିଷୟବସ୍ତୁଗୁଡ଼ିକ ସତ୍ୟ ଏବଂ
ଗଭୀର
ଆମେ ନଶ୍ୱର ମଣିଷମାନେ ଦେଖୁଥିବା
ସ୍ୱପ୍ନ ଅପେକ୍ଷା
ଅଥବା କେମିତି ବହିଯାଏ
ତୁମ ଗୀତର ଧାରା
ଯାହା ସ୍ଫଟିକ ସ୍ୱଚ୍ଛ
ନିର୍ଝର ପରି।

ଆମ ଭବିଷ୍ୟତ ଓ ଅତୀତ
ଆଡ଼େ ଅନାଉ
ଏବଂ ଯାହା ହେବାର ନ ଥାଏ
ତାହା ପାଇଁ ଚେଷ୍ଟା କରୁ:
ଆମର ମନଖୋଲା ହସ
ସେହି ବ୍ୟଥାରେ ପରିପୂର୍ଣ୍ଣ;
ଆମର ମଧୁରତମ ଗୀତ ସେଗୁଡ଼ିକ

ଯାହା ଆମକୁ ବିଷାଦତମ ଚିନ୍ତାଧାରାରେ
ମଗ୍ନ କରେ।

ତଥାପି ଯଦି ଆମେ ଘୃଣା ଓ ଗର୍ବକୁ
ପ୍ରତ୍ୟାକ୍ଷାନ କରୁ ଏବଂ ଭୟକୁ;
ଯଦି ଆମର ଜନ୍ମ ଅଶ୍ରୁପାତ
କରିବା ପାଇଁ
ମୁଁ ଜାଣିନି ଆମେ କେମିତି ତୁମର
ଆନନ୍ଦର ପାଖକୁ
ଆସିବୁ।

ସକଳ ଆନନ୍ଦମୟ ସଂଗୀତ
ତାହାର ବ୍ୟାପ୍ତି ଅପେକ୍ଷା
ଅଧିକ ଉତ୍ତମ,
ପୁସ୍ତକରୁ ମିଳୁଥିବା ସକଳ ସଂପଦଠାରୁ
ଅଧିକ ଉତ୍ତମ,
ତୁମେ ଜଣେ ଦକ୍ଷ କବି, ତୁମେ ଥିଲ
ଭୂମିର ଅପେକ୍ଷାକାରୀ !

ତୁମ ଆନନ୍ଦର ଅର୍ଦ୍ଧେକ ମୋତେ
କେମିତି ମିଳିବ ତାହା
ଶିଖାଅ
ତୁମର ମସ୍ତିଷ୍କ ନିଶ୍ଚୟ ସେ କଥା
ଜାଣିଥିବ,
ସେହି ସୌହାର୍ଦ୍ଦ୍ୟପୂର୍ଣ୍ଣ ପାଗଳାମି
ମୋ ଓଷ୍ଠରୁ ଝରୁଥିବ
ସାରା ବିଶ୍ୱ ତାହା ଶୁଣିବ,
ଯେମିତି ମୁଁ ଏବେ
ଶୁଣୁଛି।

ଫେଲିସିଆ ଡୋରୋଥିଆ ହିମ୍ୟାନ୍ସ

ଫେଲିସିଆ ଡୋରୋଥିଆ ହିମ୍ୟାନ୍ସ (Felicia Dorothia Hemans : ୨୫ ସେପ୍ଟେମ୍ବର ୧୭୯୩-୧୬ ମେ ୧୮୩୫) ଥିଲେ ଜଣେ ଇଂରେଜୀ ନାରୀ କବି। ତାଙ୍କର ପ୍ରଥମ କବିତା ପ୍ରିନ୍ସ ଅଫ ୱେଲ୍ସଙ୍କୁ ସମର୍ପିତ ଥିଲା ଯାହା ଲିଭରପୁଲ୍‌ରେ ୧୯୦୮ ମସିହାରେ ପ୍ରକାଶ ପାଇଥିଲାକ୍ତ। ସେତେବେଳକୁ ତାଙ୍କ ବୟସ ମାତ୍ର ୧୪ବର୍ଷ। ପି.ବି.ଶେଲୀ ତାଙ୍କ ପ୍ରତି ଆଗ୍ରହ ଦେଖାଇ, କିଛି ସମୟ ପାଇଁ ତାଙ୍କ ସହିତ ପତ୍ରାଳାପ ମଧ୍ୟ କରିଥିଲେ।

ହିମ୍ୟାନ୍ସଙ୍କର ସାହିତ୍ୟିକ କୃତିଗୁଡ଼ିକ ମଧ୍ୟରୁ The Forest Sanctuary (୧୮୨୫), Records of woman and songs of the Affections (୧୮୩୦) ବିଶେଷ ଆଦର ଲାଭ କରିଥିଲା, ନାରୀମାନଙ୍କ ଦ୍ୱାରା। ତାଙ୍କର ସମକାଳୀନ ୱାର୍ଡ୍ସୱର୍ଥ ତାଙ୍କୁ ସମ୍ମାନ ଦୃଷ୍ଟିରେ ଦେଖୁଥିଲେ। ଇଂଲଣ୍ଡରେ ଓ ଆମେରିକାରେ ତାଙ୍କର ଅନେକ ପ୍ରଶଂସକ ଥିଲେ।

ସରଗ-ଦେଶ

"ଶୁଣୁଛି, ଶୁଣୁଛି ବୋଉଲେ !
ଅଛି ଏପରି ଦେଶ
ପିଲାଏ ଯାହାର ବିତାନ୍ତି
ସୁଖମୟ ଦିବସ।
କେଉଁଠାରେ କହ ବୋଉଲୋ !
ସେହି ଉଜ୍ଜ୍ୱଳ କୂଳ ?
ଲୋଡ଼ିବୁନି ସେହି ରାଜ୍ୟେ କି
ଭୁଲି ଦୁଃଖ ସକଳ।
ଅଛି କି ଏ ଦେଶ, ଯେଉଁଠି
ଥାଏ ଫୁଲ ସମ୍ଭାର ?

କନୀଅର, ଚଂପା ଫୁଟଇ
ପୁଣି ଫୁଟେ ମନ୍ଦାର।
ଜ୍ୟୋତିରିଙ୍ଗଣେ ଖେଳନ୍ତି
ଜାମୁ କୋଳି ଗଛରେ?"
"-ନାହିଁ ତ ଏପରି ରାଇଜ
ମୋର ଧନମଣିରେ।"

"ସେ ଦେଶରେ କିବା ରହିଛି
ତାଳ-ତମାଳ ମାଳ
ଦୀପ୍ତ ନୀଳାମ୍ବର ତଳେ କି
ଫଳେ ଖର୍ଜୁର ଫଳ।
ଯହିଁ ଅଛି ସ୍ୱର୍ଣ୍ଣ ସାଗର
ନୀଳ ଉପଦ୍ୱୀପ ତ
ବସନ୍ତର ବାୟୁ ରହଇ
ସଦା ଗୌରଭାନ୍ୱିତ।
ଅଦ୍ଭୁତ ଉଜ୍ଜ୍ୱଳ ବିହଙ୍ଗ
ଖୋଲି ପକ୍ଷ ଦୁଇଟି
କରନ୍ତି ବିବିଧ ଖେଳ ଯା
ସେ କି ସ୍ୱର୍ଗୀୟ ଅତି।
ସେ ସୁନା ରାଇଜେ ଯିବାକୁ
ଇଚ୍ଛା ଜାଗେ ମନରେ"
- "ନାହିଁ ତ ଏପରି ରାଇଜ
ମୋର ଧନମଣିରେ।"
ପୁରାଣ କାଳର ଦେଶ କି
ତାହା ଅଟେ ବିଶାଳ
ରହନ୍ତି କି ସ୍ୱର୍ଣ୍ଣରେଣୁରେ
ତହିଁ ନଦୀ ସକଳ।
ପଦ୍ମରାଗ ମଣି ବିସ୍ତାରେ
ଆଭା ଯେ ଅଲୌକିକ

ଅଜଣା ଖଣିର୍ ସଂକେତ
ଦେଇ ଥାଏ ହୀରକ।
ପ୍ରବାଳ ଭିତରେ ଦୋଳଇ
କିବା ମୁକ୍ତା ବିଶେଷ ?
ଆଦରଣୀୟା ମୋ ବୋଉଲୋ !
ସେ କି ସୁନାର ଦେଶ ?।
ସେ ସୁନା ରାଇଜେ ଯିବାକୁ
ଇଚ୍ଛା ଜାଗେ ମନରେ"
- "ନାହିଁ ତ ଏପରି ରାଇଜ
ମୋର ଧନମଣିରେ।"

"ଦେଖି ନାହିଁ କେବେ ଏ ଭୂଇଁ
ଆରେ ମୋ ବାପଧନ !
ଶ୍ରବଣରେ କେବେ ଶୁଣିନି
ତା'ର ସ୍ୱର୍ଗୀୟ ଗାନ।
ଆଙ୍କି ପାରିବନି ସ୍ୱପନ
ଏଡ଼େ ସୁନ୍ଦର ଦେଶ
ଦୁଃଖ-ମୃତ୍ୟୁ ପରା ଯେଉଁଠି
କରନ୍ତିନି ପ୍ରବେଶ।
କ୍ଷୟ କରେ ନାହିଁ କାଳ ଯା
ମନେ ନ ହେବ ପ୍ରତେ
ରହିଅଛି ପରା ସେ ଦେଶ
ମେଘମାଳା ପଶ୍ଚାତେ।
ମୃତ୍ୟୁର କବଳୁ ମୁକ୍ତ ତ
ସେଠି ଦେବଙ୍କ ବାସ
ଅଛି ତାହା ଧନମଣିରେ
ସେ ତ ସରଗ-ଦେଶ।"

କାସାବିଏଙ୍କା

ଜଳି ଯାଉଥିବା ଜାହାଜରେ ସିଏ
ଚଟ୍ଟାଣରେ ଅଛି ଦଣ୍ଡାୟମାନ
ତାହାର ବ୍ୟତୀତ ଅନ୍ୟ ସମସ୍ତେ ଯେ
ପଳାଇ ଗଲେଣି ଛାଡ଼ି ସେ ସ୍ଥାନ।
ଜଳୁ ଅଛି ନିଆଁ ଯୁଦ୍ଧେ ମରିଥିବା
ମୃତ ଲୋକଙ୍କର ଦେହକୁ ଘେରି
ଉଜ୍ଜ୍ୱଳ ଦିଶୁଛି ଚାରିପାଖ ତାର
ଭୟଭୀତ ନୁହେଁ ମନ ତାହାରି।

ଦେଖାଯାଏ ଅତି ତେଜୀୟାନ ସିଏ
ସୁନ୍ଦର ତାହାର ରୂପ ଦିଶୁଛି
ଝଡ଼ଝଞ୍ଜାର ତ ଦମନ ପାଇଁକି
ସତେ ଅବା ସିଏ ଜନ୍ମ ନେଇଛି।
ବୀର ରକ୍ତ ବହେ ତା'ର ଧମନୀରେ
ହେଲେ ହେଁ ତାହାର ଅଳ୍ପବୟସ
ମନରେ ଅଛି ତା ଧୈର୍ଯ୍ୟ ଯେ ଅମାପ
ହୃଦୟେ ରହିଛି ବହୁ ସାହସ।

ନିଆଁ ଶିଖା ବେଗେ ମାଡ଼ି ଆସୁଥିଲା
ତଥାପି ସେଠାରୁ ଗଲାନି ସିଏ
ଯିବ ନାହିଁ ସେ ତ ଛାଡ଼ି ସେହି ସ୍ଥାନ
ବାପାଙ୍କ ଆଦେଶ ମିଳିବା ଯାଏଁ।
ବାପା ତା'ର ମରି ପଡ଼ିଛନ୍ତି ତଳେ
ତାଙ୍କ କଥା ଆଉ ଶୁଣାଯିବନି
କିନ୍ତୁ ବାପାଙ୍କର ଆଦେଶ ବିହୁନେ
ସ୍ଥାନଚ୍ୟୁତ ସିଏ କେବେ ହେବନି।

ଉଚ୍ଚ ସ୍ୱରେ ସିଏ ବାପାଙ୍କୁ ଡାକିଲା
"କହ ବାପା କଣ କରିବି ମୁହିଁ?
ଯିବି କି ଯିବିନି କହି ଦିଅ ମୋତେ
ତୁମର କଥାକୁ ରହିଛି ଚାହିଁ।"
ପିତା ଯେ ତାହାର ଜାହାଜ-ନାୟକ
ତାଙ୍କ ପ୍ରାଣବାୟୁ ଉଡ଼ି ଯାଇଛି
ଏହି କଥା ତାକୁ ଥିଲା ଯେ ଅଜଣା
ବାପା କହିବେନି କଥା ତ କିଛି।

ଆଉ ଗୋଟେ ଥର କହିଲା ଚିତ୍କାରି,
"କହ ବାପା ମୋତେ କହ ଚଞ୍ଚଳ"
କମାଣ ଫୁଟିଲା, ଦେଲା ସେ ଉତ୍ତର,
ନିଆଁ ଝାସ ହେଲା ବହୁ ପ୍ରବଳ।
ଭୂଲତାରେ ତା'ର ଲାଗିଗଲା ନିଆଁ,
ସ୍ପର୍ଶ କଲା ପୁଣି ତା କେଶବାସେ
ସ୍ତବ୍ଧ ହୋଇ ତହିଁ ରହିଗଲା ପରା
ନିର୍ଭୟ ବାଳକ, ମୃତ୍ୟୁର ପାଶେ।

ବଡ଼ ପାଟି କରି କହିଲା ପିଲାଟି,
"ବାପା ମୁଁ ଏଠାରେ ଥିବି କି ସତେ?"
ନିଆଁଲଗା ପାଲ ପଡ଼ିଲା ତା ଶିରେ
ଧୂଆଁର କୁଣ୍ଡଳୀ ଭାସିଲା କେତେ?।
ନିଆଁର ପକୋପେ ଜଳିଲା ଜାହାଜ,
ନେତକୁ ଛୁଇଁଲା ଅନଳ-ଶିଖା
ତଥାପି ନ ଡରି ଠିଆ ହୋଇ ଥିଲା
ବାଳୁତ ପିଲାଟି ସେଠାରେ ଏକା।

ଘଡ଼ଘଡ଼ି ଶବ୍ଦ ଶୁଣା ଯାଉଥିଲା
କୁଆଡ଼େ ଗଲା ସେ ବାଳୁତ ପିଲା ?
ପଚାର ତ ସେହି ପ୍ରବାହିତ ବାତେ,
ସମୁଦ୍ରେ ଜାହାଜ ପରା ଭାଙ୍ଗିଲା ।
ଗୋଟି ଗୋଟି କରି ତଳ, ପଟାତନ,
ମାସ୍ତୁଲ, ଧ୍ୱଜ ତ ହେଲା ପାଉଁଶ
ମୃତ୍ୟୁକୁ ବରଣ କଲା ସିନା ସିଏ
ରଖିଗଲା ତା'ର ଅକ୍ଷୟ ଯଶ ।

ମୃତ୍ୟୁ

ଯଥା ସମୟରେ ଶୀତ ଆଗମନେ
ଉତ୍ତରୁ ପବନ ବହଇ
ମହୀରୁହ ମୂଳେ ଶୁଷ୍କ ପୁଷ୍ପପତ୍ର
ଠୁଳ ହୋଇ ପଡ଼ି ରହଇ ।
ନୀଳ ନଭ କୋଳେ ଉଇଁ ତାରା ଦଳ
ବେଳ ହେଲେ ଅସ୍ତ ହୁଅନ୍ତି
କାଳବେଳ କିନ୍ତୁ ମୃତ୍ୟୁର ନ ଥାଏ
ଟେର ତା କେହି ନ ପାଆନ୍ତି ।

ଦିବସ ବେଳାରେ ସର୍ବେ କର୍ମରତ
ଫେରନ୍ତି ପ୍ରଦୋଷେ ସ୍ୱସ୍ଥାନେ
ପରିବାର ସହ ବସନ୍ତି ସକଳେ
ଆନନ୍ଦ ଖେଳଇ ଭବନେ ।
ନିଶାକାଳେ ନିଦ୍ରା- ଯିବା ଆଗରୁ ତ
ସ୍ମରନ୍ତି ବିଶ୍ୱର ଆଧାର
ସକଳ ସମୟେ ଆସୁ ଯାଉ ମୃତ୍ୟୁ
କେଡ଼େ ବଡ଼ ଶକ୍ତି ତୋହର ।

ଶଶୀ-କଳା ରୂପ କ୍ଷୟ, ବୃଦ୍ଧି ପାଇଁ
ନିର୍ଦ୍ଦିଷ୍ଟ ହୋଇଛି ବେଳ ତ
ନିଦାଘ ଆସିଲେ ଲଂଘି ରତ୍ନାକର
ବିହଙ୍ଗେ ହୁଅନ୍ତି ଆଗତ ।
ହେମନ୍ତର ହେମ- କିରଣ ସ୍ପର୍ଶରେ
ଶସ୍ୟଭରା କ୍ଷେତ ହୁଅଇ
କିନ୍ତୁ ଅଲକ୍ଷିତେ ମୃତ୍ୟୁର ଦାରୁଣ-
ପ୍ରହାର ଯେ ଶିରେ ପଡ଼ଇ ।

ମଧୁମୟ ମଧୁ- ମାସ ଆଗମନେ
ବାୟୁ ବହେ ଘେନି ସୁବାସ
ଚହଟଇ ପରା ସାରା ଦଶଦିଶ
ପୁଲକି ଉଠଇ ମାନସ ।
ବେଳ ବା ଅବେଳ ନ ଥାଏ ମୃତ୍ୟୁର
ମୃତ୍ୟୁ ଛାୟା ସଦା ସଙ୍ଗରେ
ଯହିଁ ସଜ ଫୁଟା ଗୋଲାପ କୁସୁମ
ଝାଉଁଳି ଖସଇ ମଞ୍ଚରେ ।

ମୃତ୍ୟୁ ମହାବଳୀ ନାହିଁ ତା'ର ପାଶେ
କାଳ-ଅକାଳର ବିଚାର
ଦିବସେ ସାୟାହ୍ନେ ଅଥବା ନିଶୀଥେ
ଅକସ୍ମାତ ହୁଏ ହାଜର ।
ଗୋପନେ ବିହାର କରୁଥାଏ ସେ ତ
ନାହିଁ ତା'ର ବେଳ ବିଶେଷ
ଯା' ଆସ କରଇ ଅବାଧେ ସତତ
ତାହାର ଶକ୍ତି ଯେ ଅଶେଷ ।

ଉତ୍ତୁଙ୍ଗ ଫେନିଳ ସାଗର ତରଙ୍ଗେ
ତୁମେ ଅଛ ବିଦ୍ୟମାନ ତ
ଯେଉଁଠି ସଂଗୀତ କମ୍ପାଏ ଆକାଶ
ଗନ୍ଧବହ ବହେ ନିରତ ।
ଶାନ୍ତି ସୁଧାମୟ ରହିଥାଏ ଗୃହ
ସାଂସାରିକ-ଦଳ ସଙ୍ଗତେ
ତାଙ୍କର ସମସ୍ତ ନଷ୍ଟଭ୍ରଷ୍ଟ ହୁଏ
ତୁମର ନିର୍ମମ ଆଘାତେ ।

କାର୍ଯ୍ୟ-ପରାୟଣ   ସଂସାରୀ ଜନ ତ
ସଂସାର-ବେଭାରେ ମଗନ
ସ୍ୱଦେଶେ ବିଦେଶେ   ସହଚର ସଙ୍ଗେ
କରନ୍ତି ସ୍ନେହରେ ବନ୍ଧନ।
କାନନେ ପର୍ବତେ   ଅବା ନଦୀ ତୀରେ
ଦର୍ଶାଅ ଯେ ରୂପ ବିକଟ
କାଳ ପାଶେ ଜନେ   ବାନ୍ଧି ଆପଣାରେ
ଭୋଗନ୍ତି ଯେ ବ୍ୟାଧି ଉତ୍କଟ।

ଯୁଦ୍ଧ ପ୍ରାଙ୍ଗଣରେ   ମହାଘୋର ରଣେ
କାଳର ପ୍ରାଧାନ୍ୟ ବହୁତ
ଦୁନ୍ଦୁଭି ଗର୍ଜନେ   ବିଦୀର୍ଣ୍ଣ ଆକାଶ
କଂପି ଉଠେ ମହୀ ସତତ।
ନୃଶଂସ-ହନନେ   ବ୍ୟସ୍ତ ତ ସଭିଏଁ
ହୃଦ-ବିଦାରକ ସେ ଦୃଶ୍ୟ
ନର ମୁଣ୍ଡମାଳ   ଲୋଟେ ରଣଭୂମେ
ମୃତ୍ୟୁ ଥକେ ନାହିଁ ଅବଶ୍ୟ।

ଜନ୍ମର ସହିତ   ମରଣ ଜଡ଼ିତ
ମୃତ୍ୟୁ ତ ହରିବ ଜୀବନ
ସେ ତ ସାମ୍ୟବାଦୀ   ରଜା ଅବା ରଙ୍କ
ସର୍ବେ ତା' ନିକଟେ ସମାନ।
କାହା କଥା କେବେ   ଶୁଣେ ନାହଁ ମୃତ୍ୟୁ
ଦିନ ଅଦିନ ସେ ଦେଖେନି
କବଳେ ତାହାର   ନେବ ଯେଉଁ ଜନେ
ତାକୁ ବି ଖବର ଦିଏନି।

ଜନ୍ କୀଟ୍ସ

ଜନ୍ କୀଟ୍ସ (John Keats: ୩୧ ଅକ୍ଟୋବର ୧୭୯୫-୨୩ ଫେବୃୟାରୀ ୧୮୨୧) ଥିଲେ ଇଂରେଜୀ ସାହିତ୍ୟର ଜଣେ ରୋମାଣ୍ଟିକ କବି। ଲର୍ଡ ବାଇରନ୍ ଓ ପି.ବି.ଶେଲୀଙ୍କ ସଙ୍ଗେ ସଙ୍ଗେ ସିଏ ଥିଲେ ଦ୍ୱିତୀୟ ପ୍ରଜନ୍ମର ରୋମାଣ୍ଟିକ କବିମାନଙ୍କ ମଧ୍ୟରୁ ଜଣେ। ତାଙ୍କ ମୃତ୍ୟୁର ମାତ୍ର ଚାରିବର୍ଷ ଆଗରୁ ତାଙ୍କର ରଚନାଗୁଡ଼ିକ ପ୍ରକାଶିତ ହୁଏ। ତତ୍କାଳୀନ ସମାଲୋଚକମାନଙ୍କ ଦୃଷ୍ଟିରେ ତାଙ୍କ କବିତା ଅତି ବେଶି ମର୍ଯ୍ୟାଦା ପାଇନି। ତାଙ୍କ ମୃତ୍ୟୁ ପରେ ତାଙ୍କ କବିତାଗୁଡ଼ିକୁ ସଠିକ ମୂଲ୍ୟାୟନ ମିଳିବାକୁ ଆରମ୍ଭ ହେଲା ଏବଂ ଉନବିଂଶ ଶତକର ଶେଷ ଆଡ଼କୁ ସିଏ ଅନ୍ୟତମ ଜନପ୍ରିୟ ଇଂରେଜୀ କବିର ସ୍ୱୀକୃତି ପାଆନ୍ତି। ହୋର୍ହେ ଲୁଇସ ବୋର୍ହେସଙ୍କ ମତରେ "କୀଟ୍ସଙ୍କ ଲେଖା ସହିତ୍ ପ୍ରଥମ ପରିଚୟ ତାଙ୍କର ସାହିତ୍ୟିକ ଜୀବନର ଅନ୍ୟତମ ଗୁରୁତ୍ୱପୂର୍ଣ୍ଣ ଘଟଣା।"

ନିର୍ଦ୍ଦୟା ସୁନ୍ଦରୀ

କି ଦୁଃଖରେ ଦୁଃଖୀ ହୋଇ ଯେ
ତୁମେ ବୀର ପ୍ରବର
ଭ୍ରମୁଛ ଏକାକୀ ବିରସେ
କିଆଁ କହ ଏଥର ?
ଶୁଖିଲାଣି ଶଇବାଳ ତ
ଏବେ ହ୍ରଦର କୂଳୁ
ଶୁଭୁନି ବିହଙ୍ଗ ଗୀତ ଯେ
ଆଉ ପତ୍ର ଗହଳୁ।
କି ଦୁଃଖରେ ଦୁଃଖୀ ହୋଇ ଯେ
ତୁମେ ବୀର ପ୍ରବର
ଅଯତନ ବେଶେ ରହିଛ ?
ଦୁଃଖ ଢାଙ୍କିଛି ଘୋର।

ଗୁଣ୍ଠୁଚି ମୂଷାର ଭଣ୍ଡାର
ହୋଇ ରହିଛି ଭରା
ଧାନର ଅମଳ ଏବେ ଯେ
ଶେଷ ହେଲାଣି ପରା।

ଭ୍ରୂ-ଲତିକାରେ ରହିଛି
ଏକ ନିରାଶା-ରାଗ
ରକ୍ତିମ ଅଧରୁ ଶୁଖିଛି
ତାର ଗୋଲାପୀ ରଂଗ।
କାନନ-କାନ୍ତାରେ ଭେଟିଲି
ମୁହିଁ ଏକ ତରୁଣୀ
ସୁନ୍ଦର ପଣରେ ଅପ୍ସରା
ତାକୁ ନ ପାରେ ଜିଣି।
କେଶ ଚୁମୁଅଛି ନିତମ୍ବ
ଚାଲି ଭାରି ମନ୍ଥର
ମନ-ମତାଣିଆ ନେତ୍ରରୁ
ଢାଳେ କଟାକ୍ଷ ତା'ର।

ତା ପାଇଁ ଗୁନ୍ଥିଲି ମାଳା ମୁଁ
ନେଇ ଫୁଲ ସମ୍ଭାର
ବାଜୁବନ୍ଧ ପାଇଁ ନେଲି ତ
ଯେତେ ପୁଷ୍ପ ସୁନ୍ଦର।
ଚାହିଁଲା ସିଏ ତ ମୋ ଆଡ଼େ
ଅତି ସେନେହେ ପରା !
ଆନନ୍ଦେ ଶିହରି ଉଠିଲି
ଦେଖି ରୂପ-ପସରା।

ବସାଇ ତାହାକୁ ନିକଟେ
ଘୋଡ଼ା ଦେଲି ଛୁଟାଇ
ସାରା ଦିନ ଆଉ କିଛି ତ
ଦେଖି ପାରିନି ମୁଇଁ।
ଝୁଙ୍କି ପଡ଼ି ସିଏ ତୋଳଇ
ମଧୁ ମୂର୍ଚ୍ଛନା ସତେ
ଅପ୍ସରାଙ୍କ ଗୀତ ସମାନ
ତାହା ହୁଅଇ ପ୍ରତେ।

ମଧୁ ମିଶାଇଣ ଦେଲା ସେ
କନ୍ଦମୂଳ ମଧୁର
କହିଲା ସୁନ୍ଦରୀ- "ତୁମଠି
ମୋର ପ୍ରେମ ଅପାର।
ଗିରି-କନ୍ଦରର କୁଟୀରେ
ଘେନି ଗଲା ସେ ମୋତେ
ଶକେଇ ଶକେଇ କାନ୍ଦିଲା
ଦେଲା ସେନେହ କେତେ!!

ଚୁମ୍ବିଲି ତ ମୁହିଁ ତାହାର
ବେନି ନୟନ ପରା!
ସେ ପରଶ ପାଇ ସୁନ୍ଦରୀ
ହେଲା ଯେ ଆତ୍ମହରା।

ଗୀତ ଗାଇକରି ମୋତେ ତ
ଦେଲା ସିଏ ଶୁଆଇ
ନିଘୋଡ଼ ନିଦରେ ରହି ଯେ
ସ୍ୱପ୍ନ ଦେଖୁ ମୁଁ ଥାଇ।

ଦେଖେ ଘୋଟି ଆସେ ବିପଦ
ଘେରି ଚଉ ଦିଗରୁ
ଦେଖିନି ଏପରି ସ୍ୱପ୍ନ ତ
କେବେ ଏହା ଆଗରୁ।

ଦେଖେ ରାଜା, ରାଜସୁତଙ୍କୁ
ପରା ସପନେ ମୁହିଁ
ଦେଖେ ସଇନଙ୍କ ମରଣ,
ଦିଏ ପରାଣ ଦହି।
ଦେଖେ ତାଙ୍କ ଓଠ କହୁଛି
ବାଳା ମାରିବ ତୋତେ
ଭାଙ୍ଗିଗଲା ନିଦ ମୋହର
ଦେଖେ ଅଚି ପର୍ବତେ।

ସେଥି ପାଇଁ ମୁହିଁ ବୁଲୁଛି
ଏହି ଘଞ୍ଚ ବନରେ
ବିହଙ୍ଗ ମଉନ, ଶୈବାଳ-
ନାହିଁ ହ୍ରଦର ତୀରେ।

ମୃତ୍ୟୁ ବିଷୟରେ

୧

ମୃତ୍ୟୁ କଣ ନିଦ୍ରା ହୋଇ
ପାରିବ
ଯେତେବେଳେ ଜୀବନ ହୋଇଥାଏ ଗୋଟିଏ
ସପନ,
ଆଉ ଖୁସୀର ଦୃଶ୍ୟ ଅତିକ୍ରମ କରିଯାଏ
ଗୋଟିଏ ପ୍ରେତ ପରି ?
ସେତେବେଳେ ତାହା ଲାଗେ ଯେମିତି
ଏକ କ୍ଷଣିକ ଆନନ୍ଦ,
ମନରେ ତାହା ପୀଡ଼ା ସୃଷ୍ଟି କରେ
ଏହା ଚିନ୍ତା କରି ଯେ ମରିବାକୁ ହେବ
ଦିନେ ନା ଦିନେ।

୨

କେତେ ଆଶ୍ଚର୍ଯ୍ୟ କଥା ଯେ ପୃଥିବୀରେ
ମଣିଷ ଘୂରି ବୁଲୁଥାଏ,
ଦୁଃଖୀ ହୋଇ ରହେ, ଶୋକଗ୍ରସ୍ତ ହୁଏ
ତାର ମନ ଖୁସୀରେ
ଝୁମି ଉଠେନି।
ଏହି ଆବଡ଼ା-ଖାବଡ଼ା ରାସ୍ତା
ଜୀବନର;
ସିଏ ଏକେଲା ତାକୁ ସହି
ପାରେନି
ଭବିଷ୍ୟତ ଜୀବନର
ସର୍ବନାଶ ହିଁ
ତା ଭିତରେ ବଞ୍ଚି ରହିବାର ବାସନା
ଜଗାଏ।

ମୋତେ ଦିଅ ନାରୀ, ମଦିରା ଏବଂ ଉଦ୍ଦାମତା

ମୋତେ ଦିଅ ନାରୀ, ମଦିରା
ଏବଂ ଉଦ୍ଦାମତା
ଯେତେବେଳ ଯାଏଁ ନ କହିଛି
"ଯଥେଷ୍ଟ ହେଲା, ଆଉ ଦିଅନି।"
ଯେତେକ୍ଷଣଯାଏଁ ନ ଆସୁଛି
ପୁନରୁତ୍ଥାନର ଦିନ
ସେ ସବୁକୁ ସମ୍ମତି ଦିଅ,
ଆପତ୍ତି ବିହୀନ:
ଆଶୀର୍ବାଦ ଦିଅ ମୋର ଦାଢ଼ିକୁ,
ହଁ, ତାହା ହିଁ ମୋର ଲକ୍ଷ୍ୟ
ତ୍ରିବେଣୀ-ସଂଗମ।

ଏଲିଜାବେଥ୍ ବ୍ୟାରେଟ୍ ବ୍ରାଉନିଂଗ

ଏଲିଜାବେଥ୍ ବ୍ୟାରେଟ୍ ବ୍ରାଉନିଂଗ (Elizabeth Barrett Browning : ୬ ମାର୍ଚ୍ଚ ୧୮୦୬ -୨୯ ଜୁନ୍ ୧୮୬୧) ଥିଲେ ଭିକ୍ଟୋରିୟାନ ଯୁଗର ଜଣେ ଇଂରେଜୀ ନାରୀ କବି ଯିଏ ନିଜର ଜୀବନକାଳରେ ବ୍ରିଟେନ୍ ଓ ଯୁକ୍ତରାଷ୍ଟ୍ର ଆମେରିକାରେ ଲୋକପ୍ରିୟ ଥିଲେ ଆଉ ତାଙ୍କ ମୃତ୍ୟୁ ପରେ ତାଙ୍କର ଅନେକ ସଂକଳନ ପ୍ରକାଶ କରାଗଲା । ୧୯୭୦ ଓ ୧୯୮୦ର ଦଶକରେ ନାରୀବାଦୀ ବିଦ୍‌ବତା ଓ ଇଂରେଜୀରେ ମହିଳା ଲେଖକମାନଙ୍କର ଅଧିକ ମାନ୍ୟତା ପରେ ତାଙ୍କ କାର୍ଯ୍ୟ ଉପରକୁ ଧ୍ୟାନ ଆକର୍ଷିତ ହେଲା ।

ସାରାଦିନ

ସାରାଦିନ ଥିଲି ମୁହିଁ ବନେ
ଫୁଲସବୁ ତୋଳିଛି ଯତନେ
    ମଧୁପାନେ ରତ
    ଥିଲେ ମଧୁପ ତ
ଗାଇଛି ମୁଁ ଗୀତ ଆନମନେ ।

ଏବେ ମୁହିଁ ଚାହିଁ ଦେଖେ, ହାୟ,
ଫୁଲସବୁ ହେଲା ଶୁଷ୍କପ୍ରାୟ
    ଚାପ ଦେଲେ ହାତେ
    ପାଖୁଡ଼ା ତ ତୁଟେ
ଦୁଃଖେ କାନ୍ଦି ଉଠେ ମୋ ହୃଦୟ ।

କହୁ ଅଛ ସଖା ହେ ମୋହର
ଫୁଲ ପାଇଁ ଯିବାକୁ ଏଥର
    ଯିବିନି ତ ଆଉ
    ଯିବ ଯିଏ ଯାଉ
ଯିବି ନାହିଁ ମୁହିଁ ପୁନର୍ବାର।

ଶ୍ରାନ୍ତ ହୃଦ ଅଟଇ ଯେ ଦୀନ
ପ୍ରାଣ ମୋର ଏବେ ବଳହୀନ
    ଫୁଲକୁ ମୁଠାଇ
    ରଖିଥିବି ମୁଇଁ
ବଞ୍ଚି ରହିଥିବି ଯେତେ ଦିନ।

ଆଲ୍‌ଫ୍ରେଡ୍ ଲର୍ଡ ଟେନିସନ୍

ଆଲ୍‌ଫ୍ରେଡ୍ ଲର୍ଡ ଟେନିସନ୍ (Alfred Lord Tennyson: ୬ ଅଗଷ୍ଟ ୧୮୦୯-୬ ଅକ୍ଟୋବର ୧୮୯୨) ଥିଲେ ରାଣୀ ଭିକ୍ଟୋରିଆଙ୍କ ରାଜତ୍ୱକାଳର ଜନପ୍ରିୟ ଗ୍ରେଟ୍ ବ୍ରିଟେନ୍ ଓ ଆୟାରଲ୍ୟାଣ୍ଡର କବି । ଇଂରେଜୀ ସାହିତ୍ୟରେ ରୋମାଣ୍ଟିକ ଯୁଗର ଅବସାନ ପରେ ସୂଚୀତ ହୋଇଥିଲେ ଭିକ୍ଟୋରିଆ ଯୁଗର ପ୍ରତିନିଧି ସ୍ଥାନୀୟ କବି ଆଲ୍‌ଫ୍ରେଡ୍ ଲର୍ଡ ଟେନିସନ୍ । ସିଏ ତାଙ୍କ ଲେଖା "ଟିମ୍ବୁକ୍ଟୁ" (Timbuktu) କବିତା ପାଇଁ ଚାନ୍ସଲର୍ ଗୋଲ୍ଡ ମେଡ଼ାଲରେ ଭୂଷିତ ହୁଅନ୍ତି । ଗୀତି କବିତାର ଧାରାରେ ଟେନିସନ୍ ଗୋଟିଏ ନୂତନ ଦିଗନ୍ତର ଉନ୍ମୋଚନ କରିଛନ୍ତି । ତାଙ୍କ ଲେଖା "ଇନ୍ ମେମୋରିୟମ୍" (In Memorium) ଇଂରେଜୀ ସାହିତ୍ୟର ଇତିହାସରେ ଏକାଧାରରେ ଏକ ନିର୍ଲିପ୍ତ ଶୋକଗାଥା ଏବଂ ଗୀତି କବିତା ହିସାବରେ ଚିରସ୍ମରଣୀୟ ହୋଇ ରହିଛି ।

ହସ ଓ କାନ୍ଦ

ପ୍ରିୟା ସଙ୍ଗେ ମୁହିଁ କଜିଆ କରୁଛି
କଥା କୁହାକୁହି ଏବେ ବନ୍ଦ ଅଛି ।
ପୁଅ ଖେଳୁ ଖେଳୁ ଝାଂପି ତ ପଡ଼ିଲା
ଆମ ବିବାଦକୁ ମିଟାଇ ସେ ଦେଲା ।।

ମୋ କୋଳରୁ ଝାଂପ ଦିଏ ମାଆ କୋଳେ
ତା କୋଳରୁ ଆସେ ମୋ କୋଳକୁ ହେଳେ ।
ଚୁମା ଦେଉ ଦେଉ ପୁଅକୁ ସତରେ
ଚୁମ୍ବନ ମୁଁ ଦେଲି ପ୍ରିୟାର ଗାଲରେ ।।

ସେଥର ଘଟିଲା କଳହ ବହୁତ
ରାଗିଗଲି ମୁହିଁ ପ୍ରିୟା ଉପରେ ତ।
ସେଦିନ ତ ଥିଲା ଦୁଃଖର ଦିବସ
ପୁଅର ମୁହଁରୁ ହଜିଥିଲା ହସ।।

ଆସି ପାଶେ ସେହି ଛୋଟ ସମାଧିର
ପ୍ରିୟାକୁ ଚୁମିଲି, ଢାଳି ଲୁହଧାର।।

ଭିକ୍ଷୁବାଳା

ବାହୁ ଛନ୍ଦିକରି ରଖିଛି ସିଏ ତା ଛାତି ଉପରେ
ସୁନ୍ଦରତା ତାର ଭାଷାରେ କହିବା ବଡ଼ କଠିନ
ନଗ୍ନ-ପାଦେ ଆସି ମିଳିଲା ସେ ବାଳା ରାଜ-ସଭାରେ
ପାତ୍ରମନ୍ତ୍ରୀଙ୍କର ସହିତ ଥିଲେ ଯେ ତହିଁ ରାଜନ।

ବେଶଭୂଷା ହୋଇ, ପିନ୍ଧି ମୁକୁଟକୁ ଥିଲେ ରାଜା ତ
ଓହ୍ଲାଇ ଆସିଲେ ଆସନୁ ତାଙ୍କର ବାଳାକୁ ଦେଖି
କହିଲେ ରାଜନ "କିଛି ନାହିଁ ହେବା ପାଇଁ ବିସ୍ମିତ
ଉଷାଠାରୁ ବଳି ସୁନ୍ଦରୀ ଏ ବାଳା, ଦେଖ ପରଖି।"

ମେଘାଚ୍ଛନ୍ନ ନଭେ ଚମକି ଉଠଇ ଚନ୍ଦ୍ରମାଯେହ୍ନେ
ଦୀନହୀନ-ବାସେ ଦିଶଇ ସେ ବାଳା ରୂପରରାଣୀ
ପ୍ରଶଂସିଲେ କିଏ ବାହୁ ଯୁଗଳକୁ, ଆନ ଲୋଚନେ
ପ୍ରଶଂସା କଲା ତ କିଏ କେଶବାସ, ଆନ କେ ଠାଣି।

କେଡ଼େ ଚାରୁମୁଖ, ଅପ୍ସରାଙ୍କ ପରି ସୁଷମା ତାର
ଏପରି ସୁନ୍ଦରୀ ନ ଥିଲେ ତ କେହି ସାରା ରାଜ୍ୟରେ
ରାଜଶପଥରେ ଜଣାଇଲେ ରାଜା ଇଚ୍ଛା ତାଙ୍କର
ଏହି ଭିକ୍ଷୁବାଳା ହେବ ଯେ ମୋହର ରାଣୀ ସତରେ।

ଈଗଲ

ସିଏ କଠିନତା ଅନୁଭବ କରେ ଆଙ୍କୁଡ଼ି କରି ବଙ୍କିମ ନଖରେ;
ରହିଥାଏ ନିର୍ଜନ ଭୂମିରେ ସିଏ ସୂର୍ଯ୍ୟର ତ ଅତି ନିକଟରେ,
ନୀଳିମ ବିଶ୍ୱ ତାହାର ଚଉଦିଗେ ଛାଇ ହୋଇ ରହଇ ସତରେ।

ତଳେ ତାର ଚଳେ ଗୁରୁଣ୍ଡି ଗୁରୁଣ୍ଡି ସାଗର ଭୂକୁଞ୍ଚିତ;
ପାହାଡ଼ କୋଳରେ ରଖିଥାଏ ଚକ୍ଷୁ ସର୍ବଦା ଯେ ସଚକିତ,
ବଜ୍ରର ସମାନ ଓହ୍ଲାଏ ତ ସିଏ ହୋଇ କରି ଆଚମ୍ବିତ।

ଉଜୁଡ଼ା ଘର

ଜୀବନ ଓ ମନ ଚାଲି ତ ଗଲେଣି
ସାଙ୍ଗ ସାଥି ହୋଇ ଧରିଣ ଯେ ହାତ
ଦୁଆର, ଝରକା ମୁକୁଳା ରହିଛି
ଦାୟିତ୍ୱହୀନ ସେ ଭଡ଼ାଟିଆଟି ତ।

ରାତି ପରି ଘର ଅନ୍ଧାରିଆ ଅଛି:
ଝରକା ନିକଟେ ଦିଶୁନି ଆଲୋକ
ଚହଲ ବି ନାହିଁ ଦୁଆର ପାଖରେ
ଖାଆଁ ଖାଆଁ ଲାଗେ ପରା ଘରଯାକ।

କିଳି ଦିଅ ସବୁ ଜଳା ଓ କବାଟ
ଝରକା ଦେଇ ତ ପାରିବୁ ନିରେଖି
ଭିତରଟା ଆଉ ଯେତେ ଅନ୍ଧାରିଆ
ଉଜୁଡ଼ା ଅବସ୍ଥା ପାରିବୁ ତ ଦେଖି।

ଆସ, ଚାଲିଯିବା କର ନାହିଁ ଡେରି
ଆଉ କି ଫିଟିବ ରହସ୍ୟ ତାହାର ?
ଘର ହୋଇଥିଲା ମାଟିରେ ତିଆରି
ଭୂଷୁଡ଼ି ପଡ଼ିଲା ଭୂଇଁର ଉପର।

ବିଦାୟ-ବେଳା

ବହି ଯାଆ ନଈ ନିଜ ବାଟରେ ତୁ
        ସାଗର ସହିତ ମିଶିବା ପାଇଁ
ପଡ଼ିବନି ମୋର ପାଦ ଆଉ କେବେ
        ସୁନ୍ଦର ତୋହରି କୂଳକୁ ଯାଇ ।
ବହ, ଧୀରେ ବହ, କାନ୍ତାରେ ପ୍ରାନ୍ତରେ
        ହୋଇ କ୍ଷୀଣ ଧାରା, ତା ପରେ ନଈ
ପଡ଼ିବନି ମୋର ପାଦ ଆଉ କେବେ
        ସୁନ୍ଦର ତୋହରି କୂଳକୁ ଯାଇ ।
ମର୍ମର ଶବଦ କରୁଥିବେ ପରା
        ତୋ ତୀର-ତରୁର ପତରରାଶି
ଭଅଁର ଗାଇବେ ଗୁଣୁଗୁଣୁ ସ୍ୱରେ
        ମଧୁପାନ ପାଇଁ ସେଠାକୁ ଆସି ।
ଶତ ଶତ ରବି ଶଶୀ ପ୍ରତିବିମ୍ବ
        ତୋ ଦେହ-ଦର୍ପଣେ ପରା ଶୋଭଇ
ପଡ଼ିବନି ମୋର ପାଦ ଆଉ କେବେ
        ସୁନ୍ଦର ତୋହରି କୂଳକୁ ଯାଇ ।

କବିର ଗୀତ

ବର୍ଷା ଝରିଗଲା
    କବି ଉଠିଲେ
ନଗର ପ୍ରାନ୍ତେ ସେ
    ଧୀରେ ଚଳିଲେ।
ପୂର୍ବଦିଶା କୋଲୁ
    ବାଆ ବହଇ
କିଆରି ଉପରେ
    ପଡ଼ଇ ଛାଇ।
ବସିଲେ ତ କବି
    ବିଜନ ସ୍ଥାନେ
ହୃଦ ଖୋଲି ଗୀତ
    ଗାଇଲେ ତାନେ।
ବଳାକା ତା ଶୁଣି
    ସ୍ତବ୍ଧ ଅମ୍ବରେ
ଚାତକ ପଡ଼ିଲା
    କବି ପୟରେ।
ଭୋକିଲା କପୋତ
    ଶୁଣିଲା ଗୀତେ
(ଯଥା) ମନ୍ତ୍ରଭୁଲା ଅହି
    ଚାହେଁ ଚକିତେ।

ଚଞ୍ଚୁପୁଟେ ଖାଦ୍ୟ
ଧରି ଆମୋଦେ
ଶ୍ୱେନ ଦୃଷ୍ଟି ଢାଳି
ଦେଖେ ତା ପାଦେ।
ଚିନ୍ତିଲା ପାପିୟା
ଗାଏ ମୁଁ ଗୀତ
ନୁହେଁ ତ ମଧୁର
ନୁହେଁ ଲଳିତ।
ଯେଉଁ ଗୀତ କବି
ମଥୁରେ ଗାଏ
ଜଗତ ଭବିଷ୍ୟ
କଥା ସେ କହେ।
ତେଣୁ ତାହା ପରା
ମଙ୍ଗଳ ଗାନ
ହରଇ ତ ତାହା
ସଭିଙ୍କ ମନ।

ରବର୍ଟ ବ୍ରାଉନିଂଗ

ରବର୍ଟ ବ୍ରାଉନିଂଗ (Robert Browning: ୭ ମେ ୧୮୧୨ -୧୨ ଡିସେମ୍ବର ୧୮୮୯) ଥିଲେ ଜଣେ ଇଂରେଜୀ କବି ଓ ନାଟ୍ୟକାର। ସିଏ ଭିକ୍ଟୋରିୟାନ ଯୁଗର ଜଣେ କାବ୍ୟ-ନାଟ୍ୟକାର ଥିଲେ। ତାଙ୍କ କବିତା ବିଦ୍ରୁପ, ଚରିତ୍ରାୟନ, ହାସ୍ୟରସ, ସାମାଜିକ ଭାଷ୍ୟ, ଐତିହାସିକ ବର୍ଣ୍ଣନା ଇତ୍ୟାଦିର କାରଣରୁ ଜନପ୍ରିୟ ଥିଲା। ତାଙ୍କର ବେଶିଭାଗ କାବ୍ୟରେ ଗଳ୍ପକାର ହିସାବରେ ଜଣେ ବାଦକ ବା ଚିତ୍ରକାରକୁ ଦେଖାଯାଏ। ମୂଳତ ରୂପକ ହିସାବରେ ଏହି ଚିତ୍ରଗୁଡ଼ିକୁ ସିଏ ତାଙ୍କ ଲେଖାରେ ବ୍ୟବହାର କରିଛନ୍ତି।

ପର୍‌ଫିରିୟାର ପ୍ରେମିକ

ବରଷା ଆସିଛି ନିଶୀଥ ସମୟେ
ଢେଉତ ତ ଉଠୁଛି ନଦୀରେ
ଝର ଝର ହୋଇ ବରଷା ଝରୁଛି
ପବନ ବହୁଛି ବେଗରେ।
ଆଲୁଅ, ଛାଇର ଖେଳ ଯେ ଚାଲିଛି
ଘର ଏବେ ଶବ୍ଦବିହୀନ
ବାହାରେ ତ ଝଡ଼, ଆଶା-ନିରାଶାରେ
ଦୋଦୁଲ୍ୟମାନ ଯେ ମୋ ମନ।
ଘର କଣରେ ମୁଁ ବସିରହି ଏକା
ଅନ୍ଧାର ପ୍ରହର ଗଣୁଛି
ବିଷାଦରେ ବୋଲା ଆନନକୁ ନେଇ
ମୁଣ୍ଡପାତି ମୁହିଁ ବସିଛି।
ଦୁଆରଟି କିଏ ଖୋଲି ଦେଲା ପରା
ରଖିଲା ତ ପାଦ ମୋ ଘରେ
ବାହାରେ କାନ୍ଦୁଛି ବୃଷ୍ଟିଭିଜା ରାତି
ଚନ୍ଦ୍ର ତ ଉଇଁଲା ଏଠାରେ।

ଓଢା ଚାଦରଟି ଖୋଲିଦେଲା ଦେହ
ଓଢା କେଶବାସ ଖୋଲି ତ
ଅଭିମାନ ଭରା ନୟନ ଜଡ଼ାଇ
ମୋ ଆଡ଼େ ସେ ଦେଖୁଥିଲା ତ।
ମୋ ପାଖରେ ବସି ଟାଣିନେଲା ହାତ
ରଖିଲା ତା କଟୀ ଉପରେ
ପ୍ରେମର ଆବେଶେ ସିଏ ପରା ମୋତେ
ଡାକିଥିଲା ଅତି ଆଦରେ।
ଗଛରେ ଲତାଟି ଲଟାଏ ଯେମିତି
ଅଛି ସେ ମୋ ଦେହ ସହିତ
ହଠାତ୍ ହେଲା ତା ସ୍ୱର ଯେ ବସୁରା
ଯେହ୍ନେ ଛିନ୍ନ ବୀଣା-ତାର ତ।
ଆବେଗରେ ମୋର ଅଧର ଉପରେ
ଦେଲା ସେ ଅନେକ ଚୁମ୍ବନ
ଶିହରି ଉଠିଲା ହୃଦୟଟି ମୋର
ହେଲି ପରା ମୁହିଁ ଉନ୍ମନ।
ଜାଣେନି ତ ସିଏ ରହିଅଛି କେତେ
ଭଲ ପାଇବାରେ ଶକତି
ତେଜି ଆପଣାର ଅହଂକାର ସିଏ
ମୋ ମନେ ଢାଳିବ ପୀରତି।
ଚିରଦିନ ସିଏ ହେବ କି ମୋହର
ଚିରସ୍ଥାୟୀ ହେବ ନିଶୀଥ ?
ସମସ୍ତ ବନ୍ଧନ ତୁଟାଇ ତାହାର
ଧରିବ କି ସଦା ମୋ ହାତ ?
ଆଜି ଏ ଝଡ଼ର ନିଶୀଥରେ ସିଏ
ଆସି ଅଛି ପାଶେ ମୋହର
ତା'ର ଆସିବାର କାରଣ ତ ଖାଲି
ମୋ ପ୍ରତି ଶରଧା ତାହାର।
ପ୍ରିୟା କେଶଦାମେ ଗୁନ୍ଥିଲି ଯେ ମୁହିଁ
ବରଣ-ମାଳାକୁ ଯତନେ
ଶାଶ୍ୱତ ପୀରତି ରଖିଥିଲି ପରା
ସେହି ମାଳାରେ ମୁଁ ଗୋପନେ।

ପୀରତି-ହାରଟି ପିନ୍ଧାଇଲି ମୁହିଁ
ପ୍ରେୟସୀ ଗଳାରେ ନେଇ ତ
ଚାହୁଁଥିଲି ପରା ଭିଡ଼ି ରଖିବାକୁ
ତାକୁ ଚିରଦିନ ପାଇଁ ତ।
ଜାଣିଥିଲି ସିଏ ପୂଜୁଥାଏ ପରା
ମୋତେ ଯେ ଦେବତା ସମାନ
ଭାବୁଥିଲି ମନେ ରହିଥାଉ ସିଏ
ମୋହରି ପାଶେ ଚିରଦିନ।
କି କରିବି ବୋଲି ଭାବୁଅଛି ଏବେ
ଆସୁଛି ଭାବନା ମୋ ମନେ
ଚିରନ୍ତନୀ ପ୍ରୀତି-ଗାଥା ଯେ ତାହାର
ଭାସି ଭାସି ଆସେ ମୋ କାନେ।
ଚୁମ୍ବନ ଦେଲି ତା ଗୋଲାପି ଅଧରେ
ପ୍ରେୟସୀ ଥିଲା ଯେ ମଉନ
ସରମ ନ ଥିଲା ଟିକିଏ ବି ତାର
ହୃଦେ ଥିଲା କେତେ ସପନ।
ଉଷାକାଳେ ହସି ଉଠିଥିଲା ପରା
ମୋ ପ୍ରିୟାର ଜବା ଅଧର
ହସୁଥାଇ ଯେହ୍ନେ ନଳିନୀ ଖୁସୀରେ
ରବିକରେ ହୋଇ ଭାସ୍ୱର।
ପ୍ରେମର ଗ୍ରନ୍ଥିରେ ବନ୍ଧା ହେଲୁ ଦୁହେଁ
ଆମ ସ୍ୱପ୍ନ ହେଲା ସାକାର
ଆଲିଙ୍ଗନ କରିଥିଲି ମୁଁ ପ୍ରିୟାକୁ
ବାହୁବନ୍ଧନରେ ମୋହର।
ସାରାରାତି ବସି ରହିଥିଲୁ ଦୁହେଁ
ପରସ୍ପରେ ହୋଇ ଜଡ଼ିତ
ଭାଙ୍ଗିଲେନି ନୀରବତା ଦେବତାଏ
ହେବ ବୋଲି କାଳେ ବ୍ୟାଘାତ।

ଚାର୍ଲ୍ସ ମାକେ

ଚାର୍ଲ୍ସ ମାକେ (Charles Mackay: ୨୭ ମାର୍ଚ୍ଚ ୧୮୧୪-ଡିସେମ୍ବର ୧୮୮୯) ଥିଲେ ସ୍କଟଲ୍ୟାଣ୍ଡର ଜଣେ କବି, ସାମ୍ବାଦିକ, ଲେଖକ, ସଂକଳକ, ଔପନ୍ୟାସିକ ଏବଂ ସଂଗୀତକାର। ତାଙ୍କ ପୁସ୍ତକ Extraordinary Popular Delusions and the Madness of crowds ପାଇଁ ତାଙ୍କୁ ସ୍ମରଣ କରାଯାଏ।

ସହାନୁଭୂତି

ଦୁଃଖରେ ମୁଁ ଅଛି ବୁଡ଼ି, ଅନ୍ତର ବ୍ୟଥିତ
ଶୁଣିଲା ମୋ ଦଶା କଥା ଗର୍ବୀ ଲୋକଟେ ତ।
ଶିଥିଳ ଥିଲା ଚାହାଣି, କିନ୍ତୁ ଦେଲା ଧନ
ନ କହିଲା ପଦେ ହେଲେ କଅଁଳ ବଚନ।
ବିନୟେ କହିଲି ତାକୁ କେତେ ପରକାରେ
କଲା ବୋଲି ଉପକାର ସିଏ ମୋହଠାରେ।
ବିପତ୍ତି ଘୁଞ୍ଚିଲା ମୋର, କଲି ଋଣ ଶୋଧ
ଉଚ୍ଚ ଥିଲେ ବି ତା ଶିର, ଦେଲା ଧନ୍ୟବାଦ।

ପୁଣି ଯେ ଦୁର୍ଦ୍ଦଶା ଏବେ, ରହିଅଛି କ୍ଳେଶ
ପାଖ ଦେଇ ଗଲା ଜଣେ ଦରିଦ୍ର ମଣିଷ।
ପାଖକୁ ତା ଡାକି କରି ଦେଲା ଖାଦ୍ୟ ମୋତେ
ଦିନ, ରାତି କରିଥିଲା ସେବା ମୋର କେତେ!
ସାହାଯ୍ୟ କଲା ସେ ମୋତେ ମନ, ପ୍ରାଣ ଦେଇ
କେମିତି ଶୁଝିବି ତା'ର ଉପକାର ମୁଇଁ?
ଦୁନିଆରେ ବଡ଼ ବୋଲି ଧନ ଯେ ବିଦିତ
କିନ୍ତୁ ବେଶି ମୂଲ୍ୟବାନ ସହାନୁଭୂତି ତ।

ଜର୍ଜ ମ୍ୟାକ୍‌ଡୋନାଲ୍ଡ

ଜର୍ଜ ମ୍ୟାକ୍‌ଡୋନାଲ୍ଡ (George Mac Donald : ୧୦ ଡିସେମ୍ବର ୧୮୨୪- ୧୮ ସେପ୍ଟେମ୍ବର ୧୯୦୫) ଥିଲେ ଜଣେ ସ୍କଟଲ୍ୟାଣ୍ଡର (Scottish) କବି। ତାଙ୍କର "ଶିଶୁ" (Baby) କବିତାଟି ବେଶ୍ ଲୋକପ୍ରିୟ।

ଶିଶୁ

ସ୍ନେହର ଶିଶୁଟି୍ ତୁହି କେଉଁଠୁ ଆସିଲୁ?
ଚାରିଆଡ଼ ବୁଲି ବୁଲି ଏଠି ପହଞ୍ଚିଲୁ।
କେଉଁଠୁ ଆସିଲା ତୋର ଏ ନୀଳ ଲୋଚନ?
ଆକାଶରୁ ଛିଡ଼ି ଖଣ୍ଡେ ପଡ଼ିଲା ବହନ।
କିମ୍ବା ତୋ ଦେହରୁ ଉଠେ ସ୍ଫୁଲିଙ୍ଗର ତେଜ?
ସତେ ଅବା ରହିଅଛି ତାରକାର ପୁଞ୍ଜ।
କେଉଁଠୁ ପାଇଲୁ ତୁହି ଲୋତକ-ଧାରା ତ
ଏଠି ପହଞ୍ଚି ଦେଖିଲି ସେ ଅପେକ୍ଷାରତ।
କିମ୍ବାଇ ମସୃଣ, ଉଚ୍ଚ ଲଲାଟ ତୋହର
କଅଁଳିଆ ହାତମୁଠା କରୁଛି ପ୍ରହାର।
ଶାନ୍ତ ତ୍ରିକୋଣୀୟ ହସ କିଆଁ ତୋ ଅଧରେ?
ଚୁମ୍ବିଲେ ତିନୋଟି ପରୀ ଏକାବେଳକରେ।
କିମ୍ବାଇ କର୍ଣ୍ଣରେ ତୋର ମୁକୁତା କୁହର?
ଶୁଣିବାର ଶକ୍ତି ବିହି କଲେ ଉଜାଗର।
କେଉଁଠୁ ପାଇଲୁ ବାହା, ବେନି ବାହୁ ତୁ ତ
ଡୋରଫାଶ ଘେନି ପ୍ରେମ ନିଜେ ଉପସ୍ଥିତ।

ପ୍ରିୟ ପାଦ ଆସିଲ ଯେ ତୋର କେଉଁଠାରୁ ?
ପରୀଡ଼େଣା ବାହାରିଲା ଯେଉଁ ପେଡ଼ିଟିରୁ ।
ଏ ସଭିଏଁ ମିଳି କିଆଁ ତୋର ଅବୟବ
ବିଧାତା ପାଞ୍ଚିଲେ ତେଣୁ ହେଲା ତା ସମ୍ଭବ ।
କିମ୍ପାଇ ଆସିଲୁ ତୁହି ଆମରି ନିକଟ
ବିହି ସୁମରିଲେ ତୋତେ, ହେଲି ମୁଁ ପ୍ରକଟ ।

ଦାନ୍ତେ ଗାବ୍ରିୟେଲ ରୋଜେଟ୍ଟୀ

ଦାନ୍ତେ ଗ୍ରାବିୟେଲ ରୋଜେଟ୍ଟୀ (Dante Gabriel Rossetti: ୧୨ ମେ ୧୮୨୮ - ୯ ଏପ୍ରିଲ୍ ୧୮୮୨) ଥିଲେ ଜଣେ ଇଂରେଜୀ କବି, ଚିତ୍ରକର ଓ ଅନୁବାଦକ। ସିଏ ୧୮୪୮ ମସିହାରେ ଉଇଲିୟମ ହୋଲ୍‌ମନ ହଣ୍ଟ (William Holman Hunt) ଙ୍କ ସହିତ ମିଶିକରି ପ୍ରି-ରାଫେଲାଇଟ୍ ବ୍ରଦରହୁଡ୍ (pre- Raphaelite Brotherhood) ର ସ୍ଥାପନା କରିଥିଲେ। ରୋଜେଟ୍ଟୀ କଳାକାର ଓ ଲେଖକଙ୍କର ଆଗାମୀ ପ୍ରଜନ୍ମକୁ ପ୍ରେରିତ କଲେ, ବିଶେଷ ରୂପରେ ଉଇଲିୟମ ମରିସ (William Morris) ଏବଂ ଏଡ୍‌ୱାର୍ଡ ବର୍ନେ-ଜୋନ୍ସ (Edward Burne-Jones) ଙ୍କୁ। ତାଙ୍କ କାମ ୟୁରୋପୀୟ ପ୍ରତିକବାଦୀମାନଙ୍କୁ ବି ପ୍ରଭାବିତ କଲା। ସିଏ ସୌନ୍ଦର୍ଯ୍ୟବାଦୀ ଆନ୍ଦୋଳନର ଜଣେ ମୁଖ୍ୟ ଅଗ୍ରଦୂତ ଥିଲେ।

କୀଟ୍ସଙ୍କ ପାଇଁ ସମାଧି-ଲିପି

ଜଣକ ଭିତର ଦେଇ, ବହୁତ ବର୍ଷ ଧରି
ଫାସୀ ଦିଆ ଯାଇଥିବା ଏବଂ
ଭୁଲିଯାଇଥିଲା ଯେ କିଏ ସେ
ଛୁରୀରେ ଆଘାତ କରିଥିଲା,
ଏଇଠି ଶୋଇଛି ସେହି ଜଣକ-
ଯେତେବେଳେ ସମୟର ସ୍ରୋତ ବହି ଯାଉଛି,
ଈଶ୍ୱର ଯେମିତି ତାକୁ
ଶିଖେଇଛନ୍ତି,
ମଣିଷର ଖ୍ୟାତିକୁ ମଣିଷ ପାଖକୁ, ତାହାର
ମହାନ ନାମ ଉତ୍କୀର୍ଣ୍ଣ ହୋଇ ରହିବ
ଜଳର ଲେଖନୀରେ।

କ୍ରିଷ୍ଟୀନା ରୋଜେଟ୍ଟୀ

କ୍ରିଷ୍ଟୀନା ରୋଜେଟ୍ଟୀ (Christina Rossetti : ୫ ଡିସେମ୍ବର ୧୮୩୦-୨୯ ଡିସେମ୍ବର ୧୮୯୪) ଥିଲେ ଜଣେ ଭିକ୍ଟୋରିୟାନ ଯୁଗର ବଶିଷ୍ଟ ମହିଳା କବି। ଏହା ଛଡ଼ା କ୍ରିଷ୍ଟୀନା ରୋଜେଟ୍ଟୀଙ୍କର ଆଉ ଗୋଟିଏ ପରିଚୟ ହେଲା ପ୍ରି-ରାଫାୟେଲାଇଟ ଆନ୍ଦୋଳନର ପୁରୋଧା କବି ଦାନ୍ତେ ଗାବ୍ରିୟେଲ ରୋଜେଟ୍ଟୀଙ୍କର ସାନ ଭଉଣୀ। କ୍ରିଷ୍ଟୀନା ରୋଜେଟ୍ଟୀଙ୍କ କବିତାରେ ପ୍ରି-ରାଫାଇଲାଇଟ ମାନଙ୍କର ଅନୁସୃତ ସୌନ୍ଦର୍ଯ୍ୟଗତ ସାରଲ୍ୟର ଦିଗଟି ସ୍ପଷ୍ଟ ପ୍ରତୀୟମାନ। ନାରୀସୁଲଭ ସାରଲ୍ୟ, ସ୍ନେହ-ମମତା, ପ୍ରେମ-ପ୍ରୀତି ଏବଂ ଗାର୍ହସ୍ଥ୍ୟ ଜୀବନ ଚେତନାର ପାଖାପାଖି ବେଦନାର ଆର୍ତ୍ତ ଓ ହତାଶାର ସ୍ୱର ଶୁଣାଯାଏ ତାଙ୍କର ଗୀତି ଧର୍ମୀ କବିତାଗୁଡ଼ିକରେ। ଗୀତିକବିତା ରଚନାରେ ତାଙ୍କର ଅସାଧାରଣ ସାଫଲ୍ୟ ଲକ୍ଷ୍ୟ କରାଯାଏ। ନାନା ଉପମା ଓ ଚିତ୍ରକଳ୍ପର ବ୍ୟବହାରରେ ସିଏ ଯଥେଷ୍ଟ ଦକ୍ଷତାର ପରିଚୟ ଦେଇଛନ୍ତି। ସିଏ ଥିଲେ ଜଣେ ଧର୍ମପରାୟଣା ରମଣୀ, ତାଙ୍କ କବିତାରେ ଧର୍ମୀୟ ଚେତନାର ଦିଗଟି ବିଶେଷ ଭାବରେ ଲକ୍ଷ୍ୟ କରାଯାଏ।

ଗୋଲାପ

ଯୂଇ ଦେହ ପରା ପରା କୋମଳ
ଅତି ସୁନ୍ଦର ରୂପ
କ୍ଷଣକାଳ ଥାଏ ଗୋଲାପ
ହେଲେ ଶକ୍ତି ଅମାପ।
ନାସପାତି ବୃକ୍ଷେ ମଧୁ ତ
ସଶ୍ୟ ଜଗତ-ଜିଣା
କଣ୍ଟକରେ ଭରା ଗୋଲାପ
ଫୁଲ-ରାଣୀରେ ଗଣା।
ଗୋଲାପ ଅଟଇ ଅତୁଳ
ମଧୁ ଦେହରୁ ଝରେ
ମୁକୁଳାଏ ତାର ହୃଦୟ,
ବିଶ୍ୱ ଜଳେ ଅଗ୍ନିରେ।

ମନେ ରଖିଥିବ

ମନେ ରଖିଥିବ   ଚାଲିଯିବି ଯେବେ
    ବହୁଦୂରେ ମୁହିଁ ବହୁ ଦୂରେ ତ
ଚାଲିଯିବି ପରା   ଯେତେବେଳେ ମୁହିଁ
    ନ ଥିବ ମୋ ହାତେ ତୁମରି ହାତ।
ରଖି ପାରିବନି   ତୁମେ ଯେତେବେଳେ
    ମୋତେ ନିଜ ବାହୁ-ବନ୍ଧନ କୋଳେ
କିଛି ବାଟ ଚାଲି   ରୋକି ଯିବି ମୁହିଁ
    ରୋକୁ ରୋକୁ ପୁଣି ଚାଲିବି ହେଲେ।
ମନେ ରଖିଥିବ   ସେହି ଦିନ କଥା
    ବିଛାଇ ଥିଲ ତ ଫୁଲ-ଚାଦର
ମନରେ କେବଳ   ରଖିଥିବ ମୋତେ
    ଏତିକି ମାଗୁଣି ଖାଲି ମୋହର।
ଯଦି କେବେ ତୁମେ   ଅନୁଭବ କର
    ଢଳିଛି ମୁଁ ତୁମ ସ୍ମୃତିରୁ ପରା
ଅନୁରୋଧ କରେ   ଗ୍ଲାନିବିନା ତୁମେ
    ବୁହାଇବ ନେତ୍ରୁ ଲୋତକ-ଧାରା।
ଯଦି ରଖି ଯାଏ   ଅନ୍ଧାର, ସନ୍ତାପ
    ସ୍ମରଣ ମୋହରି ଅବଶେଷେ ତ
ଭୁଲିଯିବ ମୋତେ   ଆଗକୁ ବଢ଼ିବ
    ହସୁଥିବ ବନ୍ଧୁ ତୁମେ ନିରତ।

ଇନ୍ଦ୍ରଧନୁ

ନଦୀର ଉରସେ ଭାସି ଭାସି ଯାଏ ତରୀ
ଜାହାଜ ଗୁଡ଼ିକ ଭାସେ ସାଗର ଛାତିରେ
ମେଘମାଳା ଭାସୁଥାଏ କୋଳେ ଗଗନର
ଆହୁରି ସୁନ୍ଦର ଛବି ରହିଛି ସେଠାରେ ।
ନଦୀର ଉପରେ ସେତୁ ସୁନ୍ଦର ଦିଶଇ;
ତୁମେ ଦେଖାଯାଉ ଅଛ ଯେମିତି ସୁନ୍ଦର
ସ୍ୱର୍ଗକୁ ବାନ୍ଧିଛି ସେତୁ ସେ ଯେଉଁ ଧନୁକ,
ବୃକ୍ଷଠାରୁ ଥାଏ ଉଚ୍ଚେ ତାହା ନିରନ୍ତର ।
ଭୂଇଁରୁ ଆକାଶ ଯାଏଁ ବାଟ ଗଢ଼ିଥାଇ
ଏଗୁଡ଼ିକଠାରୁ ତାହା ସୁନ୍ଦର ଦିଶଇ ।

ଶେଷ ଭେଟ

ମୁଖ ଥିଲା ତାର ଫୁଟିଲା ଗୋଲାପ ପରି
ଏତେ ଯେ ସୁନ୍ଦର, ଦେଖି ମନ ଯାଏ ଭରି।
ହେଲେ ଏବେ ତାହା ହୋଇଅଛି ଶିରୀହୀନ
ଯଥା ଝରୁଥିବା ଚୁରା ଚୁରା ହିମକଣ।
ମୃତ ଦେହ ପରି ଏବେ ତ ଶୀତଳତମ
ଅଥବା ଦିଶଇ ରୁଗ୍‌ଣ ମଣିଷର ସମ।।

ତାରକା ମଣ୍ଡିତ ନୀଳ ଆକାଶଟି ସାଥେ
ତାହାର ତୁଳନା ହେଉଥିଲା ପରା ସତେ।
ଆଜି ସେ ନୀରସ, ଫିକା ଫୁଲଟିଏ ସିନା!
ମୂକ, ବଧିର ଓ ଅନ୍ଧ ସଙ୍ଗେ ହୁଏ ଗଣା।
ଦେଖିଲେ ତାହାକୁ ନାଚି ଉଠେନି ହୃଦୟ
ଝଡ଼ି ପଡ଼ି ତା'ର ଦେହ ହେବ ଧୂଳିମୟ।।

ସ୍ମାରକ ରୂପରେ ଫୁଲ ଗୋଟିଏ ତ ଆଣି
ରଖନି ସଂପାଦି, ସବୁ ତେଜ ହଜିଲାଣି।
ତେଜିଛି ମୁଁ ତାରେ, ପ୍ରଥମେ ହେଲା ଯେ ମୃତ
ତାକୁ ବି ତେଜିଛି ଯିଏ ଏବେ ନବଜାତ।
ଲୋଡ଼େନି ସ୍ମାରକ, ସେ ମୋର ଅଭୁଲାଗୀତ
ଲୋଡ଼ା ନାହିଁ କିଛି ଯଦି ତାକୁ ଭୁଲେ ମିତ!।।

ପବନକୁ କିଏ ଦେଖିଛି ?

କିଏ ପବନ ସହିତ କଥାବାର୍ତ୍ତା ହୋଇଛି ?
କହ, କିଏ ପବନ ସହିତ କଥାବାର୍ତ୍ତା
ହୋଇଛି ?
ମୁଁ ନୁହେଁ କି ତୁମେ ନୁହେଁ,
କିନ୍ତୁ ଯେବେ ପତ୍ରଗୁଡ଼ିକରୁ ଖସ୍ ଖସ୍ ଶବ୍ଦ
ଶୁଣାଯାଏ,
ଚାଲି ଯାଉଥିବା ପବନର ସଂକେତ
ମିଳିଥାଏ ।

ପବନକୁ କିଏ ଦେଖିଛି ?
ତୁମେ ନୁହେଁ କି ମୁଁ ନୁହେଁ,
କିନ୍ତୁ ବୃକ୍ଷଗୁଡ଼ିକ ଯେତେବେଳେ ହୋଇଯାନ୍ତି
ନତମସ୍ତକ,
ଜଣା ପଡ଼େ ପବନ ବହୁଛି ।

ପ୍ରତିଧ୍ୱନି

ତୁମେ ମୋ ପାଖକୁ ଆସ
ରାତିର ନିସ୍ତବ୍ଧତା ଭିତରେ;
ଆସ ମୋ ପାଖକୁ
କଥା କହୁଥିବା ମୌନତା ଭିତରେ
ମୋ ସ୍ୱପ୍ନରେ;
ଆସ ତୁମର କୋମଳ
ଗୋଲ୍‌ଗାଲ୍ ଚିବୁକ ନେଇ ଏବଂ
ଆଖି ଯାହା ଉଜ୍ଜ୍ୱଳ
ଝରଣାରେ ପଡୁଥିବା ସୂର୍ଯ୍ୟକିରଣ ପରି;
କାନ୍ଦି କାନ୍ଦି ତୁମେ ମୋ ପାଖକୁ ଆସ,
ହେ ସ୍ମୃତି, ଆଶା, ବିତିଥିବା ପ୍ରେମଭରା
ବରଷଗୁଡ଼ିକ।

ହେ ମଧୁର ସ୍ୱପ୍ନ, ଅନ୍ତହୀନ
ଖଟା-ମିଠା ସ୍ୱପ୍ନ,
ଯାହାକୁ ଜାଗି ଉଠିବା ଆବଶ୍ୟକ ଥିଲା
ସ୍ୱର୍ଗରେ,
ଯେଉଁଠି ପ୍ରେମ ସହିତ ଆତ୍ମାର ମିଳନ
ହୋଇଥାଏ।
ଯେଉଁଠି କ୍ଷୁଧିତା ଆକୁଳ ଆଖି
ଚାହିଁ ରହେ
ଧୀରେ ଧୀରେ ଖୋଲୁଥିବା ସେହି
ଦୁଆରକୁ।
ଆଉ ସ୍ଥିର କରିନିଏ କେବେ ନ ଆସିବା ପାଇଁ
ବାହାରକୁ।

ତଥାପି ଆସ ମୋ ସ୍ୱପ୍ନରେ,
ଯାହା ଫଳରେ ମୁଁ ବଞ୍ଚି
ରହିବି
ଏହି ମୃତପ୍ରାୟ ନିସ୍ତବ୍ଧ
ଜୀବନରେ:
ଆସ ମୋ ସ୍ୱପ୍ନରେ
ଯାହା ଫଳରେ ମୁଁ ଦେଇ
ପାରିବି
ସ୍ପନ୍ଦନକୁ ସ୍ପନ୍ଦନ ଏବଂ ଶ୍ୱାସକୁ ଶ୍ୱାସ:
ଧୀରେ କଥା କହ, ଅଳ୍ପ ଝୁଙ୍କି ପଡ଼
ଯେମିତି କିଛି ସମୟ ପୂର୍ବରୁ କରିଥିଲ,
ମୋତେ ପ୍ରେମ,
କିନ୍ତୁ ଜାଣିନି କେତେ ସମୟ
ପୂର୍ବରୁ।

ଜହ୍ନ କଣ ଥକି ଗଲାଣି ?

ଜହ୍ନ କଣ ଥକି ଗଲାଣି ? ସିଏ ଶେତା୍ ଦେଖାଯାଉଛି
ତା ଶିଶିର-ଓଢ଼ଣା ପଛରେ ଲୁଚି ରହି:

ସିଏ ଆକାଶର ବିସ୍ତାରକୁ ମାପୁଛି ପୂର୍ବରୁ ପଶ୍ଚିମଯାଏଁ,
ଆଉ କେବେହେଲେ ବିଶ୍ରାମ ନେଉନି।

ରାତି ହେବା ପୂର୍ବରୁ
ଦେଖା ଯାଉଛି କାଗଜୀ ପାଣ୍ଡୁର ଜହ୍ନ,
ଫସରା ଫାଟିଲା ପରେ
ସିଏ ମଉଳି ଯାଉଛି।

ଗୋଲାକଧନ୍ଦା

ଏହିପରି ଅଛି ଜଣେ-ଚକ୍ଷୁହୀନ, ଅଛି ମୁଣ୍ଡଟି ଯାହାର
ଏମିତି ବି ଜଣେ ଅଛି- ମୁଣ୍ଡହୀନ, ଅଛି ଖାଲି ଚକ୍ଷୁର ସମ୍ଭାର
ଚେଷ୍ଟା ଯଦି କର ତୁମେ ପାଇଯିବ ଉତ୍ତର ତ ଗୋଲକ ଧନ୍ଦାର
ଦେଖିବ ତ ବର୍ଣ୍ଣନା ଶେଷରେ
ଝୁଲି ରହିଥିବ ତହିଁ ଅର୍ଦ୍ଧେକ ଉତ୍ତର ସୂତା ଖିଅଟିର ପରେ।

ସିଏ ନଦୀର ସବୁଜ କୂଳରେ ବସି ଗାଉଥିଲା ସଦା

ଗୁଣୁ ଗୁଣୁ କରି ଗୀତ ଗାଉଥିଲା ନଦୀର ସଂଗିନୀ
ସାଜି
ସିଏ ନଦୀର ସବୁଜ କୂଳରେ ବସି ଗାଉଥିଲା
ସଦା,
ମାଛମାନଙ୍କର ଡେଉଁଥିବା
ଏବଂ ଖେଳୁଥିବା ଦୃଶ୍ୟକୁ ଦେଖୁଥିଲା
ହସ ହସ ଖରାର ଭିତରେ।

ମୁଁ ସବୁବେଳେ ବସି ରହୁଥିଲି ନିଜର ବିଳାପକୁ
ନେଇ,
ଜନ୍ମର ଯନ୍ତ୍ରଣା ମୋ କୋଳରେ,
ଦେଖୁଥିଲି ବସନ୍ତର ସମ୍ମୋହନ ରୂପକୁ,
ନଦୀରେ ବହିଯାଉଥିବା ପତ୍ରସମୂହକୁ।

ମୁଁ ସ୍ମୃତି ପାଇଁ କାନ୍ଦୁଥିଲି;
ସିଏ ଗାଉଥିଲା ଆଶା ପାଇଁ ଯାହା ଥିଲା
ଏତେ ସୁନ୍ଦର:
ମୋ ଲୁହ ହଜି ଯାଇଥିଲା ସମୁଦ୍ରର ଗଭୀରତା
ଭିତରେ;
ଆଉ ତା ଗୀତ ମରି ଯାଇଥିଲା
ଆକାଶରେ।

ସଂଗମ

ଯେମିତି ଗହରିଆ ସମୁଦ୍ର ସହିତ ମିଶି କରି
ସବୁ ନଦୀ ଚାହାନ୍ତି ଏକାକାର ହେବା ପାଇଁ,
ଗଭୀରତା ଭିତରେ ହଜିଯିବାକୁ ଚାହାନ୍ତି,
ହଁ, ମୁଁ ବି ଚାହୁଁଛି ଡୁବୁକି ଲଗାଇବାକୁ
ତାହା ଭିତରେ କିଛି ଦୂର।
ଯେମିତି ଉଚ୍ଛୁଳି ପଡୁଥିବା ନଦୀଗୁଡ଼ିକ ମଚାନ୍ତି ଶୋକାକୁଳ ଶବ୍ଦ,
ନିଜ ଏକୁଟିଆପଣର,
ମୁଁ ବି ବିଳାପ କରୁଛି,
ଏକୁଟିଆପଣର ଉତ୍ସବର।

ଯେମିତି ସୂର୍ଯ୍ୟ ସହିତ ମିଶିକରି
ଗୋଟିଏ ସୁକୁମାରୀ ଗୋଲାପ,
ହୃଦୟରେ ଆନନ୍ଦର ଢେଉ ଖେଳାଇ ଦିଏ,
ସେମିତି ମୁଁ ନିଜେ ଖୋଲି ଦେଉଛି ନିଜ ହୃଦୟର ଦ୍ୱାର,
ତାହା ପାଇଁ,
ହୋଇଯାଉଛି ଅନାବୃତ
ପୂରାପୂରି ଭାବରେ ତା ପାଇଁ।

ଯେମିତି ହଜିଯାଏ ସକାଳର ପବିତ୍ର ଶିଶିର-ବିନ୍ଦୁ,
ସୂର୍ଯ୍ୟର ପ୍ରଥମ କିରଣରେ,
ହୋଇଯାଏ ମୁକ୍ତ,
ସେମିତି ମୁଁ ମୁକ୍ତ ହେବାକୁ ଚାହୁଁଛି
ଯେମିତି ଶିଶିର-ବିନ୍ଦୁ ଛାଡ଼େନି ତାର ଅସ୍ତିତ୍ୱର ସଂକେତ,
ଧରିତ୍ରୀର ସବୁ ଚେହେରା ଉପରେ,
ଶୁଣ ମୋର ବି କୌଣସି ଛାପ ନାହିଁ
ତା ଚେହେରା ଉପରେ।

ନଦୀଗୁଡ଼ିକ ଜାଣନ୍ତି ସେମାନଙ୍କୁ ଶେଷରେ କେଉଁଠିକୁ ଯିବାକୁ ଥାଏ,
ଶିଶିର-ବିନ୍ଦୁ ବି ନିଜର ବାଟ ଖୋଜିନିଏ
ଖରା ସ୍ନେହର ସହିତ ହସାଏ, ଖେଳାଏ
ଗୋଲାପକୁ,
ତାହେଲେ କଣ ମୋର ଏକୁଟିଆ ବିତିଯାଇଥିବା କାଲିକୁ
ବିତି ଯାଇଥିବା ଦୁଃଖଦ କାଲି,
ତାକୁ କଣ ପାଇବ ?

ରବର୍ଟ ବ୍ରିଜେସ୍

ରବର୍ଟ ବ୍ରିଜେସ୍ (Robert Bridges : ୨୩ ଅକ୍ଟୋବର ୧୮୪୪-୨୧ ଏପ୍ରିଲ୍ ୧୯୩୦) ଥିଲେ ଜଣେ ଇଂରେଜୀ କବି। ସିଏ ୧୯୧୩-୧୯୩୦ ମସିହା ପର୍ଯ୍ୟନ୍ତ ବିଜୟୀ କବି (Poet Laureate) ହିସାବରେ ବିବେଚିତ ହେଉଥିଲେ। ସିଏ ଥିଲେ ଜଣେ ପ୍ରଶିକ୍ଷିତ ଡାକ୍ତର, କିନ୍ତୁ କବି ହିସାବରେ ତାଙ୍କୁ ଢ଼େରିରେ ପ୍ରସିଦ୍ଧି ମିଳିଥିଲା। ସିଏ ଅନେକ ସୁନ୍ଦର ସ୍ତବମାନ (Hymns) ରଚନା କରିଛନ୍ତି।

ମୋତେ ଭଲଲାଗେ ସବୁ ସୁନ୍ଦର ଜିନିଷ

ମୋତେ ଭଲ ଲାଗେ ସବୁ ସୁନ୍ଦର ଜିନିଷ
ଖୋଜି ଖୋଜି ଅନ୍ତରରେ ଲାଭକରେ ତୋଷ।
ହୃଦୟ-ମନ୍ଦିରେ ଦେବତାଙ୍କ ପରି ମୁଇଁ
ପୂଜେ ପ୍ରଭୁ-ପଦେ ସେହି ସୌନ୍ଦର୍ଯ୍ୟକୁ ପାଇ।
ସେ ସୌନ୍ଦର୍ଯ୍ୟ ପାଇଁ ମାନବ ଯେ ସଂସାରରେ
କେଡ଼େ ଭାଗ୍ୟବାନ ମଣିଥାଏ ଆପଣାରେ।

ସେହି ପରି କିଛି କରିବାକୁ ମନ ମାଗେ
ସୌନ୍ଦର୍ଯ୍ୟ ଆନନ୍ଦ ବିଞ୍ଚିଦେବି ଚଉଦିଗେ।
ଯେତେ ବି ଅସାର ତାହା ପଛେ ହୋଇଥାଉ
ନାରଖାର ଯେତେ ହେବ ସିଏ କାଲି ହେଉ।
ହେଉ ପଛେ ତାହା ଶୂନ୍ୟ ଶବ୍ଦ ପରି ସ୍ୱପ୍ନ
ଗଢ଼ିବି ମୋ ପ୍ରାଣ ଆନନ୍ଦରେ ହୋଇ ମଗ୍ନ।

ଉଇଲିୟମ ଏର୍ନେଷ୍ଟ ହେନ୍‌ଲେ

ଉଇଲିୟମ ଏର୍ନେଷ୍ଟ ହେନ୍‌ଲେ (William Ernest Henley : ୨୩ ଅଗଷ୍ଟ ୧୮୪୯- ୧୧ ଜୁଲାଇ ୧୯୦୩) ଥିଲେ ଜଣେ ଇଂରେଜୀ କବି। ତାଙ୍କ ଜନ୍ମ ୨୩ ଅଗଷ୍ଟ ୧୮୪୯ ମସିହାରେ ଗ୍ଲୁସେଷ୍ଟର ସହରରେ ଗୋଟିଏ ପୁସ୍ତକବିକ୍ରେତା ପରିବାରରେ ହୋଇଥିଲା। ତାଙ୍କୁ ଯେତେବେଳେ ୧୨ବର୍ଷ ବୟସ ସେତେବେଳେ ରୋଗାକ୍ରାନ୍ତ ହେବା ଫଳରେ ତାଙ୍କ ବାମ ଗୋଡ଼କୁ ଆଣ୍ଠୁତଳୁ କାଟିଦିଆ ଯାଇଥିଲା। ହସ୍‌ପିଟାଲ୍‌ରେ ଥିବା ସମୟରେ ସିଏ ଅନେକ କବିତା ଲେଖିଥିଲେ, ଯାହା ଭିତରୁ କିଛି କବିତା ସିଏ " IN HOSPITAL" ସଂଗ୍ରହରେ ସଂକଳିତ କରିଥିଲେ। ଏହି କବିତା ସଂଗ୍ରହର କବିତାଗୁଡ଼ିକରେ ସିଏ ମୁକ୍ତଛନ୍ଦର ପ୍ରୟୋଗ କରିଥିଲେ। ଇଂରେଜୀ କବିତାରେ ଏହା ପ୍ରଥମଥର ହୋଇଥିଲା। ହସପିଟାଲ୍‌ରେ ଥିବା ସମୟରେ ସିଏ ତାଙ୍କର ପ୍ରସିଦ୍ଧ କବିତା "INVICTUS" (ଅପରାଜିତ) ଲେଖିଥିଲେ।

ଅପରାଜିତ

ମେରୁଠାରୁ ଅନ୍ୟ ମେରୁ ଯାଏଁ
କୃଷ୍ଣକଳା ରାତ୍ରି ଘେରିଛି ତ
ଦେବତାଙ୍କୁ ଧନ୍ୟବାଦ ଦିଏ
ମୋର ଆତ୍ମା ନୁହେଁ ପରାଜିତ।

ପରିସ୍ଥିତି ବଶବର୍ତ୍ତୀ ହୋଇ
ହୋଇନି ମୁଁ କେବେ ବ୍ୟତିବ୍ୟସ୍ତ
ଉଚ୍ଚସ୍ୱରେ କାନ୍ଦି ନାହିଁ ମୁଇଁ
ମଥା ହୋଇା ନାହିଁ ଅବନତ।

କ୍ରୋଧ ଏବଂ ଭୟର ପଶ୍ଚାତେ
ଭୟାବହ ରଂଗ ଅଛି ଯହିଁ
ଦେଖୁଅଛି, ଦେଖିବ ନିଶ୍ଚିତେ
ଭୟଶୂନ୍ୟ ଭାବେ ଅଛି ମୁହିଁ।

ମୁକ୍ତିପଥ ହେଉ କଷ୍ଟକର
ଭାଗ୍ୟେ ମୋର ଥାଉ ଯେତେ ଶୋକ
ନିୟନ୍ତା ମୁଁ ଆପଣା ଭାଗ୍ୟର
ମୋ ଆତ୍ମାର ଅଟେ ମୁଁ ନାୟକ।

ଆର୍.ଏଲ୍.ଷ୍ଟିଭେନ୍ସନ୍

ଆର୍.ଏଲ.ଷ୍ଟିଭେନ୍ସନ୍ (R.L.Stevenson : ୧୩ ନଭେମ୍ବର ୧୮୫୦-୪ ଡିସେମ୍ବର ୧୮୯୪) ଜଣେ ସ୍କଟଲାଣ୍ଡୀୟ ସାହିତ୍ୟିକ। ପୂରା ନାମ ରବର୍ଟ ଲୁଇ ବେଲଫୋରର ଷ୍ଟିଭେନ୍ସନ୍। ସିଏ ଏକାଧାରରେ ଜଣେ କବି, ଔପନ୍ୟାସିକ ଏବଂ ଭ୍ରମଣକାହାଣୀ ରଚୟିତା ଥିଲେ। ତାଙ୍କୁ ଇଂରେଜୀ ସାହିତ୍ୟର ନବ୍ୟ ରୋମାଣ୍ଟିସିଜିମ୍‌ର ପ୍ରତିନିଧିତ୍ୱକାରୀ ସାହିତ୍ୟିକମାନଙ୍କ ମଧ୍ୟରୁ ଅନ୍ୟତମ ହିସାବରେ ଗଣାଯାଏ। ଅର୍ଣ୍ଣେସ୍ଟ ହେମିଂୱେ, ରୁଡ୍‌ଇୟାର୍ଡ଼ କିପଲିଂ, ଭ୍ଲାସିମିର ନବୋକଭଙ୍କ ପରି ପ୍ରମୁଖ ଓ ପ୍ରଖାତ ସାହିତ୍ୟିକଗଣ ଷ୍ଟିଭେନ୍ସନ୍‌ଙ୍କର ସାହିତ୍ୟକାର୍ଯ୍ୟର ଭୂୟସୀ ପ୍ରଶଂସା କରି ଯାଇଛନ୍ତି। ସିଏ ତାଙ୍କର ଜୀବଦ୍ଦଶାରେ ଜଣେ କୀର୍ତ୍ତିମାନ ସାହିତ୍ୟିକ ହିସାବରେ ପ୍ରତିଷ୍ଠା ଲାଭ କରିଛନ୍ତି। ସିଏ ବିଶ୍ୱର ପ୍ରଥମ ୨୮ଜଣ ସର୍ବାଧିକ ଅନୂଦିତ ଲେଖକମାନଙ୍କ ମଧ୍ୟରୁ ଜଣେ।

ସୁନ୍ଦରୀ ନାରୀମାନେ

ନାରୀମାନେ ବସିଛନ୍ତି, ଅଥବା ଏପଟ
ସେପଟ ହେଉଛନ୍ତି-କେତେକ ବୃଦ୍ଧା,
କେତେକ ଯୁବତୀ,
ଯୁବତୀମାନେ
ସୁନ୍ଦରୀ - କିନ୍ତୁ ବୃଦ୍ଧା
ନାରୀମାନେ ଅଧିକ ସୁନ୍ଦରୀ
ଯୁବତୀଙ୍କ ଅପେକ୍ଷା।

ପ୍ରଣୟ-ଯାତ୍ରା

ପ୍ରଭାତର ପକ୍ଷୀ ଗୀତେ
  ନିଶୀଥର ତାରକା-ଆଲୋକେ
ତୁମକୁ ମୁଁ ସଜାଇବି
  ଦେଖିକରି ଚମକିବେ ଲୋକେ।
ସାଗରର ନୀଳ-ନୀରେ
  ସ୍ଥଳଭାଗେ ଶ୍ୟାମଳ ବନରେ
ରଚିବି ପ୍ରାସାଦ ଏକ
  ରହିଥିବ ତହିଁ ଆନନ୍ଦରେ।
ଝର ଝର ଝରୁଥିବ
  ନିର୍ଝରଟି ଗାଇ କଳଗୀତ
ଫୁଟିଥିବ କେତେ ଫୁଲ
  ହେଉ ଗ୍ରୀଷ୍ମ, ବର୍ଷା ଅବା ଶୀତ।
ଗଢ଼ିବି ମୁଁ ତାହା ତୀରେ
  ନିରିମଳ ଏକ ପାକଶାଳା
ସାଙ୍ଗ ହୋଇ ବିତାଇବା
  ଆଗୋ ସଖି! ଆମେ ସୁଖବେଳା।
ରାତ୍ରିର ଶିଶିର ବୁନ୍ଦା
  ପ୍ରଭାତର ନିର୍ମଳ ସଲିଳେ
ଦେହେ ପରିଚ୍ଛନ୍ନ ରଖ
  ଅବହେଳା କର ନାହିଁ ହେଳେ।
ବିଜନେ ବୁଲିଣ ଦୁହେଁ
  ଢାଳୁଥିବା ସଂଗୀତ ଲହରୀ

ପୂର୍ବରୁ ଯା କେହି କେବେ
ଶୁଣି ନାହିଁ କର୍ଣ୍ଣରେ ତାହାରି ।
ବିସ୍ତୃତ ପଥ ପାର୍ଶ୍ୱରେ
ପାକ କରି ଆମର ଭୋଜନ
ଆନନ୍ଦ ମନରେ ବୁଲି
କଟାଇବା ଆମେ ପରା ଦିନ ।

ବାରବୁଲା

ଯା ହେବାର ହେଉ ପଛେ ଦିଅ ସେ ଜୀବନ ମୋତେ
ଯାହାକୁ ମୁଁ ଭଲପାଏ, ବହୁ ନଦୀ ପାଖ ଦେଇ
ମଥା ପରେ ରହିଥାଉ ଆନନ୍ଦମୟ ଆକାଶ
ପାଦ ତଳେ ଦୀର୍ଘ ପଥ ରହୁ ଚାଲିବାର ପାଇଁ।

ବୁଦାମୂଳେ ଶୋଇ ରହି ଦେଖିବି ତାରକାଦଳ
ବୁଡ଼ାଇ ଖାଇବି ରୁଟି ନଦୀର ଜଳରେ ମୁଇଁ
ମୋ ପରି ମଣିଷ ଲାଗି ଉପଯୁକ୍ତ ସେ ଜୀବନ
ରହିଥିବ ସେ ଜୀବନ ପରା ଚିରଦିନ ପାଇଁ।

ଅଘଟନ ଘଟୁ ବେଗି ଅବା ଘଟୁ ଡେରିରେ ତ
ଯା ଘଟିବ ଘଟିଯାଉ ମନରେ ଶୋଚନା ନାହିଁ
ପୃଥିବୀର ଚଉଦିଗେ ଦିଅ ହେ ମୁଖମଣ୍ଡଳ
ଆବର ରାସ୍ତା ଗୋଟିଏ ଆଖି ଆଗେ ଥାଉ ରହି।

ସଂପଦ ଚାହେଁନି କେବେ, ରଖେନି ମନରେ ଆଶା
ଚାହେଁନି ବି କେବେ ପ୍ରେମ, ଚାହେଁନି ବନ୍ଧୁ ଜଣେ ତ
ଜାଣିବ ଯେ ମନ କଥା, ଚାହେଁ ମୁଁ ଏତିକି ଖାଲି
ଉପରେ ଆକାଶ ରହୁ, ପାଦତଳେ ରହୁ ପଥ।

ଶରତ ଋତୁ ଯେ ଆସୁ ସଙ୍ଗେ ନେଇ ହିମ-ପାତ
ଯେଉଁ କ୍ଷେତେ ରହିବାକୁ ଚାହୁଁଥାଏ କିଛି କ୍ଷଣ
ରହିଲେ ବି ପକ୍ଷୀମାନେ ଗୀତକୁ ବିରାମ ଦେଇ
ଚିନ୍ତା କରିବିନି ଜମା, ଦୁଃଖିତ ହେବନି ପ୍ରାଣ।

ଆସୁ ବୈଶାଖର ଖରା, ଆସୁ ବର୍ଷା ଶ୍ରାବଣର
ଅଘଟନ ଘଟୁ ବେଗି ଅବା ଘଟୁ ଡେରିରେ ତ
ପୃଥିବୀର ଚଉଦିଗେ ଦିଅ ହେ ମୁଖମଣ୍ଡଳ
ଉପରେ ଆକାଶ ରହୁ, ପାଦତଳେ ରହୁ ପଥ।

ସଂପଦ ଚାହେଁନି କେବେ, ରଖେନି ମନରେ ଆଶା
ଚାହେଁନି ବି କେବେ ପ୍ରେମ, ଚାହେଁନି ବନ୍ଧୁ ଜଣେ ତ
ଜାଣିବି ଯେ ମନକଥା; ଚାହେଁ ମୁଁ ଏତିକି ଖାଲି
ଉପରେ ଆକାଶ ରହୁ, ପାଦତଳେ ରହୁ ପଥ।

ଛାୟାଦାୟୀ ବାଟିକାସ୍ଥଳ

ଏହି ଛାୟାଦାୟୀ ବାଟିକାସ୍ଥଳରେ
ଆଶ୍ଚର୍ଯ୍ୟ ରୂପେ
ବୃକ୍ଷଗୁଡ଼ିକ ଦଣ୍ଡାୟମାନ ଦୃଢ଼ଭାବରେ
ଶାନ୍ତ ହୋଇ
ଏହି ଘାଟୀ ଏତେ ଗଭୀର ବୋଲି
ଆଗରୁ କେବେ ଲାଗି
ନଥିଲା,
ଲାଗି ନ ଥିଲା ବି ପାହାଡ଼ସବୁ ଏତେ
ଉଚ୍ଚ ବୋଲି।

ଗୋଟିଏ ଅଦ୍‌ଭୁତ ଧରଣର ନୀରବତା ଛାଇଯାଇଛି
ଏଠାରେ,
ସଂପୂର୍ଣ୍ଣ ରୂପେ ବିଶ୍ରାମରେ ବୁଡ଼ି ରହି,
ଶିଶିରରେ ଭିଜା ଉପବନରେ ଯେମିତି ଶ୍ୱାସ
ନେଉଛି,
ଉପବନରେ ଥିବା ବୃକ୍ଷସମୂହ
ଧାଡ଼ି ଧାଡ଼ି ହୋଇ ଠିଆ ହୋଇ ରହିଛି ଶାନ୍ତ
ଭାବରେ।

ଘୋଡ଼ାମାନେ ଯେତେବେଳେ ଏକାଠି ଚାଲୁଛନ୍ତି
ତାଙ୍କ ଟାପୁର ଶବ୍ଦ ଦୂରରୁ ଶୁଣା
ଯାଉଛି,
ମୋର ଚିନ୍ତନ ଯାହା ବି ଜ୍ଞାନ ମୋତେ
ଦେଲା
ମୋ ମସ୍ତକରେ ତାହା ଧୀରେ ଧୀରେ ପୁଲକ
ଜଗାଉଛି।

ବାହୁ ଉପରେ ମୁଣ୍ଡକୁ ରଖିକରି
ଭାବୁକତା ଯୋଗୁ ମୁଁ କିଛି ହେଲେ ଚିନ୍ତାକରି
ପାରୁନି;
କ୍ରୁଦ୍ଧ ସମୁଦ୍ର ପରି ହୋଇ ଯାଇଛି ମୋର
ହୃଦୟ,
ଯାହା ସହିତ ଧକ୍କା ଖାଇକରି
ସକାଳର ନୀରବତା ଦୂର ହୋଇ
ଯାଉଛି ।

ମୃତକର ସ୍ମୃତିରେ

ବିସ୍ତୃତ ଓ ତାରାଚ୍ଛାଦିତ ଏହି
ଆକାଶର ତଳେ
କବର ଖୋଳି କରି ମୃଥ ଦେହକୁ ମୋର,
ବିଶ୍ରାମ ନେବାକୁ ଦିଅ।
ପ୍ରସନ୍ନତାର ଭିତରେ ଜୀବନ କଟିଗଲା, ମରିବାକୁ ବି
ଦିଅ ଖୁସୀରେ,
ଆଉ ମୋତେ କବର ଦିଅ ଏହି
ଶେଷ ଇଚ୍ଛା ସହିତ।

ଏହି କବିତାଟିକୁ ମୋ
କବର ଉପରେ ଖୋଦେଇ
କର:
"ଏଠି ଶୋଇଥିବା ଏହି ଲୋକଟିକୁ
ଆସିବାକୁ ଥିଲା ଏହି
ସ୍ଥାନକୁ;
ସାୟାହ୍ନରେ ସାଗରରୁ ଯେମିତି ନାବିକ
ପ୍ରତ୍ୟାବର୍ତ୍ତନ କରେ,
ଗିରି-ବନରୁ ଶିକାରୀ ଯେମିତି
ଶିକାର ଛାଡ଼ି ଘରକୁ
ଫେରି ଆସେ।"

ସ୍ମୃତି-ଫଳକ

ତାରା ଭରା ସୁବିଶାଳ ଆକାଶର ତଳେ
ସମାଧି ରଚିତ ହେଉ ମୋହରି ଶଯ୍ୟାର
ଆନନ୍ଦେ ବିତିଲା କାଳ ଥିଲି ଯେତେଦିନ
ସେ ଆନନ୍ଦ ହେଉ ମୋର ଶେଷ ଜୀବନର।

ଲେଖିରଖ ସମାଧିରେ ଛୋଟ ଗୀତଟିଏ
"ଶୋଇଛି ଏଠାରେ ସିଏ, ଇଚ୍ଛା ଥିଲା ତା'ର
ଗୃହେ ଫେରିଛି କାଣ୍ଡାରୀ ସମୁଦ୍ର ଯାତ୍ରାରୁ
ଶିକାରୀ ଫେରିଛି ତେଜି ପର୍ବତ ଶିଖର।"

ବର୍ଷା

ସର୍ବତ୍ର ଝରୁଛି ବର୍ଷାର ଧାରା ତ
ପଡୁଅଛି କ୍ଷେତେ, ବୃକ୍ଷର ଉପରେ
ଛତା ଉପରେ ଯେ ଏଠାରେ ପଡ଼ଇ
ଝରେ ଜଳପୋତେ ସମୁଦ୍ର ଭିତରେ।

ଏଫ୍.ଡବ୍ଲ୍ୟୁ. ବୋରଡିଲନ

ଏଫ୍.ଡବ୍ଲ୍ୟୁ.ବୋରଡିଲନ (F.W.B0urdillon: ୨୨ ମାର୍ଚ୍ଚ ୧୮୫୨-୧୩ ଜାନୁୟାରୀ ୧୯୨୧) ଥିଲେ ଜଣେ ଇଂରେଜୀ କବି ଓ ଅନୁବାଦକ। ତାଙ୍କ ରଚିତ "ରାତିର ଅଛି ହଜାରେ ଆଖି" (The Night Has A Thousand Eyes) ଅତି ଲୋକପ୍ରିୟ କବିତା।

ରାତିର ଅଛି ହଜାରେ ଆଖି

ରାତିର ଅଛି ହଜାରେ ଆଖି
ଦିବସର ଖାଲି ଗୋଟିଏ
ତଥାପି ଧରା ଅନ୍ଧାରେ ରହେ
ସୂର୍ଯ୍ୟ ଯେବେ ଉଇଁ ନ ଥାଏ।
ମନର ଅଛି ହଜାରେ ଆଖି
ହୃଦୟ କେବଳ ଗୋଟିଏ
ଜୀବନ ପରା ବ୍ୟର୍ଥ ହୁଅଇ
ପ୍ରେମ ଯେଉଁଠାରେ ନ ଥାଏ।

ଅସ୍କାର ୱାଇଲ୍ଡ

ଅସ୍କାର ୱାଇଲ୍ଡ (Oscar Wilde: ୧୬ ଅକ୍ଟୋବର ୧୮୫୪-୩୦ ନଭେମ୍ବର ୧୯୦୦) ଥିଲେ ଜଣେ ଆଇରିଶ କବି, ନାଟ୍ୟକାର ଓ ଔପନ୍ୟାସିକ। ସିଏ ଅନେକ ଛୋଟ ଗଳ୍ପ ମଧ୍ୟ ରଚନା କରିଛନ୍ତି। ଏହା ଛଡ଼ା ସିଏ ଫ୍ରିମ୍ୟାସନ୍ସ ସୋସାଇଟିର ସଦସ୍ୟ ଥିଲେ। ଭିକ୍ଟୋରିୟା ଯୁଗର ଲଣ୍ଡନ ସହରରେ ସିଏ ଅନ୍ୟତମ ସଫଳ ନାଟ୍ୟକାର ହିସାବରେ ପରିଚିତ। ସିଏ ତାଙ୍କର ଚାତୁର୍ଯ୍ୟମୟ ନାଟ୍ୟରଚନାର ମାଧ୍ୟମରେ ବ୍ୟାପକ ଖ୍ୟାତି ଅର୍ଜନ କରନ୍ତି। ତେବେ ଗୋଟିଏ ବିଖ୍ୟାତ ବିଚାରର ରାୟ ଫଳରେ ତାଙ୍କ ସାଫଲ୍ୟର ପରିସମାପ୍ତି ଘଟେ ଏବଂ ତାଙ୍କୁ ଅଶ୍ଳୀଳତା ଓ ସମକାମିତାର ଦାୟରେ କାରାଦଣ୍ଡ ଦିଆଯାଏ। ସିଏ ମାତ୍ର ୪୬ ବର୍ଷ ବୟସରେ ପ୍ୟାରିସ ସହରରେ ମୃତ୍ୟୁବରଣ କରନ୍ତି।

ଚନ୍ଦ୍ରର ପଳାୟନ

ସମସ୍ତ ଇନ୍ଦ୍ରିୟେ ପରା ସୁଖଦାୟୀ ଶାନ୍ତି ବିରାଜିତ
ସ୍ୱପ୍ନେଭରା ଶାନ୍ତି ଏବେ ଛାଇଅଛି ଭୂମଣ୍ଡଳ ସାରା
ଛାୟାଚ୍ଛନ୍ନ ଧରଣୀ ତ ମୂକ ଏବେ ପାଲଟିଛି ପରା
ଛାୟାହୀନ ଭୂମି ସତେ ହୋଇଅଛି ନିଶ୍ଚୁପ ଏବେ ତ।

ରକ୍ଷାକର ସେ କ୍ରନ୍ଦନ, କୁହାଟଇ ନିଃସଙ୍ଗ ପକ୍ଷୀ ତ
ଦୁଃଖିତ କାନ୍ଦଣା ସେହି ଅନ୍ନପୁଟ ପକ୍ଷୀଟିର ଶୁଣ
ଖୋଜୁଛି ପ୍ରିୟାକୁ ତା'ର ଡାକୁଅଛି ହୋଇ ମ୍ରିୟମାଣ
ଶିଶିର-ସଞ୍ଚିତ ସେହି ପର୍ବତର କୋଳେ ଅବିରତ।

ଦୂର ନଭେ ଦେଖ ଏବେ ଝଲସୁଛି ହସ ଚନ୍ଦ୍ରମାର
ଅଚାନକ ଆକାଶରୁ ଚନ୍ଦ୍ର ପରା କରେ ପଳାୟନ
ତା ଚେହେରା ଢଙ୍କା ଅଛି, ହୋଇଅଛି ସିଏ ତ ମଳିନ
ପୀତବର୍ଣ୍ଣ ଓଢ଼ଣାରେ ଘୋଡ଼ାଇଛି ମୁଖ ଆପଣାର।

ମୃତା ଭଉଣୀ ପାଇଁ ପ୍ରାର୍ଥନା-ଗୀତ

ଧୀରେ ଧୀରେ ପାଦ ରଖ,
ଏଇଠି ସେ ଶୋଇଅଛି
ବରଫର ତଳେ ଅବା କାହିଁ,
ଫୁସ୍ ଫୁସ୍ କରି କହ କଥା, ଶୁଣିବ ସେ ବନଫୁଲ
ପଛ ଆଢ଼େ ରହି।

ତାହାର ସୁନେଲୀ ରଂଗ କେଶଦାମ ପରା
ରଂଗହୀନ ଦିଶେ ନିରନ୍ତରେ
ଏବେ ସେହି ସୁନ୍ଦରୀ ଯୁବତୀ
ପାଲଟିଛି ଧୂଳି ଯେ ସତରେ।

ଥିଲା ସିଏ ଯେହ୍ନେ କମଳିନୀ,
ପୁଣି ଶ୍ୱେତ ତୁଷାରର ପରି
ବୃଦ୍ଧି ହେଲା ଶରୀର ଯେ ତା'ର
ଜାଣି ନ ଥିଲା ସେ ନିଜେ ଥିଲା ଜଣେ ନାରୀ।

ଭାରି ପଥରରେ ଗଢ଼ା
କଫିନ୍-ଫଳକ,
ରହିଅଛି ତା ଛାତି ଉପରେ,
ଶାନ୍ତିରେ ତ ଶୋଇଅଛି ସିଏ,
ଶୂଳ-ବିଦ୍ଧ ହେଲା ମୋ ଛାତିରେ।

ଶାନ୍ତି, ଶାନ୍ତି ପାରେନି ସେ ଶୁଣି
ସଂଗୀତ ବା ଭଜନ ଏହା ତ
ମାଟି ତଳେ ପୋତି ହୋଇଅଛି
ଜୀବନ ମୋହର
ଏହା ମୋର କବର ନିଶ୍ଚିତ।

ନୂଆ ଜୀବନ

ଜୁଆର ବେଳେ ଠିଆ ହୋଇ ରହିଥିଲି
ସଂଧ୍ୟା ସମୟରେ
ସମୁଦ୍ର କୂଳରେ
ଓଦା ହେଉଥିଲି ପରା ବର୍ଷା ପରି ଉଠୁଥିବା
ତୀବ୍ର ଲହରୀ ଆଘାତେ
ଲାଲିମାରେ କ୍ଷିତିଜ ଯେ ଗହରାଇ ଥିଲା,
ସଂକେତ ସେ ଦେଉଥିଲା ପଶ୍ଚିମ ଦିଗରେ
ବୁଡ଼ି ଯାଉଥିଲା ଦିନେ ସତେ,
ସମୁଦ୍ର କ୍ଷାରରେ ତେବେ କହୁଥିଲା
ପବନ ସତରେ।

କେଁ କେଁ କରି ଡାକୁଥିଲେ ଜଳପକ୍ଷୀମାନେ
ସମୁଦ୍ରର ତଟ ଥିଲା ଖାଲି
ହାୟ... ବୋଲି କାନ୍ଦିଲି ମୁଁ କ୍ଷଣେ
ଜୀବନ ଯେ ଦୁଃଖୀ ଥିଲା କେତେ
ଖାଇବାକୁ ଦେବନାହିଁ କେହି ମୋତେ ତୋଳି
ଦାନାଟିଏ ସତେ
ପଡ଼ି ରହିଗଲା ଯାହା ଉଜଡ଼ା କ୍ଷେତରେ,
ପାଣିପାଗ ଗଲା ଯେ ବଦଳି।

ଘସି ହୋଇ ଜୀର୍ଣ୍ଣ ହେଲା ଜାଲଟି ମୋହର
ହେଲା ତ ଜର୍ଜର
ବଞ୍ଚିଥିବା ଶକ୍ତି ସହ ଫିଙ୍ଗିଲି ମୁଁ ତାକୁ
ସାଗର ଗର୍ଭକୁ
ଥିଲି ତ୍ରସ୍ତ ସେତେବେଳେ ମୁହିଁ
ଦୁରୂହ ଯେ ଥିଲା ମୋ ଜୀବନ

କିପରି ବଞ୍ଚିବି ବୋଲି ପ୍ରଶ୍ନ ସଦା
କରୁଥିଲା ମନ।

ହେଲା ପୁଣି ବଡ଼ ଚମତ୍କାର
ପଡ଼ିଥିବା ଦେଖିଲି ମୁଁ ଲହରୀଟି ଫେରିଯିବା ପରେ
ହସ୍ତଟିଏ ସୁନ୍ଦର ଯେ ଅତି,
ପୀଡ଼ା ସବୁ ଭୁଲିଲି ସତରେ।
ଦୁଃଖ ସବୁ ଯାଇଥିଲା ଲୁଚି,
ଦେଖିଲି ମୁଁ ସ୍ୱପ୍ନ ଏକ ଅତୀବ ସୁନ୍ଦର।

ଅନ୍ତତ

ଅନ୍ତତ ମଣିଷ ତାକୁ ମାରି ଦିଏ
ଯାହାକୁ ସିଏ ଭଲ
ପାଉଥାଏ
କେତେକଙ୍କୁ ନଜରର କଟାକ୍ଷପାତରେ
ମାରିଦିଏ
କେତେକଙ୍କୁ ଚାଟୁକାରୀ ଶବ୍ଦ ଦ୍ୱାରା
ଭୀରୁମାନେ ଏହି କାମକୁ ଚୁମ୍ବନ ଦେଇ
କରୁଥାନ୍ତି
ଆଉ ବୀରପୁରୁଷମାନେ ତରବାରୀ ଦ୍ୱାରା।

କେତେକ ନିଜର ଜୀବନକାଳରେ ହିଁ
ନିଜ ପ୍ରେମର ହତ୍ୟା
କରି ଦିଅନ୍ତି
କିଛି ଲୋକ ନିଜ ବୃଦ୍ଧାବସ୍ଥା
ଆସୁ ଆସୁ
ନିଜର କାମବାସନା ଥିବା ହାତରେ
ଗଳାକୁ ଘୋଟି ଦେଉଛନ୍ତି, ଆଉ
କିଛି ଲୋକ ଆପଣାର ସଂପନ୍ନତା
ହାତରେ
ସବୁଠୁ ଦୟାଳୁ ଲୋକମାନେ ଛୁରୀର
ବ୍ୟବହାର କରନ୍ତି
କାହିଁକି ନା ଏହା ଫଳରେ ମଣିଷ
ଶୀଘ୍ର ମରିଯାଏ।

କିଛି ଲୋକ ଅଳ୍ପ ସମୟ ଯାଏଁ
ପ୍ରେମ କରନ୍ତି, କିଛି ଲୋକ ଅନେକ

ବର୍ଷଯାଏଁ
କିଛି ଲୋକ ବିକ୍ରୀ କରି ଦିଅନ୍ତି, ଆଉ ଅନ୍ୟମାନେ
କିଣନ୍ତି
କିଛି ଲୋକ କାନ୍ଦି କାନ୍ଦି ଏହା
କରନ୍ତି।
ଆଉ କିଛି ଲୋକ ଟିକିଏ ବି ଆହା ଶବ୍ଦ
ପାଟିରୁ ବାହାର ନ କରି
ତାହା କରନ୍ତି
ପରିଶେଷରେ ପ୍ରତ୍ୟେକ ମଣିଷ ତାକୁ
ମାରିଦିଏ
ଯାହାକୁ ସେ ଭଲ ପାଉଥାଏ
ତାହେଲେ ବି ପ୍ରତ୍ୟେକ ମଣିଷ ଏଥିଯୋଗୁ
ମରି ଯାଏନି।

ମ୍ୟାରୀ କୋରେଲୀ

ମ୍ୟାରୀ ମେକେ (Mary Mackay : ୧ ମେ ୧୮୫୫-୨୧ ଏପ୍ରିଲ୍ ୧୯୨୪), ଯାହାଙ୍କୁ ମିନ୍ନୀ ମେକେ (Minni Mackay) ବି କୁହାଯାଏ। ମ୍ୟାରୀ କୋରେଲୀ ..... ହେଉଛି ତାଙ୍କର ଛଦ୍ମନାମ। ସିଏ ଥିଲେ ଜଣେ ଇଂରେଜୀ ନାରୀ କବି ଏବଂ ଔପନ୍ୟାସିକା। ୧୮୮୬ ମସିହାରେ ସିଏ ନିଜର ଉପନ୍ୟାସ "ଏ ରୋମାନ୍ସ ଅଫ ଟୁ ୱାର୍ଲଡ୍ସ" (A Romance of Two Worlds) ପାଇଁ ବେଷ୍ଟସେଲିଂଗ ଫିକ୍ସନ୍-ଲେଖିକା ଭାବରେ ଜଣାଯିବାକୁ ଲାଗିଲେ। ତାଙ୍କ କାମ ମୁଖ୍ୟ ରୂପରେ ଖ୍ରୀଷ୍ଟିୟାନ ଧର୍ମ, ପୁନର୍ଜନ୍ମ ଓ ରହସ୍ୟବାଦ ସହିତ ସମ୍ବନ୍ଧିତ ଥିଲା।

ମେଲାଣି

ମେଲାଣି ମେଲାଣି- ନେଉଛି ମୁଁ ଏବେ
ଏ ଭବେ ହେବନି ଦେଖା ଆଉ ତ
ରଖିଥିବ ସଦା ମନରେ ସାଇତି
ଅମୂଲ୍ୟ ପ୍ରେମର ମୂର୍ତ୍ତିଟି ମିତ !
ମେଲାଣି, ମେଲାଣି- ନେଇ କରି ଯେବେ
ଚାଲି ଯିବା ଆମେ ଦୁଇ ଦିଗରେ
ଭୁଲିବନି ମୋତେ, ସବୁଦିନ ପାଇଁ
ସ୍ଥାନ ଟିକେ ଦେବ ତୁମ ଅନ୍ତରେ।
ମେଲାଣି, ମେଲାଣି, ଆଜି କଥା ଯେବେ
ଅତୀତ-ଅନ୍ଧାର କୋଳେ ଲୁଚିବ
ଭୁଲିବନି ଜମା ଜୀବନେ, ମରଣେ
ମୋ' ପ୍ରେମକୁ ତୁମେ ମନେ ରଖିବ।

ଆଲ୍‌ଫ୍ରେଡ ଏଡ୍‌ୱାର୍ଡ ହାଉସ୍‌ମ୍ୟାନ୍

ଆଲଫ୍ରେଡ ଏଡ୍‌ୱାର୍ଡ ହାଉସ୍‌ମ୍ୟାନ (Alfted Edward Houseman : ୨୬ ମାର୍ଚ୍ଚ ୧୮୫୯-୩୦ ଏପ୍ରିଲ୍ ୧୯୩୬) ଥିଲେ ଜଣେ ଇଂରେଜୀ ଶାସ୍ତ୍ରୀୟ ପଣ୍ଡିତ (classical scholar) ଏବଂ କବି।

ଚେରିଫୁଲର ନିଶା

ଏବେ ଚେରି ଫୁଲରେ ଯୌବନ ଆସିଛି
ଗଛେ ଗଛେ ଗୋଛା ଗେଛା ଚେରିଫୁଲ
ସର୍ବତ୍ର ସୌନ୍ଦର୍ଯ୍ୟର ସମାହାର।
ପୂବେଇ ବତାସରେ ଆନ୍ଦୋଳିତ
ମୁଁ ଏବେ ପହଞ୍ଚି ଯାଇଛି ବାର୍ଦ୍ଧକ୍ୟରେ
ଯୌବନର ଦିନ ଆଉ କେବେ ଆସିବନି।
ମୋ ଜୀବନର ଅନେକ ଗୁଡ଼ିଏ ବର୍ଷ ବିତି ଯାଇଛି
ଅବଶିଷ୍ଟ ଆଉ କଣ ରହିବ;
ଏମିତି ଭାବରେ ଟାଣିଟୁଣି ହୋଇ ବସନ୍ତ ଆସିବ ପ୍ରତିବର୍ଷ
ଚେରିଫୁଲ ଯୌବନରେ ମଦମତ୍ତା ହେବ
ମୁଁ କଣ ଯିବି ଅରଣ୍ୟର ଅଭିସାରରେ
ଦେଖିବି ଚେରିଫୁଲର ଅନୁପମ ସୁନ୍ଦରତା ?

ଫ୍ରାନ୍ସିସ୍ ଥଂପ୍ସନ

ଫ୍ରାନ୍ସିସ୍ ଥଂପ୍ସନ (Francis Thompson : ୧୬ ଡିସେମ୍ବର ୧୮୫୯-୧୩ ନଭେମ୍ବର ୧୯୦୭) ଥିଲେ ଜଣେ ଇଂରେଜୀ କବି। ସିଏ ତାଙ୍କ ପିତାଙ୍କ କଥା ମାନି କରି ୧୮ ବର୍ଷ ବୟସରେ ମେଡ଼ିକାଲ ସ୍କୁଲରେ ନାମ ଲେଖାଇଲେ, କିନ୍ତୁ ୨୬ ବର୍ଷ ବୟସରେ ଜଣେ ଲେଖକ ଓ କବି ରୂପରେ ନିଜ ପ୍ରତିଭାକୁ ଆଗକୁ ବଢ଼ାଇବା ପାଇଁ ଘର ଛାଡ଼ିଦେଲେ। ସିଏ ଲଣ୍ଡନର ସଡ଼କ ଉପରେ ୩ ବର୍ଷ ବିତାଇଲେ, ଅତି ଅଳ୍ପ ପାରିଶ୍ରମିକରେ ଦିନକାଟିଲେ, ଅଫିମ ସେବନର ଅଭ୍ୟାସରେ ପଡ଼ିଗଲେ, ଯାହା ସାହାଯ୍ୟ ସିଏ ତାନ୍ତ୍ରିକ ସଂବନ୍ଧୀୟ ସମସ୍ୟାରୁ ମୁକ୍ତି ପାଇବା ପାଇଁ ନେଇଥିଲେ।

ବାର୍ତ୍ତା

ପ୍ରକୃତ-ପ୍ରେମର ଦେବି କେଉଁ ପରିଚୟ
ବାଳା ଯାଉଅଛି ଇହଲୋକ ତ୍ୟାଗ କରି
ପ୍ରକୃତ-ପ୍ରେମର ଦେବି କେଉଁ ପରିଚୟ
ମାଟିପିଣ୍ଡୁ ପ୍ରାଣବାୟୁ ଗଲେଟି ବାହାରି ?

"କୁହ ତାଙ୍କୁ, ଆମ ପଟେ ରହିଛି ଶ୍ମଶାନ
ବାଳୁତ-ବୃଦ୍ଧ ତା କରି ନ ପାରେ କଳ୍ପନା
ଜୀବନ-ରକ୍ଷଣ ଯେତେ ଦିଅଇ କଷଣ
ଜୀବନ ତେଜିବା ପାଇଁ ସେତିକି ବେଦନା।"

ପ୍ରକୃତ-ପ୍ରେମର ଦେବି କେଉଁ ପରିଚୟ
ପଚାର ତାହାଙ୍କୁ କେବେ ଭେଟିବି ତ ମୁଇଁ ?
ପ୍ରକୃତ-ପ୍ରେମର ଦେବି କେଉଁ ପରିଚୟ-
ମଳିନୁ ମଳିନତର ହେବ ଚକ୍ଷୁ ଦୁଇ ! !

"ଏହା ତାଙ୍କୁ କୁହ, ସିଏ ଚାଲିଗଲେ ସତେ
ଅନ୍ତର-ବେଦନା-ବିକ୍ଷେ ହୋଇବି ପାଗଳ
ହୃଦୟରେ ତାଙ୍କ ଛବି ଦେଖାଯିବ ମୋତେ
ଦୃଷ୍ଟିଶକ୍ତିହୀନ ହେବ ମୋ ନେତ୍ରଯୁଗଳ।"

ପ୍ରକୃତ-ପ୍ରେମର ଦେବି କେଉଁ ପରିଚୟ ?
ବାକ୍‌ଶକ୍ତିରହିତ ହେବି ଅଳ୍ପକ୍ଷଣ ପରେ
ପ୍ରକୃତ-ପ୍ରେମର ଦେବି କେଉଁ ପରିଚୟ
ସଦ୍ୟ-ମୃତ ହେବା ଅଟେ ଶୁଭ୍ର କି ସତରେ ?

"କୁହ ତାଙ୍କୁ, ପ୍ରିୟେ ! ମୁହିଁ ହେବି ମୂକସମ
ସେଥିଲାଗି ନାହିଁ ପରା ଆଉ ବେଶି ବେଳ
ସମଗ୍ର ଜୀବନ ମୁହିଁ କରିଥିଲି ପ୍ରେମ,
ତହୁ ବଳି ମୃତ୍ୟୁ ପରେ ପାଇବି ମୁଁ ଭଲ।"

ମେରୀ ଏଲିଜାବେଥ କୋଲରିଜ

ମେରୀ ଏଲିଜାବେଥ୍ କୋଲରିଜ (Mary Elizabeth Coleridge : ୨୩ ସେପ୍ଟେମ୍ବର ୧୯୬୧-୨୫ ଅଗଷ୍ଟ ୧୯୦୭) ଥିଲେ ଜଣେ ଇଂରେଜୀ ନାରୀ କବି। ତାଙ୍କ ବାପାଙ୍କ ଜେଜେ ଥିଲେ ସାମୁଏଲ୍ ଟେଲର୍ କୋଲରିଜ (Samuel Taylor Colerdge (୧୭୭୨-୧୮୩୪) ଥିଲେ ଜଣେ କବି ଓ ସାହିତ୍ୟ ସମୀକ୍ଷକ ଏବଂ ତାଙ୍କ ବଡ଼ ଖୁଡ଼ୀ ସାରା କୋଲରିଜ (Sara Coleridge : ୧୮୦୨-୧୮୫୨) ଥିଲେ, ଯିଏ ଫାଣ୍ଟାସମିୟନ (Phantasmion) ନାମକ ଉପନ୍ୟାସ ରଚନା କରିଥିଲେ।

ଅର୍ଥହୀନ

ଦେଖିଛି ମୁଁ ବିକଶିତ
　　　　ହେବା ଶତ ପୁଷ୍ପର
ମୋଲାଗି ଅନେକ ପକ୍ଷୀ
　　　　କରିବେ ତ ଗାୟନ
ଶୁଣିନି ମୁଁ ଏହିପରି
　　　　କଣ୍ଠସ୍ୱର କାହାର
ମୋ ନୟନ କରି ନାହିଁ
　　　　ସେ ରୂପର ଦର୍ଶନ।
ବିହଙ୍ଗମଟିଏ ସେ ତ
　　　　ଫୁଲ ପରି ଫୁଟଇ
କୁସୁମ ତ ଅଟେ ସିଏ,
　　　　ଗାଏ ଗୀତ ଅଦ୍ଭୁତ
ମୁଁ ଯେ ଏକ ପୁଷ୍ପ,
　　　　ତାର ରୂପକୁ ତ ଲୁଟଇ
ଆକାଶେ ମୁଁ ଉଡ଼ି ବୁଲେ
　　　　ଶୁଣି ସେହି ସଂଗୀତ।

ମୋତେ ପ୍ରେମ କରିନି କେହି

ମୋତେ ପ୍ରେମ କରିନି
କେହି
କିନ୍ତୁ ପୀଡ଼ା ଦେଇଛି।
ସିଏ ମୋ ଜନ୍ମ ସମୟରୁ ମୋ ସହିତ
ରହିଛି।
ସିଏ ଈର୍ଷାଳୁ ଚୋର
ଯିଏ ପ୍ରଥମେ ଖେଳନା ଚୋରି
କଲା।
ଆଉ ମୋତେ ଛାଡ଼ି ଦେଲା
ମୋର ରିକ୍ତତା ସହିତ।

ମୋ ବଗିଚାରେ ରହୁଥିବା
ପକ୍ଷୀମାନେ
ତାର ଅନ୍ତହୀନ ଚିତ୍କାର ଶୁଣି
ଡରୁଛନ୍ତି।
ସିଏ ମୋ ପାଖରୁ ଭଲପାଇବା
ଛଡ଼ାଇ ନେଲା
ଯେତେବେଳେ ମୋତେ ତାର
ଆବଶ୍ୟକତା ଥିଲା।
ଆଉ ମୋତେ ଛାଡ଼ି ଦେଲା
ଏକାକୀ।

ହେ ମୋର ପୀଡ଼ା! ମୁଁ ତୋ ପାଖରେ

ନାରାଜ ଅଛି, କିନ୍ତୁ
ମୋ ପାଖରେ ସମୟ ବଞ୍ଚିନି
ତୋତେ ଘୃଣା କରିବା
ପାଇଁ।
ତୋର ବଳିଷ୍ଠ ବାହୁଯୁଗଳର ଆଲିଙ୍ଗନରେ
ମୁଁ ବନ୍ଦୀ ହୋଇଛି
ପ୍ରେମ ନୁହେଁ, ଖାଲି ତୋତେ
ମୁଁ ଲୋଡୁଛି।

ଡବ୍ଲ୍ୟୁ. ବି. ୟିଟ୍ସ

ଡବ୍ଲ୍ୟୁ.ବି.ୟିଟ୍ସ (W.B.Yeats : ୧୩ ଜୁନ ୧୮୬୫-୨୮ ଜାନୁୟାରୀ ୧୯୩୯) ବିଂଶ ଶତାବ୍ଦୀର ସାହିତ୍ୟ ପ୍ରାଙ୍ଗଣରେ ଜଣେ ଅନ୍ୟତମ ଗୁରୁତ୍ୱପୂର୍ଣ୍ଣ ଆଇରିଶ୍ କବି, ନାଟ୍ୟକାର ଏବଂ ପ୍ରଭାବଶାଳୀ ବ୍ୟକ୍ତିତ୍ୱ। ସିଏ ଆଇରିସ୍ ଓ ବ୍ରିଟିଶ୍ ଉଭୟ ସାହିତ୍ୟରେ ଜଣେ ପ୍ରବାଦ ପୁରୁଷ। ଜୀବନର ଶେଷବର୍ଷଗୁଡ଼ିକରେ ସିଏ ଦୁଇଟି ମିୟାଦ ଆଇରିଶ୍ ସିନେଟର୍ ହିସାବାରେ ଦାୟିତ୍ୱ ପାଳନ କରନ୍ତି। ୧୯୦୦ ମସିହାରୁ ତାଙ୍କର କବିତା ଶାରୀରିକ ଓ ବାସ୍ତବଧର୍ମୀ ହୋଇଉଠେ। ୧୯୨୩ ମସିହାରେ ତାଙ୍କୁ ସାହିତ୍ୟରେ ନେବେଲ୍ ପୁରସ୍କାର ପ୍ରାପ୍ତ ହୁଏ। ତାଙ୍କର ପୁରସ୍କାର ପ୍ରାପ୍ତି ସମ୍ପର୍କରେ ନୋବେଲ୍ କମିଟିର ବର୍ଣ୍ଣନା ଥିଲା- "ଅନୁପ୍ରେରଣା ଯୋଗାଇବା କବିତା ଯାହା ଖୁବ୍ ଶୈଳ୍ପିକଭାବେ ପୂରା ଜାତିର ସ୍ପୃହା ଜଗାଇବା ଭାବଟିକୁ ପ୍ରକାଶ କରିଛି।"

ଅନିନ୍ଦ୍ୟା ସୁନ୍ଦରୀ

ମେଘ ପରି ଫିକା ପଲକ ତୁମର
ଆଖି ତ ସ୍ୱପ୍ନରେ ଦିଶେ ମଳିନ
ଗଢ଼ିବାକୁ ଛନ୍ଦେ ଅନିନ୍ଦ୍ୟା ସୁନ୍ଦରୀ
କବିଗଣ ରହିଛନ୍ତି ମଗନ।
ହୁଅନ୍ତି ସହଜେ ପରାଜିତ ପରା
ନାରୀ ନେତ୍ରଛଟା ଦେଖିବା ପରେ
ନିଶ୍ଚୟାସେ ପକ୍ଷୀ ଶାବକ ସକଳେ
ଉଡ଼ି ବୁଲୁଥାନ୍ତି ନୀଳ ନଭରେ:
ସେଥିପାଇଁ ହୃଦ ହୁଏ ଅବନତ
କାଳକ୍ଷୟ ଯାଏଁ ପ୍ରଭୁଙ୍କ ଦ୍ୱାରେ
ଝରି ପଡୁଥାଏ ଶିଶିର କଣିକା
ତାରା ତଥା ତୁମ ଚକ୍ଷୁ ଆଗରେ।

ହଜିଗଲା ପ୍ରେମ ପାଇଁ ପ୍ରେମିକର ବିଳାପ

ବାନ୍ଧବୀ ମୋ ଥିଲା ତ ସୁନ୍ଦରୀ
ଫିକା ଥିଲା ଭ୍ରୁରୁ-ଲତା ତା'ର
ହାତ ଥିଲା ଅଚଞ୍ଚଳ ଅତି
କେଶଦାମ ଥିଲା ଯେ ଧୂସର।
ମୁହିଁ ପରା ସ୍ୱପ୍ନ ଦେଖୁଥିଲି
ବିତିଯିବ ବିଷାଦର ବେଳ
ଖୋଲିଯିବ ପ୍ରଣୟର ପଥ,
ଭାବି ମନେ ହେଉଥିଲି ଭୋଳ।
ଦିନେ ସେ ମୋ ଅନ୍ତରେ ଝାଙ୍କିଲା
ଦେଖିଲା ସେ ତୁମ ପ୍ରତିକୃତି
ଚାଲିଗଲା ବାନ୍ଧବୀ ମୋହର
ଅଶ୍ରୁ ଢାଳି, ଦୁଃଖ ମନେ ଅତି।

ଗୋଟିଏ ଦ୍ୱୀପ ମୋ ସ୍ୱପ୍ନର

ଲାଜକୁଳୀ, ସିଏ ଲାଜକୁଳୀ
ଲାଜକୁଳୀ ମୋର ହୃଦୟର
ନିଅାଁ ଆଲୁଅରେ ସିଏ ଆସେ
ଧୀରେ ଧୀରେ ଚାଲି ତା ପୟର।

ଆସେ ନେଇକରି ପିଆଲା ତ
ଧାଡ଼ି ଧାଡ଼ି କରି ରଖି ଦିଏ
ପାଣି ଭିତରର ଦ୍ୱୀପଟିଏ
ତା ସହିତ ମୁହିଁ ଚାଲିଯାଏ।

କୋଠରୀକୁ ଆସେ ଦୀପ ଦରି
ଅନ୍ଧକାର ହଟି ଯାଏ ଦୂରେ
ଦୁଆରବନ୍ଧରେ ଲାଜକୁଳୀ
ଲାଜକୁଳୀ ପୁଣି ସିଏ ଘରେ।

ଶଶା ପରି ସିଏ ଲାଜକୁଳୀ
ମନେ ଥାଏ ତା'ର ଆଶା କେତେ!
ପାଣିରେ ଥିବା ସେ ଦ୍ୱୀପ ଆଡ଼େ
ଉଡ଼ିଯିବି ମୁହିଁ ତା ସହିତେ।

ପତ୍ରଗୁଡ଼ିକର ପତନ

ଶରତ ଋତୁ ବିତି ଯାଇଛି
ଲମ୍ବା ପତ୍ରସବୁ
ଯାହା ଆମ ଉପରେ ପ୍ରେମ ବର୍ଷା କରୁଥିଲା
ଆଉ ସେହି ମୂଷାମାନଙ୍କ ଉପରେ
ଯେଉଁମାନେ ଗାତ ଭିତରେ ଲୁଚିକରି ରହିଛନ୍ତି;
ହଳଦିଆ ପତ୍ରମାନ ରୋୱାନଗଛର
ଯାହା ତଳେ ଆମେ ଠିଆ ହୋଇ ରହିଛୁ,
ହଳଦିଆ-ଓଦା ସବୁ ପତ୍ରଗୁଡ଼ିକ
ଜଙ୍ଗଲୀ ଷ୍ଟ୍ରବେରୀର।

ପ୍ରେମର ଢ଼ଳି ଯିବାର ସମୟ ମାଡ଼ି ଆସିଲାଣି-
ମନ ଉଦାସ ହୋଇ ରହିଛି,
ପ୍ରାଣ ଥକି ଯାଇଛି,
ଆତ୍ମା ଭାରୀ ଲାଗୁଛି।
ଯେଉଁ ବସନ୍ତ ଋତୁର ଆଗମନ ଆସନ୍ନ
ଆମକୁ ବିଲ୍‌କୁଲ୍ ଭୁଲେଇ ନ ଦେଉ
ଜଣକୁ ଅନ୍ୟ ଜଣକଠାରୁ
ଆସ, ଆମେ ଆଜି ବିଦା ନେଇ ଯିବା,
ଚୁମା ଖାଇକରି,
ଅଧା ଶୁଖିଲା ଅଧରରେ,
ଅଧା ଓଦା ପଲକ ଉପରେ।

ତୁମେ ଯେବେ ବୁଢ଼ୀ ହେବ

ତୁମେ ଯେବେ ବୁଢ଼ୀ ହେବ
ମୁଣ୍ଡବାଳ ପାଚିଯିବ
ଆଖିରେ ଆଖିଏ ହବ ନିଦ ରହିଥିବ,
ନିଆଁ ପାଶେ ବସି ରହି ଢୁଳାଉ ଢୁଳାଉ,
ଏ ବହିଟି ହାତେ ଟେକିନେବ,
ପଢୁଥିବ ଧୀରେ ଧୀରେ,
ସ୍ୱପ୍ନ ଦେଖିବ ଯାହା ଥିଲା ଦିନେ ତୁମର ଆଖିରେ
ଆଉ ତା ଗଭୀର
ଝଲକକୁ ନେଇ ବାରମ୍ବାର
ଚିନ୍ତା କରୁଥିବ।

କେତେ ଲୋକ ପାଇଥିଲେ ଭଲ
ତୁମର ସେ ଆନନ୍ଦର କ୍ଷଣକୁ ସତରେ
ପୁଣି ସତ ହେଉ କିମ୍ବା ମିଛ ହେଉ
କୌଣସି କାରଣବଶ ଅବା ଅକାରଣେ
ପସନ୍ଦ କରିଲା ତୁମ ସୌନ୍ଦର୍ଯ୍ୟକୁ ଜଣେ
ପ୍ରେମ କରୁଥିଲା ତୁମ ପାବନ ଆତ୍ମାକୁ
ଆଉ ସେ ତୁମର ସେହି ପରିବର୍ତ୍ତନଶୀଳ ଚେହେରାର ଦୁଃଖକୁ।

ନିଆଁ ରଡ଼ ପରି ତାତିଲା ଛଡ଼ ପାଖରେ ନଇଁ ପଡ଼ି,
ଦୁଃଖର ସହିତ ବିଳିବିଳେଇ ଉଠ,
ଭଲ ପାଇବା ଚାଲି ଗଲା କିପରି
ଆଉ ଚଢ଼ିଗଲା ପାହାଡ଼ ଉପରେ
ଆଉ ନିଜ ଚେହେରାକୁ ଲୁଚେଇ ଦେଲା ତାରାଙ୍କ ଭିତରେ।

କବିଙ୍କର ନିଜ ପ୍ରେୟସୀ ପ୍ରତି

ବିନୀତ ହାତରେ ଆଣିଅଛି ମୁହିଁ ତୁମରି ପାଇଁ
ସପନର ଯେତେ ପୁସ୍ତକ ତୁମକୁ ଦେବି କୁଁ ବୋଲି
ଶ୍ୱେତ ନାରୀଟିକୁ ଉତ୍ତେଜନା ତା'ର ଥକାଇ ଦିଏ
ପୋଛି ଦିଏ ଯଥା ଜୁଆର କପୋତ-ଧୂସର ବାଲି।

ଶିଂଘଠୁ ପୁରୁଣା ହୃଦୟ ସହିତ, ଉଛୁଳି ପଡ଼େ
ସମୟର ସେହି ମଳିନ ଅଗ୍ନିର ଧାର ଯେ ଜାଣ
ଅସଂଖ୍ୟ ସପନ ମନେ ସଞ୍ଚିଥିବା ଶ୍ୱେତ ରମଣୀ
ତୁମ ପାଇଁ ମୁହିଁ ଭାବୁକ କବିତା କରେ ରଚନ।

ସ୍ୱର୍ଗର ବସନ

ଥାଆନ୍ତାଟି ଯଦି ସ୍ୱର୍ଗର ବସନ ପାଶେ ମୋହର
ସୁନା ଓ ରୂପାର ତାରକସି କାମେ କେଡ଼େ ସୁନ୍ଦର !
ନୀଳ ପୁଣି ଫିକା, ଆଉ ଗାଢ଼ ରଂଗ ବସନ ଯେତେ
ରାତିର ଆଲୁଅ, ଝାପ୍‌ସା ଆଲୁଅ ପରି ଯେ ସତେ !
ବିଛାଇ ଦିଅନ୍ତି ବସନ ମୁଁ ତୁମ ପୟର ତଳେ:
କିନ୍ତୁ ନିଃସ୍ୱ ମୁହିଁ, ସ୍ୱପ୍ନ ଛଡ଼ା ଆଉ କିଛି ନ ମିଳେ ।
ସ୍ୱପ୍ନକୁ ତ ମୁହିଁ ବିଛାଇଛି ତୁମ ପାଦ ତଳରେ
ସଯତନେ ଚାଲ, ଯେହେତୁ ଚାଲ ମୋ ସ୍ୱପ୍ନ ଉପରେ ।

ସମୟ ସହିତ ଜ୍ଞାନ ଆସେ

ଗଛରେ ପତର ଅଗଣିତ
ମୂଳ, କିନ୍ତୁ ଥାଏ ଗୋଟିଏ ତ।
ପତ୍ର-ଫୁଲ କେତେ ଦେଖାଇଲି
ଯଉବନକୁ ମୁଁ ଠକି ଦେଲି।
ମୂଳ-ବିବେକକୁ ନେଇ ହାତେ
ବୁଢ଼ା ହେବା ପାଇଁ ଦିଅ ମୋତେ।
ଗଛରେ ପତର ଅଗଣିତ
ମୂଳ, କିନ୍ତୁ ଥାଏ ଗୋଟିଏ ତ।

ବୃଦ୍ଧ ମନ

ମୁଁ ଭାବୁଥିଲି ଯୌବନକୁ ଚିରସ୍ଥାୟୀ କରିବା ପାଇଁ
ଡମ୍ବଲ୍-ମୁଦ୍ଗର ଯଥେଷ୍ଟ ହେବ
ଶରୀରକୁ ସୁଦୃଢ଼ ରଖିବ।
ଆଗରୁ କେହି କାହିଁକି ଏ କଥା କହି ନଥିଲା ଯେ
ବୃଦ୍ଧ ବି ହୋଇଥାଏ ମନ ?।।

ଯଦିଓ ମୋ ପାଖେ ଅଛି ଶବ୍ଦର ଭଣ୍ଡାର
କିନ୍ତୁ ନାରୀ କଣ ଶବ୍ଦରେ କେବେ ସନ୍ତୁଷ୍ଟ ହୋଇଛି ?
ମୁଁ ତା ମାଦକ ନୟନର ମଦିରା ପାନ କରି
ଏବେ ଆଉ ବେହୋଶ ହେବିନି।।

ସତ କହୁଛି ଇଚ୍ଛା କମ୍ ନାହିଁ
କିନ୍ତୁ ମନ ଏବେ ଥଣ୍ଡା ହୋଇ ରହିଛି
ମୁଁ ଭାବିଥିଲି ନିଆଁ ତା ଦେହକୁ ଜାଳି ଦେବ
ଯେତେବେଳେ ତାକୁ ଚିତା ଉପରେ ରଖିଦିଆ ଯିବ।
ଆଗରୁ କେହି କାହିଁକି ଏ କଥା କହି ନଥିଲା ଯେ
ବୃଦ୍ଧ ବି ହୋଇଥାଏ ମନ ?।।

ମଧୁଗୀତ

ଅଧରକୁ ଛୁଏଁ ତ ମଦିରା
ନେତ୍ରୁ ଝରିପଡ଼େ ପ୍ରେମଧାରା ।
ସତ୍ୟ ବୋଲି ଜାଣିବି ହୃଦରୁ
ବୃଦ୍ଧ ହୋଇ ମରିବା ପୂର୍ବରୁ ।।

ଉଠାଉଛି ପିଆଲା ସୁରାର
ଛୁଆଉଁଛି ଅଧରକୁ ମୋର ।
ଦେଖି ସଖି ! ତୁମକୁ ସେଠାରେ
ଦୀର୍ଘଶ୍ୱାସ ଛାଡ଼େ ମୁଁ ଅଧୀରେ ।।

ରୁଡ୍ୟାର୍ଡ କିପ୍‌ଲିଂଗ

ରୁଡ୍ୟାର୍ଡ କିପ୍‌ଲିଂଗ (Rudyard Kipling : ୩୦ ଡିସେମ୍ବର ୧୮୬୫-୧୮ ଜାନୁୟାରୀ ୧୯୩୬) ଥିଲେ ଜଣେ ଇଂରେଜୀ କବି, ଔପନ୍ୟାସିକ ଏବଂ କ୍ଷୁଦ୍ରଗଳ୍ପ ଲେଖକ। ସିଏ ୩୦ ଡିସେମ୍ବର ୧୮୬୫ ମସିହାରେ ବ୍ରିଟିଶ ଭାରତର ବମ୍ବେ (ବର୍ତ୍ତମାନର ମୁଂବଇ) ନଗରୀରେ ଜନ୍ମଗ୍ରହଣ କରିଥିଲେ। ତାଙ୍କ ପିତା ଥିଲେ ବମ୍ବେରେ ଥିବା ସାର୍ ଜେ.ଜେ.ସ୍କୁଲ ଅଫ ଆର୍ଟ (Sir J.J.School of art) ର ଭାସ୍କର୍ଯ୍ୟବିଦ୍ୟା ବିଭାଗର ପ୍ରଧାନ।

ରୁଡ୍ୟାର୍ଡ କିପ୍‌ଲିଂଗ ମୂଳତଃ ତାଙ୍କର ଶିଶୁ ସାହିତ୍ୟ ପାଇଁ ଖ୍ୟାତି ଲାଭ କରିଛନ୍ତି। ୨୦୦୭ ମସିହାରେ ନଭେମ୍ବର ମାସରେ ମୁମ୍ବଇର ସାର୍ ଜେ.ଜେ.ସ୍କୁଲ ଅଫ୍ ଆର୍ଟ ନିକଟସ୍ଥ କିପ୍‌ଲିଂଗଙ୍କ ଜନ୍ମସ୍ଥାନକୁ ତାଙ୍କ ଜୀବନ ଓ କର୍ମସଂକ୍ରାନ୍ତ ଜାଦୁଘର ରୂପାନ୍ତରିତ କରିବାର ଘୋଷଣା କରାଯାଏ।

ଜଣେ ପ୍ରେମିକାର ଯାତ୍ରା

ଯେତେବେଳେ ଜଣେ ପ୍ରେମିକା ତରବର ହୋଇ ବାହାରେ
ନିଜ ପ୍ରେମିକର ଅନୁସନ୍ଧାନରେ
ଏଜ୍ରୀଅଲ ହସ ହସି ତରବାରୀ ରଖିଦିଏ ତା କୋଳ ଭିତରେ,
ଉପରୁ ହସି ଉଠେ ସ୍ୱର୍ଗ
ଧରିତ୍ରୀ ଓ ସମୁଦ୍ର
ହୁଅନ୍ତି ତାହାର ଦାସ
ଆଉ ଘୂରିଯାଏ ଦିଗଦର୍ଶକ କଣ୍ଟା
ଦୂରତା ଘଟେଇ ଦେବପାଇଁ
ଯାହା ଫଳରେ ତାକୁ ମିଳିଯିବ ତାର ପ୍ରେମିକ !।

ଲଣ୍ଡନ ସହର

ଈଶ୍ୱର ନାହାନ୍ତି ଲଣ୍ଡନରେ
ଅଶକ୍ତ ନୀଚ, ଲଣ୍ଡନ।
ତୁମେ ଦେଖ, ମୁଁ ମୋର ସାଙ୍ଗକୁ ହରାଇ ଦେଇଛି-
ତାକୁ ହରାଇ ଦେଇଛି ଲଣ୍ଡନରେ।
ମୋର ପ୍ରାଣପ୍ରିୟ ସାଙ୍ଗ
କେଉଁଠି ହଜି ଯାଇଛି ଲଣ୍ଡନରେ
ତୁମର ବକ୍‌ବାସ୍ ଲଣ୍ଡନ!।

ମାଇଲ ମାଇଲ ଲମ୍ୱ ଗ୍ରାନାଇଟ ଲାଗିଥିବା ଗଳି
ତୁମ ପଥୁରିଆ ଲଣ୍ଡନ;
କିନ୍ତୁ ମୁଁ ପାଉନି ମୋ ସାଙ୍ଗକୁ
ବେଚରା ମୋ ହଜିଯାଇଥିବା ସାଙ୍ଗ,
ଲଣ୍ଡନର ଏହି କୋଳାହଳ ଓ ଯାତାୟତ ଭିତରେ
ନିଷ୍ଠୁର ଲଣ୍ଡନ!।

ଲଣ୍ଡନରେ ଖୋଜିବା ବଡ଼ ଭୟାନକ,
ଅନ୍ତହୀନ ଲଣ୍ଡନ,
ସେହି ଚେହେରା ଯାହା ଆଉ କେବେ ଫେରିବନି-
ସେହି ସାଙ୍ଗ ଜଣଙ୍କର ଚେହେରାକୁ
ମୋର ସେହି ହରାଇଥିବା, ହଜିଯାଇଥିବା ସାଙ୍ଗର ଚେହେରା
ହଜିଗଲା ଲଣ୍ଡନରେ।
ଈଶ୍ୱର ନାହାନ୍ତି ଲଣ୍ଡନରେ
ତୁମର ବକ୍‌ବାସ୍ ଲଣ୍ଡନ!।

ଗୋଟିଏ ଅନୁରୋଧ

ଯଦି ମୁଁ ଆପଣଙ୍କୁ ଆନନ୍ଦ ଦେଇଛି
କେମିତି ବି ହେଲେ, ଯାହା ମୁଁ କରିଛି
ତେବେ ମୋତେ ସେହି ରାତିରେ ଶାନ୍ତିରେ ରହିବାକୁ ଦିଅ
ଯିଏ ଶୀଘ୍ର ଆପଣଙ୍କର ହୋଇ ଯିବ।

ଆଉ ଅତି ଅଳ୍ପ କ୍ଷଣ ପାଇଁ ହେଲେ ବି
ଯଦି ଏହି ମୃତକ ମସ୍ତିଷ୍କରେ ବଞ୍ଚି ଉଠେ
ତାହେଲେ ଆଉ କିଛି ପ୍ରଶ୍ନୋତ୍ତର ନ ହେଉ
ମୁଁ ଛାଡ଼ି କରି ଯାଉଥିବି ପୁସ୍ତକଗୁଡ଼ିକର ବ୍ୟତିରେକ...

ଜର୍ଜ ଉଇଲିୟମ ରସେଲ୍

ଜର୍ଜ ଉଇଲିୟମ ରସେଲ୍ (George William Russell : ୧୦ ଏପ୍ରିଲ୍ ୧୮୬୭- ୧୭ ଜୁଲାଇ ୧୯୩୫) ଥିଲେ ଜଣେ ଆଇରିଶ ଲେଖକ, ପ୍ରବନ୍ଧକାର, ଚିତ୍ରକର ଓ କବି। ସିଏ ଥିଲେ କବି ଡବ୍ଲ୍ୟୁ.ବି. ୟିଟ୍ସଙ୍କର ପରମ ବନ୍ଧୁ।

ଅମରତା

ଆମେ ସବୁ ଉଡ଼ିଯିବା ଧୂଆଁର ରୂପରେ
ଅଥବା ରହିବା ବଞ୍ଚି ଆତ୍ମାର ନିଆଁରେ;
ଧୂଆଁଠାରୁ କେଉଁ ରୂପେ ନୋହୁ ଆମେ ଭିନ୍ନ
ଯଦିଓ ଆମର ଚିନ୍ତା ପାଲଟେ ସପନ
ଆଶା ହୁଏ ପରିଣତ ଆକାଂକ୍ଷା ଭାବରେ
ଆମେ ସବୁ ଉଡ଼ିଯିବା ଧୂଆଁର ରୂପରେ
ଯଦିଓ ଧୂଆଁ ରୂପରେ ଆମେ ଉଡ଼ିଯିବା
ତଥାପି ଦୀପ ସମାନ ନିଆଁରେ ଜଳିବା।

ଆଲୋକ ଯା ଅନ୍ତହୀନ ତାରକାର ଦୟା
ଜୀବନ-ଗୋଧୂଳି କ୍ଷଣେ ଦେଖାଏ ତା ମାୟା:
ରହିଅଛି ଏହିଠାରେ ଆତ୍ମା ନିଶ୍ଚୟ ତ:
ତା ସଙ୍ଗେ ଆମର ଶ୍ୱାସ ନେଉ ଅବିରତ:
ପ୍ରେମର ନିଆଁରେ ଆମେ ବଞ୍ଚି ରହିଥିବା
ଅଥବା ଅନେକ ପଥେ ଘୂରି ବୁଲୁଥିବା
ଯାଇ କରି ଅଗଣିତ ସ୍ୱପ୍ନର ପଥରେ
ପହଞ୍ଚିବା ମରଣର ସେହି ରାଇଜରେ।

ଡବ୍ଲ୍ୟୁ.ଏଚ୍.ଡେଭିସ୍

ଡବ୍ଲ୍ୟୁ.ଏଚ୍.ଡେଭିସ୍ (W.H.Davies: ୩ ଜୁଲାଇ ୧୮୭୧-୨୬ ସେପ୍ଟେମ୍ବର ୧୯୪୦) ଥିଲେ ଜଣେ ଇଂରେଜୀ କବି। ତାଙ୍କ ରଚିତ "ଫୁରୁସତ" (Leisure) ଅତି ଲୋକପ୍ରିୟ କବିତା।

ଫୁରୁସତ

ସେ ଜୀବନ କିବା ଜୀବନ, ଯଦି ସର୍ବଦା କାମ
ଦେଖିବାକୁ ନାହିଁ ସମୟ, ବିଶ୍ୱ କି ମନୋରମ।

ଗଛ ଛାଇ ତଳେ ବସିବା ଲାଗି, ନାହିଁ ଉପାୟ
ମେଣ୍ଢା, ଗାଈଗୋଠ ଦେଖିବା ପାଇଁ ନାହିଁ ସମୟ।

ଜଙ୍ଗଲର ଶୋଭା ଦେଖିବା ଭାଗ୍ୟେ କେବେ ନ ମିଳେ
ଗୁଣ୍ଡୁଚି କିପରି ଲୁଚାଏ ଫଳ, ଘାସର ତଳେ।

ମିଳେ ନାହିଁ ବେଳ ଦେଖିବା ପାଇଁ ଦିବାକାଳରେ
ଝରଣାର ଜଳେ ତାରକା ଯଥା ରାତ୍ରି ଅମ୍ବରେ।

ଅସମ୍ଭବ ନିରେଖିବା ତ ରୂପସୀର ଚେହେରା
ତା ପଦ-ଟଂକାର ଶୁଣିବା, ନୃତ୍ୟ ଦେଖିବା ପରା।

ବେଳ ନାହିଁ ଟିକେ ଦେଖିବ ତା'ର ମୁଖ-ଆକୃତି
ହସ ଫୁଟିଥିବ ମୁଖରେ, ନେତ୍ରେ ସ୍ନେହର ମୋତି।

ନିର୍ଦ୍ଧନ ଅଟଇ ଜୀବନ, ଯହିଁ ସର୍ବଦା କାମ
ଦେଖିବାକୁ ନାହିଁ ସମୟ, ବିଶ୍ୱ କି ମନୋରମ।

ୱାଲ୍‌ଟର ଡି ଲା ମ୍ୟାରେ

ୱାଲ୍‌ଟର ଡି ଲା ମ୍ୟାରେ (Watter de la Mare: ୨୫ ଏପ୍ରିଲ୍ ୧୮୭୩-୨୨ ଜୁନ୍ ୧୯୫୬) ଥିଲେ ଜଣେ ଇଂରେଜୀ କବି, କ୍ଷୁଦ୍ରଗଳ୍ପକାର ଏବଂ ଔପନ୍ୟାସିକ। ସିଏ ତାଙ୍କର ଉପନ୍ୟାସ "ମେମୋୟର୍ସ ଅଫ ଏ ମିଡ୍‌ଗେଟ" (Memoirs of a Midget) ପାଇଁ "ଟେଟ୍ ବ୍ଲାକ୍ ମେମୋରିୟାଲ ପୁରସ୍କାର" (Tait Black Memorial Prize) ଜିତି ଥିଲେ। ତାଙ୍କ ଦ୍ୱାରା "କଲେକ୍ଟଡ ଷ୍ଟୋରିଜ୍ ଫର୍ ଚିଲ୍‌ଡ୍ରେନ" (Collected stories for children) ବିଟ୍ରିଶ ପିଲାଙ୍କ ଲାଗି ଲିଖିତ ପୁସ୍ତକ ପାଇଁ ୧୯୪୭ ମସିହାରେ କାର୍ନେଗୀ ମେଡ଼ାଲ (Carnegie Medal) ପ୍ରାପ୍ତ କରିଥିଲେ।

ଯାହାସବୁ ବିତି ଯାଇଛି

ବହୁତ ପୁରୁଣା ବଣଗୁଡ଼ିକ;
ଆଉ ବଣ-ଗୋଲାପର କଢ଼ଗୁଡ଼ିକ
ଶାଖାରେ ପ୍ରସ୍ଫୁଟିତ ହୁଏ,
ନେଇକରି ସେଗୁଡ଼ିକର ପୁରାତନ
ସୌନ୍ଦର୍ଯ୍ୟ-
ଯେତେବେଳେ ଜାଗି ଉଠେ ଫଗୁଣ
ପବନ।

ମଣିଷ ଜାଣେନି, କେତେ ଯୁଗ ହେଲା
ଗୋଲାପ ଫୁଟୁଛି।
ଅତି ପୁରୁଣା ସେହି
ଝରଣା ଗୁଡ଼ିକ;
ଆଉ ଯେଉଁଠି ପାଉଁଶିଆ
ଆକାଶର ତଳେ

ବରଫ ଶୋଇଥାଏ
ଗାଇଥାଏ ଇତିହାସର କାହାଣୀ
ଯାହା ଆସେ ଆଉ ଯାଏ,
ତାର ପ୍ରତ୍ୟେକଟି ବିନ୍ଦୁ
ସୋଲମାନଙ୍କ[୧] ପରି
ଚତୁର

ଆମେ ସବୁ ବହୁତ ପୁରୁଣା;
ଆମ ସ୍ୱପ୍ନର କାହାଣୀ
ଯାହା ଇଭର ବୁଲ୍‌ବୁଲ୍ ଦ୍ୱାରା
କୁହାଯାଏ ଏଡେନ୍
ବଗିଚାରେ;
ଆମେ ଜାଗିଉଠୁ ଏବଂ
ଫୁସ୍ ଫୁସ୍ କରି କହୁ,
କିନ୍ତୁ, ଦିନ ବିତିଯାଇଛି,
କୋଳାହଳବିହୀନ ଏବଂ
ଶୋଇରହିଛି ଯେମିତି ଶୋଇ ରହେ
ଅମରାନ୍ଥ[୨] ।

---

[୧]ଇନ୍ଦ୍ରଜାଲର ସୁଲତାନ୍
[୨]ରାମଦାନା ଗଛ

ଡି.ଏଚ୍.ଲରେନ୍ସ

ଡେଭିଡ୍ ହାରବର୍ଟ ଲରେନ୍ସ (David Herbert Lawernce: ୧୧ ସେପ୍ଟେମ୍ବର ୧୮୮୫-୨ ମାର୍ଚ୍ଚ ୧୯୩୦) ଯିଏ ଡି.ଏଚ୍. ଲରେନ୍ସ ନାମରେ ଅଧିକ ଖ୍ୟାତ। ସିଏ ଉନବିଂଶ ଶତାବ୍ଦୀର ଇଂରେଜୀ ଭାଷାର ଜଣେ ପ୍ରସିଦ୍ଧ ଲେଖକ, କବି, ନାଟ୍ୟକାର, ପ୍ରାବନ୍ଧିକ ଓ ସାହିତ୍ୟ ସମାଲୋଚକ ଥିଲେ। ତାଙ୍କ ରଚନାରେ ଲରେନ୍ସ ମନୁଷ୍ୟର ମାନସିକ ସ୍ୱାସ୍ଥ୍ୟ ଓ ତା'ର ଗୁରୁତ୍ୱ, ସ୍ୱାଭାବିକତା ଓ ମାନବ ଜୀବନରେ ଯୌନପ୍ରବଣତାର ଭୂମିକା ପ୍ରଭୃତି ବିଷୟକୁ ଉପଜୀବ୍ୟ କରିଛନ୍ତି। ତାଙ୍କର ଅନ୍ୟତମ ବହୁଳ ପଠିତ ଉପନ୍ୟାସ ହେଲା Lady Chatterley's Lover, ଯାହା ସେ ସମୟରେ ଅଶ୍ଳୀଳତାରେ ଅଭିଯୁକ୍ତ ହୋଇଥିଲା।

ପ୍ରାର୍ଥନା

ମୋ ପାଦ ପାଖରେ ଜହ୍ନକୁ ରଖିଦିଅ।
ଦ୍ୱିତୀୟା ଚାନ୍ଦ ଉପରେ ମୋତେ
ଠିଆ କରି ଦିଅ
କୌଣସି ରାଜାଙ୍କ ପରି !
ମୋ ପାଦଗଣ୍ଠି ବୁଡ଼ିକରି ରହୁ
ଚାନ୍ଦିନୀରେ
ମୋ ମୋଜା ଶୀତଳ ଓ ଚମକଦାର
ହେଉ
ଆଉ ମୋ ମସ୍ତକ ଉପରେ
ଚାନ୍ଦିନୀ ବିଞ୍ଛାଡ଼ି ହୋଇ ପଡୁ
ଆଉ
ମୁଁ ଚାନ୍ଦିନୀରେ ପହଁରି କରି
ମୋ ଗନ୍ତବ୍ୟ ସ୍ଥାନ ଆଡ଼େ
ଯାଏ।

କାହିଁକି ନା ସୂର୍ଯ୍ୟଙ୍କର ଡରାଇବା ଭଳି
ବ୍ୟବହାର
ଏବଂ ତାଙ୍କର ଆସିବା ବେଳ ଏବେ ହୋଇ
ଗଲାଣି
ତାଙ୍କ ଚେହେରା ଲାଲ ସିଂହ ପରି
ଦିଶିଲାଣି।

ପିଆନୋ

ଧୀରଲୟେ ଗୋଧୂଳି ବେଳାରେ, ଜଣେ ନାରୀ ଶୁଣାଉଛି ଗୀତ
ନେଇଯାଏ ସିଏ ମୋତେ ବହୁ ଦୂରକୁ ତ
ସ୍ମୃତିର ପଥରେ,
ଯେତେ ଯାହା ପଡ଼େ ମୋ ମନରେ
ଦେଖେ ମୁହିଁ ଶିଶୁ ଯେ ଗୋଟିଏ
ପିଆନୋର ପାଶେ ବସି ଥାଏ,
ଉଦ୍ଦାମ ସୁର ଯାହାର ଚଉଦିଗେ ଭାସେ
ଜନନୀର ପାଦ ଦୁଇ ଦିଶେ
ଗୀତ ଗାଉ ଗାଉ ସିଏ ହସେ ।

ସେହି ମୋହମୟୀ ସୁର
ସ୍ମୃତି-ପଥେ ନେଇଯାଏ ମୋତେ ଦୂର ବହୁଦୂର
ହୃଦୟେ ମୋହର
ଜଗାଏ ସେ ସଂଧ୍ୟାବେଳେ ଛୁଟୀଦିନ କଥା,
ଥାଏ ମୁହିଁ ଗୃହ ଭିତରେ ତ
ବାହାରେ ଯେ ରହିଥାଏ ଶୀତ
ପିଆନୋର ସୁର ପୁଣି ସୁମଧୁର ଗୀତ
କଢ଼ାଏ ଯେ ପଥ ।

ପିଆନୋ ବାଦନ ଅବା ସେ ଦିନର ଗୀତ
ସେହି ସୁର ଆଜି ମିଳେନି ତ
ବିପୁଳାୟତନ
ସେହି କଳା ପିଆନୋର
ତାନ ସବୁ ବୃଥା ହୋଇଯାଏ ।
ବାଲ୍ୟତ ବେଳର ସେହି ସ୍ମୃତିରେ ଯେ ପରା
ପରିଣତ ମନ ଢଙ୍କା ଥାଏ ।
ପ୍ଳାବିତ ସ୍ମରଣେ ଫେରି ପାଏନି ସେ ଦିନ
କାନ୍ଦି ଉଠେ ଶିଶୁର ସମାନ ।

ଆତ୍ମ-ଶୋଚନା

କେବେ ତ ଦେଖିନି
ବନ୍ୟର ଆତ୍ମ-ଶୋଚନା ଅନୁଭବ
କରିବା ।
କ୍ଷୁଦ୍ର ପକ୍ଷୀଟିଏ ମରିଯାଏ
ବରଫରେ ଜମାଟ ବାନ୍ଧି
ଗଛର ଡାଳରୁ ଖସି ପଡ଼ି
ତଥାପି କିଛି ଅନୁଶୋଚନା
ରଖେନି ମନରେ ।

ଏକେଲାପଣର ଆନନ୍ଦ

ଏକେଲାପଣଠାରୁ ବଡ଼ି କରି କିଛି
ଆନନ୍ଦ ନାହିଁ, ଆରାମ ନାହିଁ।
ସ୍ୱର୍ଗ ରହିଛି ଏକାନ୍ତରେ,
ଯେଉଁଠି କୋଳାହଳ ନାହିଁ, ଧୂମ୍‌ଧାମ୍ ନାହିଁ।

ଦେଶ ଓ କାଳର ପ୍ରସାରରେ
ଶୂନ୍ୟତାରେ, ନିସ୍ତବ୍ଧତା ଭିତରେ
ଚନ୍ଦ୍ର ଯେତେବେଳେ ଘୂରୁଥାଏ, କେଉଁ ସୁଖ ପାଏ ?
ତାହାର ଭେଦ ସେତେବେଳେ ମୋତେ ଜଣା ପଡ଼େ,
ଯେତେବେଳେ ମୁଁ ନିଜ ପ୍ରାନ୍ତ ଭିତରେ ଥାଏ,
ଭିଡ଼ଠାରୁ ଦୂରରେ କୌଣସି ନିଭୃତ ସ୍ଥାନରେ, ଏକାନ୍ତରେ।

ଆଉ ସେତେବେଳେ ବୁଝିପାରେ
ଗଛ ଝୁଲୁଛି କେଉଁ ଆନନ୍ଦରେ
ଏକାକୀ ଠିଆ ହୋଇ ରହିଥିବା ପର୍ବତ କୋଳରେ।

ପବନ ବହୁଛି ମନ୍ଦ ମନ୍ଦ।
ପତ୍ରଗୁଡ଼ିକର ହଲିବାରେ ଅଛି ଛନ୍ଦ।
ସତରେ କେତେ ଆନନ୍ଦ !।

ବିଷାଦ

ଦୁଇଟି ଆଙ୍ଗୁଳିରେ ଚାପି ଧରି
ଭୁଲି ଯାଇଥିବା ସିଗାରେଟ୍‌ରୁ
ଗୋଟିଏ ଧୂସର ଧୂଆଁ ଭାସିଯାଏ
ତାହା ମୋ ମନରେ କି ଅଶାନ୍ତି ସୃଷ୍ଟି କରିଥାଏ ?
ଶୁଣିବ ତୁମେ ? ଜାଣିବ କି ସତେ:
ମୋ ମା'ର ବ୍ୟାଧି ଆରମ୍ଭ ହେଲା
ମୃଦୁ ପକ୍ଷାଘାତେ;
ସିଡ଼ିରେ ନେଇଯିବା ପାଇଁ ତା'ର
ହାଲ୍କା ଶରୀର,
ଦେଖିଲି ମୁଁ ମୁଣ୍ଡରୁ ମୋହର
ପାଚି ଯାଇଥିବା କିଛି କେଶ
ଝଡ଼ି ପଡ଼ିଥିଲା କୋଟ୍ ଉପରେ ତ ମୋର,
ଶାସ୍ତିକୁ ମୋ କରେ ତାହା
ମୃଦୁ ତିରସ୍କାର:
କଳା ଚିମିନିରେ ଦେଖେ ମୁହିଁ,
ଗୋଟି ଗୋଟି କରି ଭାସୁଥାଏ ସବୁ ତହିଁ।

ଦେବତା ନାହାନ୍ତି

ଦେବତା ନାହାନ୍ତି
ତୁମକୁ ମୁଁ ଦେଖାଇବି କେଉଁଠୁ ?
ଶୂନ୍‌ଶାନ୍ ଆକାଶ ମଣ୍ଡଳ
ଧୂଆଁରେ ତାକୁ ଭରିବି କେମିତି ?

ସେଥିପାଇଁ କହୁଛି
ଯେଉଁଠି ମଉଜମସ୍ତି କରିବାକୁ ମିଳୁଛି, କରି ନିଅ
ମନ ହେଉଛି ତ ଟେନିସ୍ ଖେଳ
କିମ୍ବା କାରରେ ବସିକରି ବୁଲ
ପାର୍କର ଆଖପାଖରେ ଅଥବା ବଜାରରେ ।
କିମ୍ବା ସାଙ୍ଗମାନଙ୍କ ସହିତ ବସିକରି କଥାବାର୍ତ୍ତା ହୁଅ,
ସିଗାରେଟ୍ ପିଅ ।

ତୁମେ ଯାହାକୁ ମୃତ୍ୟୁ ବୋଲି ମନେ କରୁଛ, ମଜାରେ ତା ସହିତ
ବଞ୍ଚିରହ
ମସ୍ତିଷ୍କୁ ଧୂଆଁ ହୋଇ ଛାଇଯିବାକୁ ଦିଅ
ଆଙ୍ଗୁଠି ଉପରେ ହଳଦିଆ ଦାଗ ପଡ଼ିଯିବାକୁ ଦିଅ ।

କିନ୍ତୁ, ଦେବତା ନାହାନ୍ତି
ତୁମର ଯାହା ମନ ହେଉଛି କର ।
ଫୁଲ ଉପରେ ଲୋଟିଯାଅ
ଅଥବା ମଦର କାଚ ବୋତଲ ଭିତରେ ବୁଡ଼ି ମର ।

ହେଲେ, ମୋତେ ଏକୁଟିଆ ଛାଡ଼ି ଦିଅ
ମୁଁ ଏକେଲା ରହିବି ।
ଆଉ ଯେଉଁ କଥାସବୁ ମନରେ ଆସୁଛି,
ତାକୁ ଅବଶ୍ୟ କହିବି ।

ହେଲେ, ଏହି କୋଠରୀରେ କିଏ ଅଛି
ଯାହା ଫଳରେ ପବନ ଏତେ ଶୀତଳ
ଚାରିଆଡ଼େ ଛାଇଯାଇଛି ଶାନ୍ତି ଓ ମୌନତା ?
କିଏସେ ଏହି ଯାଦୁ କରୁଛି ?

କିଏସେ ଯିଏ ଧୀରେ ଧୀରେ
ମୋ ଅନ୍ତରକୁ ଛୁଉଁଛି ?
କାହାର ଆଙ୍ଗୁଠିଗୁଡ଼ିକରୁ
ଅମୃତ ଝରୁଛି ?

ହୃଦୟର ସ୍ପନ୍ଦନକୁ
କିଏ ଆଉଁସୁଛି ?
ଅମୃତର ଧାରା ପରି
ହୃଦୟ ଭିତରକୁ କିଏ ଯା-ଆସ କରୁଛି ?

ସିଏ କିଏ ଯିଏ ମୋର ବିଛଣା ଚାଦରକୁ
ଏପରି ଚିକ୍କଣ କରିଛି,
ସେହି ଶୀଳତ, ମୁଲାୟମ ସମୁଦ୍ର ପରି
କରି ଦିଆଯାଇଛି ।
ଯାହା କୂଳରେ, ଯେତେବେଳେ ରାତି ହୁଏ
ମାଛମାନେ ସ୍ୱପ୍ନ ଦେଖନ୍ତି ଶୋଇ ରହି ?

କିଏ ଅଛି, ଯିଏ ମୋର ଥକାହୁଆ ପାଦକୁ
ଧୀରେ ଧୀରେ ଆଉଁସି ଦେଉଛି ଆଉ ମାଲିସ୍ କରୁଛି,
ସେତେବେଳେ ପର୍ଯ୍ୟନ୍ତ ଯେତେବେଳଯାଏଁ ଥକିଲାଭାବ ଦୂର ନ
ହୁଏ,
ପ୍ରାଣ ପୁଣି ନୂଆ ସଂଜୀବନୀରେ ଭରିଯାଏ ?

ଅମୃତରେ ଓଦ ହୋଇଥିବା
ଏହା କାହାର ଅଞ୍ଚଳ ହଲୁଛି ?
ପାଦରେ ବି ପଦ୍ମଫୁଲ ଫୁଟୁଛି ?

ଆଉ ବିଶ୍ୱାସ କର,
ଏଠି ନା ତ କେହି ସ୍ତ୍ରୀ ଅଛି ନା ପୁରୁଷ,
ମୁଁ ଏକୁଟିଆ ଅଛି ।

ଏକୁଟିଆପଣ ଯେମିତି ଯେମିତି ଗହନ ହୋଇ ଯାଉଛି,
ମୋତେ ସେହି ଦେବତାମାନଙ୍କ ସହିତ ନିଦ ଆସି ଯାଉଛି,
ମନେ କର ତ ଅଛି, ମନେ କର ତ ନାହିଁ;
ଏଇନେ ଏଇଠି ଅଛି, ଏଇନେ ଆଉ କେଉଁଠି ଅଛି ।

ଦେବତା ହେଉଛନ୍ତି ସରୋବର, ସର, ସମୁଦ୍ର ।
ଯଦି ବୁଡ଼ିବାକୁ ଚାହଁ
ତାହେଲେ ଯେଉଁଠି ଖୋଜ, ସେଇଠି ପାଣି ।
ନହେଲେ ସବୁ ସ୍ୱପ୍ନର କାହାଣୀ ।।

ଚାର୍ଲ୍ସ ହ୍ୟାମିଲ୍ଟନ ସୋର୍‌ଲେ

ଚାର୍ଲ୍ସ ହ୍ୟାମିଲ୍ଟନ ସେର୍‌ଲେ (Charles Hamilton Sorley: ୧୯ମେ ୧୮୯୫-୧୩ ଅକ୍ଟୋବର ୧୯୧୫) ଥିଲେ ଜଣେ ଇଂରେଜୀ କବି। ସ୍କୁଲ ପତ୍ରିକାରେ ତାଙ୍କର କବିତା ପ୍ରକାଶ ପାଇବା ଆରମ୍ଭ ହୋଇଥିଲା। ୟୁନିଭରସିଟି କଲେଜ, ଅକ୍ସଫୋର୍ଡ଼ରେ ସିଏ ଛାତ୍ରବୃତ୍ତି ପ୍ରାପ୍ତ କରିଥିଲେ। ୧୯୧୪ ମସିହାରେ ଯେତେବେଳେ ପ୍ରଥମ ବିଶ୍ୱଯୁଦ୍ଧ ଆରମ୍ଭ ହେଲା ସୋର୍‌ଲେ ଜର୍ମାନୀରେ ଥିଲେ ଆଉ ତାଙ୍କୁ ଟ୍ରାୟର ଜେଲ୍‌ରେ ଗୋଟେ ରାତି ପାଇଁ ନଜରବନ୍ଦୀ କରିଦିଆଯାଇଥିଲା। ଇଂଲଣ୍ଡକୁ ଫେରି ଆସି, ସିଏ ସେନାରେ ଭର୍ତ୍ତି ହେଲେ। ୨୦ବର୍ଷ ବୟସରେ ସାର୍‌ଲେ ଲୁଜର ଲଢ଼େଇରେ ମୃତ୍ୟୁ ବରଣ କଲେ। ତାଙ୍କର ଶେଷ କବିତା ହେଉଛି " ହ୍ୱେନ ୟୁ ସି ମିଲିୟନ୍ସ ଅଫ ଦି ମାଉଥଲେସ୍ ଡେଡ୍" (When you see millions of the mouthless dead) ଯାହା ତାଙ୍କ ମୃତ୍ୟୁ ପରେ ତାଙ୍କର କିଟ୍‌ବ୍ୟାଗରୁ ମିଳିଥିଲା। ତାଙ୍କର ଗୋଟିଏ କବିତା ସଂଗ୍ରହ "ମାର୍ଲବରୋ ଏବଂ ଅନ୍ୟାନ୍ୟ କବିତାଗୁଡ଼ିକ" (Marlborough and other poems) ମରଣୋପାରାନ୍ତ ୧୯୧୬ ମସିହାରେ ପ୍ରକାଶିତ ହୋଇଥିଲା, ଆଉ ପ୍ରଥମ ବର୍ଷରେ ହିଁ ଏହି ବହିଟିର ଛଅ ସଂସ୍କରଣ ପ୍ରକାଶ ପାଇଥିଲା।

ଜର୍ମାନୀ ପ୍ରତି

ତୁମେ ମୋ ପରି ଅନ୍ଧ।
ତୁମର କ୍ଷତି ନୁହେଁ ମାନବ
ନିର୍ମିତ,
କେହି ହେଲେ ତୁମ ଉପରେ କରିନି
ବିଜୟ ପ୍ରାପ୍ତିର ଦାବୀ।

ଆମେ ଦୁହେଁ ଭଟକୁଛେ ନିଜ
ନିଜର ବିଚାରରେ ବନ୍ଦୀ ହୋଇ

ପରସ୍ପର ସହିତ ଧକ୍କା ଖାଉଛେ, ବୁଝି ପାରୁନେ
ଜଣେ ଅପରକୁ।
ଆମେ ରହିଲେ ଆପଣା ମସ୍ତିଷ୍କର
ଅଣଓସାରିଆ ଗଳିରେ
ଏବଂ ପରସ୍ପରର ପ୍ରିୟ ରାସ୍ତା ଉପରେ
ଠିଆ ହୋଇ ରହିଲେ,
ଆମେ ଫୁତ୍କାର କଲେ, ଘୃଣା କଲେ।
ଆଉ ଜଣେ ଅନ୍ଧ ଲଢ଼ିଲା ଅନ୍ୟ ଜଣେ ଅନ୍ଧ
ସହିତ।

ଯେବେ ଶାନ୍ତି ସ୍ଥାପିତ ହେବ, ଆମେ ପୁଣି ଦେଖି
ପାରିବା
ଆମକୁ ମିଳିଥିବା ନୂଆ ଆଖିରେ ଜଣେ
ଅନ୍ୟ ଜଣକର ପ୍ରକୃତ ଚେହେରା
ଆଉ ହେଉଥିବା ଆଶ୍ଚର୍ଯ୍ୟ ଚକିତ।
ଯେବେ ଶାନ୍ତି ସ୍ଥାପିତ ହେବ, ଆମେ ଅଧିକ
ସ୍ନେହଶୀଳତା ଓ ପ୍ରେମଭାବ ଦେଖାଇ
ହାତ ମିଳାଇବା ଉନ୍ମାଦନାର ସହିତ
ଆଉ ହସିବା ନିଜର ବିତି ଯାଇଥିବା
ବ୍ୟଥା ଉପରେ,
ଯେତେବେଳେ ଶାନ୍ତି ସ୍ଥାପିତ ହେବ।

କିନ୍ତୁ ଶାନ୍ତି ସ୍ଥାପିତ ହେବା
ପର୍ଯ୍ୟନ୍ତ
ଲାଗି ରହିଥିବ ତୋଫାନ, ଅନ୍ଧକାର, ବିଜୁଳି
ଏବଂ ବର୍ଷା।

ରବର୍ଟ ଗ୍ରେଭ୍‌ସ

ରବର୍ଟ ଗ୍ରେଭ୍‌ସ (Robert Graves: ୨୪ ଜୁଲାଇ ୧୮୯୫-୭ ଡିସେମ୍ବର ୧୯୮୫) ଥିଲେ ଜଣେ ଇଂରେଜୀ କବି, ଔପନ୍ୟାସିକ ଓ ଇତିହାସକାର। ଲଣ୍ଡନର ଚାର୍ଟରହାଉସ ସ୍କୁଲରେ ଜଣେ ଛାତ୍ର ରୂପରେ, ଯୁବା ଗ୍ରେଭ୍‌ସ କବିତା ଲେଖା ଆରମ୍ଭ କଲେ। ସିଏ ପ୍ରଥମ ବିଶ୍ୱଯୁଦ୍ଧ ସମୟରେ ଜଣେ ବ୍ରିଟିଶ୍ ସୈନ୍ୟ ଅଧିକାରୀ ରୂପରେ କାର୍ଯ୍ୟରତ ଥିଲେ। ୧୯୧୬-୧୭ ମସିହାରେ ସିଏ ତନୋଟି କବିତା ପୁସ୍ତକ ରଚନା କରିଥିଲେ। ଗ୍ରେଭ୍‌ସଙ୍କର ଦୁଃଖଦ ପ୍ରେମକବିତାଗୁଡ଼ିକୁ ଡବ୍ଲ୍ୟୁ.ବି.ୟିଟ୍ସଙ୍କ କବିତା ସହିତ ବିଂଶ ଶତାବ୍ଦୀରେ ଇଂରେଜୀ ଭାଷାରେ ରଚିତ ସର୍ବଶ୍ରେଷ୍ଠ କବିତାଗୁଡ଼ିକ ଭିତରୁ ଅନ୍ୟତମ ବୋଲି ମନେ କରାଯାଏ। ତାଙ୍କର ଏକତ୍ରିତ କବିତାଗୁଡ଼ିକ ୧୯୪୮ ମସିହାରେ ପ୍ରକାଶ ପାଇଥିଲା।

ଗ୍ରେଭ୍‌ସଙ୍କୁ ୧୯୬୧ ମସିହାରେ ଅକ୍ସଫୋର୍ଡ଼ ବିଶ୍ୱବିଦ୍ୟାଳୟରେ କବିତା ଅଧ୍ୟାପକ ହିସାବରେ ନିଯୁକ୍ତି ଦିଆଗଲା, ଆଉ ୧୯୬୬ ମସିହା ପର୍ଯ୍ୟନ୍ତ ସିଏ ସେହି ପଦରେ କାର୍ଯ୍ୟରତ ଥିଲେ।

ଓମାର ଖୈୟାମଙ୍କ ରୁବାଇୟାତର ତାଙ୍କର ବିବାଦସ୍ପଦ ଅନୁବାଦ, ଓମାରଙ୍କ ସହିତ ଆଲୀ-ଶାହ, ୧୯୬୭ ମସିହାରେ ପ୍ରକାଶିତ ହୁଏ।

ପ୍ରେମର ଲକ୍ଷଣ

ପ୍ରେମ ଗୋଟିଏ ବିଶ୍ୱଜନୀନ
ଶିରପୀଡ଼ା,
ଗୋଟିଏ ଉଜ୍ଜ୍ୱଳ ବର୍ଣ୍ଣବିଭା ଆଖିର
ନଜରରେ
ଶୋଷିନିଏ ଯୁକ୍ତି-ଶୃଙ୍ଖଳା।

ବିଶୁଦ୍ଧ ପ୍ରେମର ଲକ୍ଷଣ ହେଲା
ଝୁଙ୍କି ପଡ଼ି, ଈର୍ଷା କରି,
ପ୍ରକାଶିତ ହୁଏ ମନ୍ଥର
ପ୍ରତ୍ୟୁଷ ପରି;

ପ୍ରେମର ଲକ୍ଷଣ ହେଲା ଅଶୁଭ-ସଂକେତ
ଏବଂ ଦୁଃସ୍ୱପ୍ନ-
ଦୁଆର ବାଡ଼େଇବା ଶବ୍ଦ ଶୁଣିବାକୁ,
ଅଧୀର ହୋଇ ରହେ
ଦୁଇଟି କାନ:

ଅନ୍ଧାର କୋଠରୀ ଭିତରେ
ତା ଅଙ୍ଗୁଳିର ସ୍ପର୍ଶ ଲୋଭରେ
ଚାହିଁ ରହେ ଆକୁଳ
ବିକଳ ହୋଇ।

ତୁମେ ସାହସ ଧର, ହେ ପ୍ରେମିକ!
ତୁମେ କଣ ଏମିତି ଯନ୍ତ୍ରଣାକୁ
ସହ୍ୟ କରି ପାରିବ?
ଆଉ ଅନ୍ୟ କିଏ ସେ ଦୁଇଟି ହାତ ମେଲି ଦେବ
ଯନ୍ତ୍ରଣା ଆଡ଼େ?

ଡଭେ ଏଲାନ ୱାକର

ଡଭେ ଏଲାନ ୱାକର (Dave Alan Walker: ୧୮ ଅଗଷ୍ଟ ୧୯୨୮-୧୨ ଫେବ୍ରୁୟାରୀ ୨୦୧୨) ଥିଲେ ଜଣେ ପ୍ରସିଦ୍ଧ ଇଂରେଜୀ କବି।

ଭାରତୀୟ ପୂର୍ବପୁରୁଷ

ଗଧିଆର ଆଖିରେ
ଶୋଇ ରହିଛି ଗୋଟିଏ ଆତ୍ମା
ଆତ୍ମା ସତ୍ୟର

ଦିନେ
ଆତ୍ମା ଜାଗି ଉଠିବ
ଭାରତୀୟ ପୂର୍ବପୁରୁଷଙ୍କର ରୂପନେଇ
ଫେରିଆସିବ ଭୂଖଣ୍ଡ ଉପରେ ନିଜର ଦାବୀ ସାବ୍ୟସ୍ତ କରିବା ପାଇଁ

ଗଧିଆ ଚକ୍ଷୁର ଦ୍ୟୁତିରେ
ଭାରତୀୟ ସମଗ୍ର ବିଶ୍ୱକୁ ଶିକ୍ଷା ପ୍ରଦାନ କରିବ।

ହ୍ୟାରଲ୍ଡ ପିଣ୍ଟର

ହ୍ୟାରଲ୍ଡ ପିଣ୍ଟର (Harold pinter: ୧୦ ଅକ୍ଟୋବର ୧୯୩୦-୨୪ ଡିସେମ୍ବର ୨୦୦୮) ଥିଲେ ଜଣେ ଇଂରେଜୀ ନାଟ୍ୟକାର ଓ ଚିତ୍ରନାଟ୍ୟ ଲେଖକ। ତାଙ୍କ ସାହିତ୍ୟକୃତି ମଧ୍ୟରେ Birthday party, The Homecoming, The caretaker, Betrayal, celebration, moonlight ଇତ୍ୟାଦି ପ୍ରସିଦ୍ଧ। ତାଙ୍କୁ ୨୦୦୫ ମସିହାରେ ନୋବେଲ୍ ପୁରସ୍କାରରେ ଅଲଙ୍କୃତ କରାଯାଇଛି।

ପାଣିପାଗର ପୂର୍ବାଭାସ

ଦିନର ଆରମ୍ଭରୁ ଆକାଶ ରହିବ ମେଘାଚ୍ଛନ୍ନ
ତାପମାତ୍ରା ଅତ୍ୟଧିକ ଶୀତଳ
କିନ୍ତୁ ସମୟ ବଢ଼ିବା ସଙ୍ଗେ ସଙ୍ଗେ
ସୂର୍ଯ୍ୟର ଦେଖା ମିଳିବ
ଆଉ ଅପରାହ୍ନ ହେବ ଶୁଷ୍କ ଓ ଉଷ୍ଣ।

ସଂଧ୍ୟାବେଳେ ଦେଖାଯିବ ଚନ୍ଦ୍ରର କିରଣ
ଏବଂ ପ୍ରଚଣ୍ଡ ଉଜ୍ଜ୍ୱଳତା।
କୁହାଯାଇ ପାରେ,
ପବନ ପ୍ରବଳ ବେଗରେ ବହିବ
କିନ୍ତୁ ରାତିମଝିରେ ତାହା ଥମିଯିବ
ଏହାଠୁ ଅଧିକ ଆଉ କିଛି ଘଟିବନି।

ଏହା ହେଲା ଅନ୍ତିମ ପୂର୍ବାଭାସ।

ମୃତ୍ୟୁ

ଶବ କେଉଁଠି ମିଳିଲା ?
ଶବ କାହାକୁ ମିଳିଲା ?
ମିଳିଲା ବେଳକୁ କଣ ସିଏ ମରି ଯାଇଥିଲା ?
ଶବ କିପରି ଭାବରେ ମିଳିଲା ?

ଶବଟି ଥିଲା କାହାର ?
କେଉଁ ବାପା ବା ଝିଅ ବା ଭାଇ
ଅଥବା ଦାଦା କି ଭଉଣୀ ଅବା ମା' ନା ପୁଅ ଥିଲା
ମୃତ ଓ ପରିତ୍ୟକ୍ତ ଶରୀରଟିର ?

ଫୋପାଡ଼ିଲା ବେଳକୁ କଣ ଶରୀର ମୃତ ଥିଲା ?
କଣ ଶବଟିକୁ ଫିଙ୍ଗି ଦିଆଯାଇଥିଲା ?
ଏହାକୁ କିଏ ଫୋପାଡ଼ିଥିଲା ?

ଶବଟି ନଗ୍ନ ଥିଲା ନ ପୋଷାକାବୃତ ?
ତୁମେ କିପରି ଘୋଷଣା କଲ ଯେ ଶବଟି ମୃତ ?
କଣ ତମେ ଘୋଷଣା କଲ ଯେ ଶବଟି ମୃତ ?
ତୁମେ ଶବଟିକୁ ଏତେ ଭଲଭାବରେ କେମିତି ଜାଣିଥିଲ ?
ତୁମକୁ କେମିତି ଜଣାଥିଲା ଯେ ସିଏ ମୃତ ?

କଣ ତୁମେ ଶବଟିକୁ ସ୍ନାନ କରାଇଥିଲ ?
କଣ ତୁମେ ତା'ର ଦୁଇଟିଯାକ ଆଖି ମୁଦି ଦେଇଥିଲ ?
କଣ ତୁମେ ଶବଟିକୁ ପୋତି ଦେଇଥିଲ ?
କଣ ତୁମେ ତାକୁ ଉପେକ୍ଷିତ ଭାବରେ ଛାଡ଼ି ଦେଇଥିଲ ?
କଣ ତୁମେ ଶବଟିକୁ ଚୁମ୍ବନ ଦେଇଥିଲ ?

ଈଶ୍ୱର ଆମେରିକାକୁ ଆଶୀର୍ବାଦ ଦିଅନ୍ତୁ

ହେଇ ସେମାନେ ପୁଣି ଯାଉଛନ୍ତି,
ତାଙ୍କ ସୈନ୍ୟ ପରେଡ଼୍‌ରେ ଝଟକା
ଲାଗୁଛି
ଉଲ୍ଲାସର ଗୀତ ଗାଇ ଗାଇ
ନୃତ୍ୟରତ ଥାଇ
ଚାହୁଁଛନ୍ତି ଯେମିତି ଏତେ ବଡ଼ ସଂସାରକୁ
ପାରି ହେବେ ଡେଇଁ କରି
ଆମେରିକାର ଈଶ୍ୱରଙ୍କୁ
ପ୍ରଶଂସା କରି ।

ନର୍ଦ୍ଦମାଗୁଡ଼ିକ ମୃତ ଶରୀରରେ
ଭରି ଯାଇଛି
ଯେଉଁମାନେ ସମାବେଶରେ ଅଂଶ ଗ୍ରହଣ
କରି ପାରିଲେନି
ଅନ୍ୟ କେତେ ଜଣ ପ୍ରତ୍ୟାକ୍ଷାନ କଲେ
ଗୀତ ଗାଇବା ପାଇଁ
ଯେଉଁମାନେ ଆପଣାର କଣ୍ଠସ୍ୱର
ହରାଇଛନ୍ତି
ଅନ୍ୟ କେତେ ଲୋକ ଧୁନ୍‌କୁ
ଭୁଲି ଯାଇଛନ୍ତି ।

ଅଶ୍ୱାରୋହୀମାନଙ୍କ ପାଖରେ ଚାବୁକ
ରହିଛି
ପ୍ରହାର କରିବା ପାଇଁ ।
ତୁମ ମୁଣ୍ଡ ବାଲିରେ ଘସି ହୋଇ
ଯାଉଛି

ତୁମ ମୁଣ୍ଡ ଧୂଳିରେ ବୁଡ଼ି ହୋଇ
ରହିଛି
ଧୂଳିରେ ତୁମ ମୁଣ୍ଡ ଗୋଟିଏ
ଦାଗ ପରି,
ତୁମ ଚକ୍ଷୁ ନଷ୍ଟ ହୋଇଛି
ଏବଂ ତୁମ ନାକ କେବଳ
ମୃତ ଶରୀର ଦୁର୍ଗନ୍ଧ
ଶୁଂଘୁଛି
ଆଉ ମରିଯାଇଥିବା ସବୁ ପବନ
ପୁନର୍ଜୀବିତ ହେଉଛି
ଆମେରିକାର ଈଶ୍ୱରଙ୍କର
ମହକରେ ।

ଅନ୍ୟର ମୁହଁରେ ନିଜ ସ୍ୱର ଦେବାରେ ସିଦ୍ଧହସ୍ତ

ମୁଁ ତୁମ ମୁହଁରେ ଦେଉଛି ମୋ ସ୍ୱର
ତୁମେ ପ୍ରଶଂସା କର।

ମୁଁ କ୍ୟାନିଜାରୋର କାଉଣ୍ଟ
ତୁମେ ମହାମାନ୍ୟା ଅଗଷ୍ଟ।

ମୁଁ ଅଲୌକିକ ଶୃଙ୍ଖଳ
ତୁମେ ହାତରେ ଧରି ରଖିଛ ନାଟ୍ୟ-ଦୂରବୀକ୍ଷଣ ଯନ୍ତ୍ର ଓ ତାସ।

ତୁମେ ହୋଇଉଠ ପ୍ରସ୍ତୁତିହୀନ ଗୀତ
ମୁଁ ତୁମର ଶିକ୍ଷକ।

ତୁମେ ମୋର ଅଦୃଶ୍ୟ ବୀଜ
ମୁଁ ତାତାରର ତୈମୁର।

ତୁମେ ମୋର ଉଦ୍‌ଗ୍ରୀବ କୌଶଳ
ମୁଁ ତୁମର ବିମୁଗ୍ଧ ଦାସ।

ମୁଁ ତୁମର ବିଭ୍ରାନ୍ତିକର କଣ୍ଢେଇ
ତୁମେ ମୋର ବିଭ୍ରାନ୍ତ ପ୍ରତିରୂପ।

ଦର୍ଶକ

ଝରକାଟେ ବନ୍ଦ ହେଲେ ନଇଁ ଆସେ ଅନ୍ଧକାର ଏକ
ରାତିରେ ସେ ମାରାତ୍ମକ ନିଶ୍ଚଳତା ପରା
ହଠାତ୍ ଯେ ଚାଲିଆସେ ଚନ୍ଦ୍ରର କିରଣ
ଘର ଭିତରକୁ
ଆଲୋକିତ ହୋଇ ଉଠେ ମୁହଁଟି ତାହାର-
ସେ ମୁହଁଟି ଦେଖିନି ମୁଁ କେବେ
ଜାଣେ ନାହିଁ ସିଏ ଦୃଷ୍ଟିହୀନ
ତଥାପି ସେ ମୋତେ ଲକ୍ଷ୍ୟ କରେ।

ମୁଁ ଜାଗାଟିକୁ ଜାଣିଛି

ମୁଁ ଜାଗାଟିକୁ ଜାଣିଛି
ଏହା ସତ କଥା।
ଆମେ କରୁଥିବା ସବୁକିଛି
ଠିକ୍ କରୁଛି
ମୃତ୍ୟୁ ଏବଂ ମୋ ଓ ତୁମ ଭିତରେ
ଥିବା ଦୂରତା।

ଅନାଅନି

ଅନାଅନି,
ବିଶ୍ୱ ଭାଙ୍ଗି ପଡ଼ିବାକୁ ଯାଉଛି ।

ଅନାଅନି,
ବିଶ୍ୱ ଫିଙ୍ଗି ଦେଉଛି ତା'ର ଯାବତୀୟ ଆଲୋକ
ଆଉ ଆମକୁ ଠୁସି କରି ରଖି ଦେଉଛି
ତା'ର ଶ୍ୱାସବନ୍ଦ ଅନ୍ଧକାରର ଗହ୍ୱର ଭିତରେ ।

ସେହି କଳା ଓ ସ୍ଥୂଳ ଶ୍ୱାସବନ୍ଦ କରୁଥିବା ସ୍ଥାନରେ
ଯେଉଁଠି ଆମେ ମରିବୁ, ନାଚିବୁ ଅଥବା କାନ୍ଦିବୁ
କିମ୍ବା ଚିତ୍କାର କରିବୁ
ଆମର ପ୍ରାରମ୍ଭିକ ମୂଲ୍ୟ ନିର୍ଦ୍ଧାରଣ କରିବା ପାଇଁ ।

ମୋ ସ୍ତ୍ରୀ ପ୍ରତି

ମୁଁ ମରି ଯାଇଥିଲି ଏବଂ ଏବେ ବଞ୍ଚି ରହିଛି
ତୁମେ ମୋ ହାତକୁ ଧରି ପକାଇଲ।

ଅନ୍ଧକାରରେ ମୁଁ ହେଲି ମୃତ
ତୁମେ ମୋ ହାତକୁ ଧରି ପକାଇଲ।

ମୁଁ ମୃତ୍ୟୁ ବରଣ କରୁଥିବାର ତୁମେ ଦେଖିଲ
ଏବଂ ମୁଁ ମୋ ଜୀବନକୁ ପ୍ରାପ୍ତ ହେଲି।

ମୁଁ ଯେତେବେଳେ ମରି ଗଲି
ସେତେବେଳେ ତୁମେ ଥିଲ ମୋର ଜୀବନ।

ଏବେ ତୁମେ ମୋ ଜୀବନ
ତେଣୁ ମୁଁ ଅଛି ଜୀବିତ।

କବିତା

ଆଲୁଅ ଜଳୁଛି
ଆଗକୁ କଣ ହେବ ?

ରାତି ଢଳି ଗଲାଣି।
ବର୍ଷା ଥମି ଗଲାଣି।
ଆଗକୁ କଣ ହେବ ?

ରାତି ଗହରିଆ ହେବ।
ସିଏ ଜାଣିନି
ମୁଁ ତାକୁ କଣ କହିବି।

ସିଏ ଯେତେବେଳେ ଚାଲିଯାଇ ସାରିଥିବ
ମୁଁ ତା କାନରେ ଗୋଟିଏ ଶବ୍ଦ କହିବି
ଆଉ କହିବି ଯାହା କହିବାକୁ ଥିଲା
ବୈଠକ ଆରମ୍ଭ ହେବା ପୂର୍ବରୁ
ଯାହା ଏବେ ଶେଷ ହୋଇ ଯାଇଛି।

କିନ୍ତୁ ସିଏ କିଛି କହିଲାନି
ଆରମ୍ଭ ହେବାକୁ ଥିବା ବୈଠକରେ।
ଏବେ ସିଏ ମୁହଁ ବୁଲାଉଛି ଓ ହସୁଛି
ଆଉ ଫୁସ୍ ଫୁସ୍ କରି କହୁଛି:
"ମୁଁ ଜାଣିନି
ଆଗକୁ କଣ ହେବ।"

ରେସ୍ତୋରାଁ

ନା, ଏଇଟା ତୁମର ଭ୍ରାନ୍ତ ଧାରଣା।

ପ୍ରତ୍ୟେକେ ଠିକ୍ ସେତିକି ସୁନ୍ଦର
ଯେତେଟା ହେବା ତାଙ୍କ ପକ୍ଷରେ ସମ୍ଭବ।

ବିଶେଷତଃ ମଧ୍ୟାହ୍ନ ଭୋଜନ ସମୟରେ
କୌଣସି ଏକ କଳହାସ୍ୟମୁଖର ରେସ୍ତୋରାଁରେ ବସି।

ପ୍ରତ୍ୟେକେ ଠିକ୍ ସେତିକି ସୁନ୍ଦର
ଯେତେଟା ହେବା ତାଙ୍କ ପକ୍ଷରେ ସମ୍ଭବ।

ଏବଂ ସେମାନେ ମୁଗ୍ଧ ହୋଇ ଉଠନ୍ତି
ଆପଣାର ସୌନ୍ଦର୍ଯ୍ୟକୁ ଦେଖି କରି।

ଏବଂ ଏଇଥିପାଇଁ ସେମାନଙ୍କର ଗୋପନ ଅଶ୍ରୁପାତ
ଘରମୁହାଁ ଟ୍ୟାକ୍ସିରେ ବସି।

ୱେଣ୍ଡୀ କୋପ୍

ୱେଣ୍ଡୀ କୋପ୍ (Wendy Cope: ୨୧ ଜୁଲାଇ ୧୯୪୫) ଜଣେ ଇଂରେଜୀ ନାରୀ କବି। ସିଏ ସେଣ୍ଟ ହିଲ୍ଡା କଲେଜ, ଅକ୍ସଫୋର୍ଡ଼ରେ ଇତିହାସ ପଢ଼ିଥିଲେ। ସିଏ ତାଙ୍କ ପତି ନାଚଲନ ମ୍ୟାକିନନ୍ (Lachlan Mackinnon) ଙ୍କ ସହିତ କେମ୍ବ୍ରିଜଶାୟାରରେ ରହୁଛନ୍ତି।

କଷ୍ଟଦାୟକ

"ଭଗବାନ କରନ୍ତୁ ତୁମେ ମନକୁ ପାଇଲା ଭଳି
ସମୟରେ ଜୀଅଁ" ଏହା ଚିନୀ ଭାଷାରେ
ଶ୍ରାପ ନା ଗାଳି।

ଯଦି ତୁମେ ମୋତେ ପ୍ରଶ୍ନ କର
କଣ ସବୁ ନୂଆ ଚାଲିଛି ?
ତାହେଲେ ମୋ ପାଖରେ କହିବା ପାଇଁ
କିଛି ବି ନୂଆ ନାହିଁ
କେବଳ ଏହା କହିବା ବ୍ୟତୀତ ଯେ ଏହି
ବଗିଚାରେ ଖୁବ୍ ଫୁଲ ଫୁଟୁଛି।

ମୋତେ ଟିକିଏ ଥଣ୍ଡା ହୋଇଥିଲା
କିନ୍ତୁ ଆଜି ଟିକିଏ ଭଲ ଅଛି।
ଯେମିତି ଘଟଣା ସବୁ ଘଟୁଛି
ମୁଁ ସେଥିରେ ସନ୍ତୁଷ୍ଟ।
ହଁ ଭାଇ, ଠିକ୍ ସେମିତି ଅଛି
ଯେମିତି ତାକୁ ହେବା ଦରକାର

ସିଏ ଆଗ ଭଳି ଖୁବ୍ ଖାଉଛି,
ଶୋଉଛି,
ଆଉ ଘୁଙ୍ଗୁଡ଼ି ମାରି ଶୋଉଛି
ମୁଁ ନିଜ କାମରେ ଲାଗିଛି ଆଉ
ସିଏ ନିଜ କାମରେ
ମୁଁ ଜାଣିଛି ଏହା ସବୁ ବଡ଼
କଷ୍ଟଦାୟକ।

ଜେମ୍ସ ଫେଣ୍ଟନ

ଜେମ୍ସ ଫେଣ୍ଟନ (James Fenton: ୨୫ ଏପ୍ରିଲ ୧୯୪୯) ଜଣେ ଇଂରେଜୀ କବି, ପତ୍ରକାର ଏବଂ ସାହିତ୍ୟ ଆଲୋଚକ। ଅକ୍ସଫୋର୍ଡ଼ରୁ ସିଏ ୧୯୭୦ ମସିହାରେ ବି.ଏ. ସ୍ନାତକ ଉପାଧି ପ୍ରାପ୍ତ କଲେ।

ସ୍କୁଲରେ ପଢୁଥିବା ସମୟରେ ଫେଣ୍ଟନଙ୍କୁ ଡବ୍ଲ୍ୟୁ.ଏଚ୍.ଆଡେନ୍ (W.H.Auden) ଙ୍କ କାମପ୍ରତି ଉତ୍ସାହ ସୃଷ୍ଟି ହୁଏ। ଅକ୍ସଫୋର୍ଡରେ ତାଙ୍କ ଶିକ୍ଷକ ଜନ୍ ପୁଲର (John puller) , ଯିଏ ସେହି ସମୟରେ "ଏ ରିଡର୍ସ ଗାଇଡ୍ ଟୁ ଡବ୍ଲ୍ୟୁ.ଏଚ୍.ଆଡେନ" (A Reader's Guide to W.H.Auden) ଲେଖୁଥିଲେ, ତାଙ୍କୁ ଆହୁରି ପ୍ରୋତ୍ସାହିତ କରିଥିଲେ।

ବିଶ୍ୱବିଦ୍ୟାଳୟରେ ପ୍ରଥମ ବର୍ଷରେ ଫେଣ୍ଟନ ନିଜର ସନେଟ୍ ଆୱାର ୱେଷ୍ଟର୍ନ ଫର୍ନିଚର (Our Western Furniture) ପାଇଁ ୧୯୬୮ ମସିହାରେ ନ୍ୟୁଡିଗେଟ୍ ପୁରସ୍କାର (Newdigate prize) ଜିତିଥିଲେ।

ଫେଣ୍ଟନ ୧୯୮୪ ମସିହାରେ "ଚିଲ୍ଡ୍ରେନ୍ ଇନ୍ ଏକ୍ଜାଇଲ" (Children in Exile) କବିତା ପାଇଁ "ଜେଫ୍ରୀ ଫେବର ମେମୋରିୟାଲ ପୁରସ୍କାର" (Geoffrey Faber Memorial prize) ଜିତିଲେ। ୧୯୯୪ ମସିହାରେ ତାଙ୍କୁ ଅକ୍ସଫୋର୍ଡରେ ପ୍ରଫେସରର ନିଯୁକ୍ତି ମିଳିଲା। ସେହି ପଦରେ ସିଏ ୧୯୯୯ ମସିହା ପର୍ଯ୍ୟନ୍ତ କାର୍ଯ୍ୟରତ ଥିଲେ। ତାଙ୍କୁ ୨୦୦୭ ମସିହାରେ କବିତାକୁ ନେଇ ରାଣୀଙ୍କର ସ୍ୱର୍ଣ୍ଣପଦକରେ ସମ୍ମାନିତ କରାଯାଇଥିଲା।

ଫେଣ୍ଟନ କହିଛନ୍ତି : କବିତା ଲେଖିବା ଗୋଟିଏ ଖାଦାନ୍‌ରେ ପଥର ଫିଙ୍ଗିବା ପରି। ପ୍ରଥମେ ତୁମେ ରଚନା କର, ପୁଣି ନିଜର ପ୍ରତିଧ୍ୱନି ଶୁଣ।"

ପବନ

ଏଇ ପବନ ବହି ଆସୁଛି
ମକା କ୍ଷେତରୁ।
ଏଠି ଲୋକମାନଙ୍କ ଭିଡ଼ ଚାଲିଛି

ଗୋଟିଏ ଭୟାବହ ବିପର୍ଯ୍ୟୟର ପରେ
ଉପତ୍ୟକା ବାଟ ଦେଇ
ତଳେ ବହୁଥିବା ସୁନ୍ଦର ପ୍ରଳୟଙ୍କରୀ
ପବନ ଭିତରେ।

ପରିବାର, ଜନଜାତୀୟ ଲୋକେ, ରାଷ୍ଟ୍ର
ଏବଂ ସମସ୍ତ ଜୀବିତ ଶକ୍ତି ସମୂହ
କିଛି ଶୁଣିଛନ୍ତି,
କିଛି ଦେଖିଛନ୍ତି।
ଗୋଟିଏ ସମ୍ଭାବନା ଅଥବା
ଗୋଟିଏ ବିରାଟ ଭ୍ରାନ୍ତି
ଯାହା ପର୍ବତର ଶିଖରକୁ
ଉଡ଼ାଇ ନେଇଛି
ବଣବୁଦାଗୁଡ଼ିକର କାନକୁ ମୋଡ଼ି କରି
ଅଗ୍ନି ଓ ତରବାରୀର କାହାଣୀ
ସହିତ।

ମୁଁ ଦେଖିଲି ବିତି ଯାଇଥିବାର ହଜାର
ହଜାର ବର୍ଷ
କେବଳ ଦୁଇ ସେକେଣ୍ଡରେ।
ଭୂମି ହାତରୁ ଯାଇଛି,
ଭାଷାଗୁଡ଼ିକ ସୃଷ୍ଟି ହୋଇଛି ଏବଂ
ବିଭାଜିତ ହୋଇଛି।

ପ୍ରଭୁ ପୂର୍ବଦିଗକୁ ଚାଲିଗଲେ
ଏବଂ ସୁରକ୍ଷା ଅନୁଭବ କଲେ।
ତାଙ୍କ ଭାଇ ଆଫ୍ରିକାକୁ ଯାଇ
ବିଚରଣ କରୁଥିଲା
ଘିକୁଆଁରୀ ବଣରେ।

ଅନେକ ଶତାବ୍ଦୀ, ତାର କିଛି ମିନିଟ୍ ପରେ,
ଜଣେ ହୁଏତ ପ୍ରଶ୍ନ କରିବ
ତରବାରୀର ବେଣ୍ଟ-ମୁଠା ଏତେ ଦୂରକୁ
କେମିତି ଗଲା କମାର
ଶାଳରୁ।
ଏବଂ କୌଣସି ସ୍ଥାନରେ ସେମାନେ
ଗାଇବେ: "ଚକ୍ଷୁ ପରି ଆମେ
ଜନ୍ମ ନେଇଛୁ ପବନରେ।"

ଏଇ ପବନ ବହି ଆସୁଛି
ମକା କ୍ଷେତରୁ।

ଅସଲ କଥା

ତାର ସ୍ତ୍ରୀ ହଁ ଭରିଲା
ଆଉ ସିଏ ହସିଦେଲା ଏକ ରହସ୍ୟମୟ
ଢଙ୍ଗରେ
ଥଣ୍ଡା ପବନର ଝୋଙ୍କା ଭଳି ଯାହା
ପତ୍ରସବୁ ଉଡ଼େଇ ନେଇଯାଏ
ଏମିତି କି ଜାଣିଥିବା ଲୋକମାନେ ବି
ଚମକି ଉଠନ୍ତି ।

ଏହା ଭିତରେ ଥିବା ଅସଲ କଥା କହିବାକୁ
ସିଏ ଭୁଲିଗଲା ।

ଇଏ ସିଏ ନୁହେଁ
ଯାହାକୁ ସିଏ ଜାଣିବାକୁ ଚାହୁଁଛି
ଅସଲରେ ଯାହାକୁ ସିଏ ଜାଣିବାକୁ
ଚାହୁଁନି;
ଇଏ ତ ସିଏ,
ଯାହା ସିଏ କହିଲା
ଇଏ ସିଏ ନୁହେଁ,
ଇଏ ତ ସିଏ
ଯାହାକୁ ସିଏ କିଛି କହୁନି ।

ଆହ୍ୱାନ

ଡାକ୍ତର ଗ୍ଲାଇଡ୍ସ ତ୍ୱଚା-ରୋଗ
ବିଶେଷଜ୍ଞ
ଚଉଦରୁ ଷୋହଳ ଘଣ୍ଟା ଅଥବା
ଯେମିତି ସମୟ ମୁକରରୀ ଥିଲା
ଶସ୍ତ୍ରକ୍ରିୟା କରିବାରେ ଲାଗିଥିଲେ
ପ୍ରଫେସର୍ ସର୍ଗୀନାଗେଲ୍ ନିଜର ଦି'ଜଣ
ସାଥୀଙ୍କ ସହିତ
ଯାହାଙ୍କ ପାଖରେ ଚାରି ଚାରିଟା ସ୍ନାତକ ଉପାଧି
ଥିଲା
ତାଙ୍କ ସହିତ କବର ଦିଆଗଲା
ଆଉ ବେପାରୀମାନଙ୍କୁ ଆଦେଶ
ମିଳିଲା
ପଛପଟ ଦୁଆର ବାଟେ ଖସି ଯାଆନ୍ତୁ
ତୁମ ଦାଦା ତୁମକୁ ସୂଚନା ଦେଲେ
ଆଉ ଏହା କହିଲେ ଯେ
ସିଏ ତୃତୀୟ ମହଲାରେ ରହିଛନ୍ତି
ତୁମକୁ ଫୋନ୍ କରିବା ପାଇଁ କୁହାଗଲା
କୁହାଗଲା ଯେ ସିଏ ତଳକୁ ଓହ୍ଲାଇବାକୁ
ଚାହୁଁଛନ୍ତି
ଏଥିପାଇଁ ତାଙ୍କୁ ରହିଛି ଚାବିର
ଆବଶ୍ୟକତା
ଯାହାଫଳରେ ସିଏ ଲିଫ୍ଟରେ ତଳକୁ ଆସି
ପାରିବେ ।

ୱାର୍ସାନ ଶାୟର

ୱାର୍ସାନ ଶାୟର (Warsan Shire: ୧ ଅଗଷ୍ଟ ୧୯୮୮) ଜଣେ ଇଂରେଜୀ କବି। ସିଏ କେନିୟାରେ ସୋମାଲୀ ମାତା-ପିତାଙ୍କ ଘରେ ଜନ୍ମ ଗ୍ରହଣ କରିଥିଲେ। ଯେତେବେଳେ ସିଏ ମାତ୍ର ବର୍ଷକର ସେତେବେଳେ ନିଜ ପରିବାର ସହିତ ଇଂଲଣ୍ଡକୁ ଆସିଗଲେ। ସିଏ ଇଂଲଣ୍ଡ, ଆମେରିକା, ଦକ୍ଷିଣ ଆଫ୍ରିକା ଓ କେନିୟା ସହିତ ଦୁନିଆର ବିଭିନ୍ନ କଳାତ୍ମକ ସ୍ଥାନଗୁଡ଼ିକରେ ନିଜର କବିତା ପାଠ କରିଛନ୍ତି।

ଶାୟରଙ୍କୁ ତାଙ୍କ କୃତି ପାଇଁ ବିଭିନ୍ନ ପୁରସ୍କାର ମିଳିଛି। ଏପ୍ରିଲ୍ ୨୦୧୩ ମସିହାରେ ତାଙ୍କୁ ବ୍ରୁନେଲ୍ ବିଶ୍ୱବିଦ୍ୟାଳୟ ତରଫରୁ ଆଫ୍ରିକୀ କବିତା ପୁରସ୍କାରରେ ସମ୍ମାନିତ କରାଯାଇଥିଲା। ଏହି ପୁରସ୍କାର ସେହି କବିମାନଙ୍କ ପାଇଁ ରଖାଯାଇଥିଲା ଯେଉଁମାନେ ନିଜର ଗୋଟିଏ ପୂର୍ଣ୍ଣ କବିତା ସଂଗ୍ରହ ପ୍ରକାଶ କରି ନାହାନ୍ତି।

ଏମିତି ପ୍ରେମ କରିବ

ଏମିତି ପ୍ରେମ କରିବ
ଯେମିତି କିଛି ବି ନ ରହେ ତୁମ ପାଖରେ
ଗୋପନୀୟ

ଏପରି କି ତୁମେ
କେବେ ବି ଯିବନି
ଛାଡ଼ି କରି
କେବେ ବି ଦେବନି
ଚୋଟ
ଯେମିତି ଦୁନିଆ ଦେଇଥାଏ

କେବେ ବି ତୁମେ ଋଣୀ ହୋଇ ରହନି
କୌଣସି ଗୋଟିଏ
କଷ୍ଟଦାୟକ
ଜିନିଷର ମଧ୍ୟ।

କଣ ଅଛି ଆମ ପାଖରେ

ଆମର ପୁରୁଷ ଆମର ନୁହଁନ୍ତି ।
ଏମିତିକି ମୋର ନିଜ ପିତା
ମଧ୍ୟ,
ଯିଏ ଗୋଟିଏ ଦି'ପହରବେଳେ ଛାଡ଼ିକରି ଚାଲି
ଗଲେ,
ମୋର ନୁହଁନ୍ତି ।
ମୋ ଭାଇ ଜେଲ୍‌ରେ ଅଛି,
ସିଏ ବି ମୋର ନୁହେଁ ।
ମୋ ଦାଦା, ଯିଏ ଘରକୁ ଫେରିଲେ
ଆଉ ଯାହା ମୁଣ୍ଡକୁ
ଛିନ୍‌ଛତ୍ର କରିଦିଆଗଲା
ଗୁଳିରେ,
ସିଏ ବି ମୋର ହୋଇ ରହିଲେନି ।
ମୋର ଦାଦାପୁଅ-ମାମୁପୁଅ ଭାଇ-ଭଉଣୀ
ଯେଉଁମାନଙ୍କୁ ମାରିଦିଆଗଲା ରାସ୍ତା ଉପରେ
ଗୁଳିକରି
ହୋଇଥିବାରୁ ଅଧିକ- କିମ୍ବା
ନ ହୋଇଥିବାରୁ-ଯଥେଷ୍ଟ,
ସେମାନେ ବି ମୋର ହୋଇ
ରହିଲେନି ।

ତାପରେ ଯେଉଁ ପୁରୁଷମାନଙ୍କୁ ଆମେ ଚାହୁଁ
ପ୍ରେମ କରିବା ପାଇଁ,
ମନେକର ଆମେ ବହୁତ ବେଶି କ୍ଷତି
ବହନ କରୁ,
ସେମାନେ ଓଜନଦାର ଆମ ଚାରିପଟେ

ରହିବା ପାଇଁ,
ଅତି ଦୁଃଖିତ ସେମାନଙ୍କୁ ପ୍ରେମ
କରିବା ପାଇଁ।

ତାପରେ ସେମାନେ ଚାଲିଯାନ୍ତି ଏବଂ
ଆମେ ସେମାନଙ୍କ ପାଇଁ
ଶୋକ କରୁ।
ଆମେ କ'ଣ ଏଇଥିପାଇଁ ଏଠି
ରହିଯାଉଛୁ ?
ରୋଷେଇ ଘର ଟେବୁଲ୍ ପାଖରେ ବସି,
ଯେଉଁମାନେ ମରିଗଲେ ସେମାନଙ୍କୁ
ଗଣି ଗଣି ଆଙ୍ଗୁଠିରେ
ହିସାବ କରୁଛୁ,
ଯେଉଁମାନେ ଛାଡ଼ି କରି ଚାଲି ଗଲେ
ଆଉ ପୁଲିସ୍ ଯେଉଁମାନଙ୍କୁ ଉଠାଇକରି
ନେଇଗଲା,
କିମ୍ବା ନିଶାରେ ଆସକ୍ତ ହୋଇ, ଅଥବା
ରୋଗାକ୍ରାନ୍ତ ହୋଇ ଚାଲିଗଲେ
କିମ୍ବା ନେଇ ଗଲା ଅନ୍ୟକୌଣସି
ନାରୀ।

ଏସବୁର କୌଣସି ଅର୍ଥ
ନାହିଁ।
ଦେଖ ନିଜର ଓ୍ୱଚାକୁ, ତା'ର
ମୁଖମଣ୍ଡଳକୁ,
ସେହି ଓଠ ଦୁଇଟିକୁ, ସେହି
ଚକ୍ଷୁଯୁଗଳକୁ,
ହେ ଭଗବାନ!,

ସେହି ହସକୁ ଶୁଣ ।
କେବଳ ସେହି ଗୋଟିଏ ଅନ୍ଧକାର
ଯାହାକୁ ଆମେ ଆମ ଜୀବନରେ
ପ୍ରବେଶ କରିବା ପାଇଁ ମଞ୍ଜୁରୀ
ଦେବା ଉଚିତ୍, ତାହା ହେଉଛି
ରାତି,
ଆଉ ତାହା ବି ଯେତେବେଳେ ଆମ ପାଖରେ ଅଛି
ଜହ୍ନ ।

ୟାରସା ଡେଲୀ-ୱାର୍ଡ

ୟାରସା ଡେଲୀ-ୱାର୍ଡ (Yrsa Daley-Ward, 1989: ଜଣେ ଇଂରେଜୀ ନାରୀ କବି, ଲେଖିକା, ମଡେଲ୍ ଏବଂ ଅଭିନେତ୍ରୀ। ତାଙ୍କ ମା' ଥିଲେ ଜାମାଇକାନ ଓ ବାପା ଥିଲେ ନାଇଜେରିୟାନ। ସିଏ ତାଙ୍କ ପୁସ୍ତକ BONE ପାଇଁ ପ୍ରସିଦ୍ଧ, ଯାହା ୨୦୧୪ ରେ ପ୍ରକାଶିତ। ତା'ପୂର୍ବରୁ ୨୦୧୩ ମସିହାରେ ତାଙ୍କ ପୁସ୍ତକ (On Snakes and other stories ପ୍ରକାଶ ପାଇଥିଲା।

ରାମବାଣ ଔଷଧ

ତୁମେ ମୋତେ କହିଲ ଯେ ମୁଁ ଲାଗୁଛି
ପ୍ରେତ-ବାଧାଗ୍ରସ୍ତ।
ସେତେବେଳେ ରାତି ୩ଟା ବାଜିଥିଲା
ଆଉ ତୁମେ ସେତେବେଳେ ବି
ଅନୁଭବ କରୁଥିଲ ତୋଫାନର
ବାଦଲର ଗନ୍ଧ ମୋ ତ୍ୱଚାରେ
ତୁମେ ଶାନ୍ତ କରି ପାରିବନି
ଅବସାଦକୁ ପ୍ରେମ କରିବା ଦ୍ୱାରା।
କିନ୍ତୁ ମୁଁ ଚେଷ୍ଟା କଲି।
କିନ୍ତୁ ମୁଁ ଚେଷ୍ଟା କଲି।
ଓହ, ମୁଁ କଲି।

ଗନ୍ଧ

ପ୍ରକୃତରେ
ମୁଁ ତୁମକୁ ନିଜ ସ୍ମୃତିରୁ ଏଇଠି
ଓହ୍ଲାଇ ଦେଇଛି ।
ତଥାପି, ମୋର ଚେହେରାର
ମଝି ଭାଗଟି
ତୁମ ବିଷୟରେ କିଛି ବି କହିବାକୁ
ପ୍ରତ୍ୟାଖ୍ୟାନ କରୁଛି ।

ମୁଁ ଆଗ ଭଳି ଅଛି, କିନ୍ତୁ
ହୁଏତ ମୋ ମୁଣ୍ଡରେ ପବନ
ଭରି ଯାଇଛି ।
ତିନି ବର୍ଷ । ତିନି ବର୍ଷ ଯାଏଁ
ମୁଁ ଆମ ପ୍ରେମକୁ ସଂଜୋଇ କରି ରଖିଲି ।
ତିନି ବର୍ଷ
ଆଉ ତୁମ ଗନ୍ଧର ସମସ୍ୟାକୁ
ଦୂର କରି ପାରିଲିନି ।

ଏହା ଗୋଟିଏ ଭୟାବହ
ଏବଂ ଜଟିଳ କଥା ।
ମୋର ପଞ୍ଚମ ଇନ୍ଦ୍ରିୟ ମୋ
ବିପକ୍ଷରେ ରହୁଛି । ମୁଁ ବେକାର ଅବସ୍ଥା
ଦେଇ ଗତି କରୁଛି
ପୁଣି ଚିପ୍ସର ଗୋଟିଏ
ଦୋକାନ ପାଖରୁ
ଫୁଲର ଗୋଟିଏ ଦୋକାନ ପାଖରୁ,
ଗୋଟିଏ ସପିଂଗ ସେଣ୍ଟର ପାଖରୁ

ଆଉ ପୁଣି ଚମଡ଼ା ଜିନିଷର ଗୋଟିଏ
ଦୋକାନ ଆଗରୁ
ଲାଙ୍କାଶାୟାରର ସବୁ ସକାଳ
ଏବେ ବି ସେମିତି ମହକୁଛି,
ଯେମିତି ତୁମେ ।

ବିଗତ ସପ୍ତାହରେ ମୁଁ ବିଦେଶରେ
ଅଟକି ଯାଇଥିଲି ଗୋଟିଏ
ତୋଫାନରେ,
ଯେଉଁଠି ବର୍ଷାର ଗନ୍ଧରେ ଥକି
ଯାଇଥିଲି ମୁଁ
ଆଉ ମୋତେ ଦେଖା ଯାଉଥିଲା
ଖାଲି ତୁମର ଆଖିଯୋଡ଼ିକ ।

ଏବେ ମୁଁ ଯେତେବେଳେ ଘରେ ଚୁଲି
ଜଳାଉଛି ଆଉ କିଛି ନୂଆ ଧରଣର
ରାନ୍ଧଣା ରାନ୍ଧୁଛି
ଯାହାର ରାନ୍ଧିବା ଶୈଳୀ ପାଉଛି
ରୋଷେଇ ପୁସ୍ତକରୁ ।
ଏବେ ତୁମେ ଯେତେବେଳେ ଚାଲି ଯାଉଛ
ତାହେଲେ ମୁଁ ମାଂସକଷା
କରି ପାରିବି
ମୁଁ ଗୋଟିଏ ଅତର କିଣୁଛି,
ଜାଣିଛି ଯେ ତା ପ୍ରତି ଘୃଣା ରହିଛି
ତୁମର
ଆଉ ତାକୁ ନିଜ ବିଛଣା ଉପରେ,
ସେପଟେ ଅଜାଡ଼ି ଦେଉଛି, ଯେଉଁ ପଟେ
ଶୋଉଥିଲ ତୁମେ ।

ତଥାପି
ଯେମିତି ତୁମେ ତରଙ୍ଗାୟିତ ଢଙ୍ଗରେ
ସ୍ୱାଗତ ଜଣାଉଛି, ଆଉ ମୁଁ
ବୁଝି ପାରୁନି।
କାଲି ରାତିରେ ମୁଁ ସ୍ୱପ୍ନରେ
ତୁମ ଗନ୍ଧ ଶୁଂଘିଲି,
ଏକଥା ନିଶ୍ଚିତ ହୋଇ ସାରିଛି
ଯେ ତୁମେ ଏବେ ନାହଁ
ଆଉ ମୁଁ ନିଜ କ୍ଷତିକୁ
ଭୁଲି ପାରିବିନି।

ମୁଁ ତୁମ ବିଷୟରେ ସୁନ୍ଦର ସ୍ୱପ୍ନ
ଦେଖିଲି।
ଏବେ ତୁମେ ଅଛ
ଆଉ ସୁନ୍ଦର କିଛି ବି ନାହିଁ। କିନ୍ତୁ
ତିନି ବର୍ଷ ମୁଁ ବିତାଇଲି
ତୁମ ସହିତ
ଆଉ ତୁମ ତ୍ୱଚାରୁ ତୁମର ଗନ୍ଧକୁ
ମୁଁ ସଫାକରି
ପାରୁନି।

BLACK EAGLE BOOKS

www.blackeaglebooks.org
info@blackeaglebooks.org

Black Eagle Books, an independent publisher, was founded as a nonprofit organization in April, 2019. It is our mission to connect and engage the Indian diaspora and the world at large with the best of works of world literature published on a collaborative platform, with special emphasis on foregrounding Contemporary Classics and New Writing.

www.ingramcontent.com/pod-product-compliance
Lightning Source LLC
Chambersburg PA
CBHW022220090526
44585CB00013BB/592
9781645605751